Frank T. Zumbach

William Kidd

Über einen Erzpiraten, amerikanische Freibeuter
und korrupte Herren mit hohen Perücken

Frank T. Zumbach

William Kidd

Über einen Erzpiraten,
amerikanische Freibeuter
und korrupte Herren
mit hohen Perücken

Koehlers Verlagsgesellschaft mbH
Hamburg

CIP-Kurztitelaufnahme der Deutschen Bibliothek:
Zumbach, Frank T.:
William Kidd: über einen Erzpiraten, amerikanische Freibeuter und korrupte Herren mit hohen Perücken / Frank T. Zumbach.–
Hamburg: Koehler, 1999
ISBN 3-7822-0744-0

ISBN 3 7822 0744 0

Seefahrtshistorische Beratung: Clas Broder Hansen, Hamburg
Produktion, Layout und Einbandgestaltung: Hans-Peter Herfs-George
Printed in Germany

Inhalt

Warum Daniel Defoe Kapitän William Kidd zum ersten Mal im Nebel begegnete

An einem Herbstabend des Jahres 1701 unternahm Mr. Daniel Defoe einen Spaziergang längs des Themseufers. Er war einundvierzig Jahre alt, aber ein noch immer relativ unbekannter Journalist und Schriftsteller, der bisher hauptsächlich durch ein paar hitzige politische Pamphlete auf sich aufmerksam gemacht hatte, in denen er soziale Mißstände anprangerte, für religiöse Toleranz eintrat und ansonsten der Regierungspartei, den Whigs als Sprachrohr diente. Die Romane, durch die er berühmt wurde, den ›Robinson Crusoe‹ zum Beispiel, schrieb er erst viele Jahre später.

An diesem Abend wehte ein kalter, tückischer Wind, der ihn sich eng in seinen weiten Mantel hüllen und auf seine hohe Perücke achtgeben ließ; aus den Fluten stiegen Nebel auf und verschluckten die Konturen in der Ferne. Am ›Tally Point‹ an einer Biegung des Flusses erreichte er das Ziel seines Ausfluges. Er konnte es im Dunst nur undeutlich erkennen, hatte jedoch schon von weitem das klagende, ächzende und leise klirrende Geräusch vernommen, das ein im Winde schwingender Gegenstand verursachte. Noch ein paar Schritte, und die verschwommenen Umrisse fügten sich zu einem in Ketten an einem Galgen hängenden, halbverwesten Leichnam zusammen, der Mr. Defoe irgendwie an eine Vogelscheuche erinnerte. Bei seinem Nahen flogen zwei oder drei fette Raben, die daran herumgezupft hatten, von dem baumelnden Körper auf, um ungehalten über die Störung in den Lüften ihre Kreise zu ziehen.

Er trat näher heran und vertiefte sich nachdenklich in den Anblick dieser seltsam grotesken, abstoßenden Marionette. Sie trug einen verblichenen, ehemals roten Rock von nunmehr rostbrauner Farbe, zerfetzt wie die schwarzen Beinkleider und die großen Wollstrümpfe. Die Schuhe hatte wohl irgendein Bettler mitgehen lassen. Vom Gesicht war nicht mehr viel zu erkennen, der Kopf mit einigen verbliebenen grauen Haarsträhnen hing in einem sonderbaren Winkel verquer zur Seite. Doch bestand kein Anlaß, sich über die Identität der Leiche zu vergewissern. Jedermann in London wußte, wer da bei solcher Witterung an so exponierter Stelle unbehaglich hin- und herschaukelte: der Pirat William Kidd. Man sagt, daß er dort zwanzig Jahre lang ausgestellt war, zur Warnung für jeden Passanten, niemals vom Pfade der Tugend abzuweichen. Er verfaulte in den rostigen Ketten und den eisernen Ringen, die ihn hielten, bis er in seine Bestandteile zerfiel. Streunende Hunde fraßen seine Knochen. Kein Verwandter oder Freund kam, sein Schicksal zu beklagen. Kein Sarg nahm ihn auf. Kidd gehörte zu den abschreckenden Beispielen.

Die Whigs und auch der König und seine Minister waren nicht besonders gut auf ihn zu sprechen, denn er hatte ihnen am Ende des 17. Jahrhunderts einen der ›delikatesten politischen Skandale‹ beschert, in die sie je verwickelt wurden. Kein Wunder, daß sie ihn so unfreundlich behandelten und nicht einmal nach seinem Tode Ruhe finden ließen. Eine merkwürdige Geschichte. Mr. Defoe stellte gerade Nachforschungen darüber an. Er schrieb, zur Erbauung und moralischen Festigung seiner Leser, die Lebensläufe berühmt-berüchtigter Verbrecher auf, stöberte in ihren Prozeßakten, befragte Zeugen und recherchierte an den Stätten ihres einstigen Wirkens. Man könnte ihn einen der ersten Sensationsreporter nennen. Und da er momentan an Kidds Biographie arbeitete, stattete er dem

Objekt seiner Schreibtischbemühungen pflichtschuldigst einen Besuch ab.

Trotz seiner Gewissenhaftigkeit neigte er doch dazu, gewissen Informationslücken mit allerlei (im Kontext wahrscheinlich klingenden) Phantastereien aufzufüllen und Widersprüche in der Regel dem Gesamttenor unterzuordnen, den man etwa mit dem ›Sieg der Tugend über die sittliche Verworfenheit‹ oder dem ›schnöden Lohn des Verbrechens‹ umschreiben könnte – wobei sich, in der Form sachlicher Reportagen, recht hübsche, abgerundete, kulturgeschichtlich interessante ›morals‹ im Geschmack der Zeit ergaben. Dennoch geriet er, der bourgeoise Schriftsteller, häufig in Gefahr, sich allzusehr mit seinen Antihelden zu identifizieren, als Kompensation für das vergleichsweise ruhige und anständige Leben, das er selber führte. Eine innere Zerrissenheit trieb ihn – ›auf der Suche nach geeigneten Studienobjekten‹ – mitunter in die finstersten Kaschemmen, wo er mit Galgenvögeln und gescheiterten Existenzen ›Luther und Calvin‹ trank – mit Genever versetztes Bier – und sich nicht immer nur verbal mit Prostituierten unterhielt. In dieser Hinsicht ähnelte er seinem Zeitgenossen Samuel Pepys.

Besonders hatten es ihm die Schicksale von Piraten angetan. Den in Wirklichkeit nicht sonderlich sympathischen ›Erzpiraten‹ Henry Every stilisierte er in seinen biographischen Skizzen zu einem smarten Haudegen à la Errol Flynn und verewigte ihn neunzehn Jahre später, noch heroisierender, in seinem Roman ›Kapitän Singleton's Abenteuer‹. Everys Laufbahn wird auf den folgenden Seiten ausführlich beschrieben; er ist mit Sicherheit kein Errol-Flynn-Typus gewesen, genausowenig wie Kidd. Wollte man über letzteren einen Seeräuberfilm drehen, so käme für die Rolle eher Trevor Howard in Frage. Daß Defoe ausgerechnet Every, den unbeliebtesten aller Schurken, so nachsichtig behandelte, hatte ihm kürzlich einen Rüffel seiner Whig-Parteigenossen eingebracht. Es ging nicht an, einen Staatsfeind, der erfolgreich untergetaucht und nie gefaßt worden war, mit einem Glorienschein zu umgeben, ihn als wagemutigen Abenteurer, ja sogar als nachahmenswertes Beispiel darzustellen. Worte, mein lieber Mr. Defoe, können verheerendere Wirkungen anrichten als Kanonen, so hatte man ihn belehrt; er solle gefälligst seine politische Verantwortung bedenken und sich nicht noch einmal zu solch blumigen Ausschmückungen hinreißen lassen: ein Pirat blieb immer noch ein verwerfliches Subjekt, eine Gefahr für den Staat, und war kein jugendlicher Held, nach dem sittsame Damen schmachteten. So nicht, Mr. Defoe, so nicht! Und er hatte versprochen, sich die Ermahnungen zu Herzen zu nehmen.

»Da wären wir also, Kapitän, pardon, Commodore Kidd«, sagte er zu dem vor ihm pendelnden Kadaver, ihn mittels seines Stockes zwingend, sich zu ihm umzudrehen. »Es war mir sehr daran gelegen, Ihre persönliche Bekanntschaft zu machen, und sei's nur, Sie um Nachsicht zu ersuchen, daß ich nun, da ich im Begriff bin, ein Dossier über Sie aufzusetzen, kein gutes Haar an Ihnen lassen darf. Politische Rücksichten, Sie verstehen; ich hoffe, Sie werden mir verzeihen, wenn mein Porträt von Ihnen nicht besonders schmeichelhaft ausfällt.« Aber Kidd wandte ihm wieder leise klirrend den Rücken zu, nachdem sein augenloser Blick den lächelnden Herrn mit der hohen Perücke und der im Wind flatternden Pelerine kurz gestreift hatte. Ein Whig, wie er im Buche stand. Der Teufel sollte sie alle holen, diese selbstgefälligen Heuchler.

Kapitän William Kidd

Der Prolog dazu, daß eine eher tragikomische Figur zum Erzbösewicht der Nation wurde – was freilich, anders als geplant, nur zu ihrer Faszination beitrug. Auch war es nicht Defoes Kurzbiographie allein, die Kidd in so düsteren Farben schilderte. In unzähligen Balladen und Legenden mußte er immer wieder aufs neue ›seine Bibel verscharren‹, einen Pakt mit dem Satan schließen, dem er zuvor eine Haarlocke angeboten hatte, als ›Fliegender Holländer‹ über die Weltmeere geistern und als Gespenst, einen ›blutigen Kübel‹ in der Hand, an einsamen und verlassenen Orten auftauchen, wo seine sagenhaften Schätze vergraben liegen sollten. »Ängstliche Matrosen sehen sein Schiff im Nebel über das

Wasser gleiten, obwohl kein Wind die Segel blähen könnte. Schatzsucher, deren Schaufel an eine vergrabene Kiste stößt, erbleichen, wenn Kidd sich im Mondlicht vor ihnen zeigt und das Entermesser schwingt. Doch gibt es auch eine Legende über diesen unglücklichen Sündenbock, die mehr Verständnis zeigt. Sie erzählt von einem Seemann mit durchnäßten Kleidern, der an der Tür eines Farmhauses in der Nähe von New York anklopft, nach dem Weg zur Wall Street fragt und für seine Übernachtung mit fremdartigen Goldmünzen aus dem Osten bezahlt.« (Mitchell)

Anregungen, von denen sich spätere Autoren wie Washington Irving, Robert Montgomery Bird, Edgar Allan Poe und Marcel Schwob inspirieren ließen. In Irvings Erzählung ›The Devil and Tom Walker‹ (aus ›Tales of a Traveller‹) ist es ›Old Nick‹, der Antichrist persönlich, der über Kidds in einem unheimlichen Sumpfgebiet in Massachusetts versunkene Piratenbeute wacht; Poes Held Legrand (in ›The Gold Bug‹) stellte sich dem nicht minder genialischen Piraten in einem geistigen Ringen *post mortem*, indem er den komplizierten Code einer Schatzkarte entschlüsselt, welche er zufällig auf Sullivan's Island gefunden hat und die, neben einem Totenkopf, Kidds ›Wappen‹ trägt, ein ›Zicklein‹ (engl. ›kid‹). Nach einem Labyrinth weiterer Schlußfolgerungen und Deduktionen gelingt es ihm schließlich, den Standort einer vergrabenen Truhe zu bestimmen, die bis zum Rand mit französischen, spanischen, deutschen und englischen Goldmünzen, Diamanten, Rubinen, Smaragden, silbernen Kruzifixen, goldenen Weihrauchgefäßen etc. im Wert von über anderthalb Millionen Dollar gefüllt ist. Marcel Schwob läßt seinen ›Freibeuter ohne Bildung‹, Walter Kennedy vor seiner Hinrichtung ausrufen: »Sackerment! Welche Ehre! ... Sie werden mich neben dem Kapitän Kid aufknüpfen. Die Augen fehlen ihm, aber er muß es schon sein. Nur er konnte sich einen so reichen roten Rock erlauben. Kid hat sich immer schmuck getragen. Und er konnte schreiben! Er war ein sehr gebildeter Mann, weiß der Satan! Eine so schöne Hand! Entschuldige, Kapitän. (Er grüßte den ausgedörrten Leichnam im roten Rock.) Aber auch ich war ein wohledler Ritter des Glücks.«

Vollends zur liebenswerten Klischeefigur geriet Kidd in J. M. Barries Märchenspiel ›Peter Pan‹ als ›Kapitän Hook‹, in dessen Rolle sich unter anderen Charles Laughton und Boris Karloff am Broadway produzierten – der obligatorische ›rote Rock‹ ist ihm bis in Walt Disneys Zeichentrickfilm erhalten geblieben.

Die letzte wissenschaftliche Suchexpedition nach Kidds Schätzen, deren Gesamtwert man auf eine Million Pfund veranschlagt, fand – erfolglos – im Jahre 1951 statt. Und bezeichnenderweise trug einer der US-Zerstörer, die im Sommer 1987 die Krisenstimmung im Persischen Golf anheizten, den Namen des berühmten Seeräubers; die KIDD war sogar das erste von fünf Schiffen, die eine ›magische Demarkationslinie‹ überfahren: »Von nun an lief der US-Geleitzug aus zwei Tankern und drei Kriegsschiffen in Schußweite feindlicher Waffen, 80 Kilometer weit reichender chinesischer Antischiffsraketen vom Typ ›Seidenraupe‹, die der Iran entlang der Straße von Hormus aufgestellt hat« (SPIEGEL, 27. 7. 87).

Hier schließt sich der Kreis wieder – denn Kidds Geschichte wird erst transparent durch einen kurzen Abriß des wirtschaftlichen Aufstiegs der Vereinigten Staaten. Es ist nur wenig bekannt, aber kaum überraschend, daß Amerika seine Machtstellung zu einem Gutteil der im 17. und 18. Jahrhundert durch Korruption begünstigten Freibeuterei verdankt (eine schlichte Tatsache, kein moralisches Werturteil), und so hat sich auch die Kidd-Legende am längsten in der amerikanischen Folklore gehalten. Diese literarischen und politischen Implikationen hätten allein nicht ausgereicht, den Fall Kidd noch einmal detailliert aufzurollen. Piraterie gab es zu allen Zeiten, ihre Hauptblütezeit war jedoch das Jahrhundert zwischen 1650 und 1750, und so ist die heute noch gängige, durch zahllose Abenteuerromane und Filme geprägte Vorstellung des ›typischen Seeräubers‹ vornehmlich auf das sogenannte ›Zeitalter des Barock‹ fixiert: die Figur des braungebrannten, wettergegerbten, ohrringtragenden Schurken mit Teerzopf, Augenklappe und Holzbein ist zugleich das Musterbeispiel des barocken ›roque‹. Kidds Schicksal eignet sich bestens dafür, die wirkliche Praxis der Freibeuterei und des ›privateering‹, des ›Kaperfahrens‹, vor dem historisch-kulturgeschichtlichen Hintergrund jener Epoche zu veranschaulichen, wobei sich die alte Binsenweisheit bestätigt, daß die Wahrheit interessanter sein kann als jede Fiktion und die genaue Biographie des berüchtigten Piraten keineswegs hinter Legendenbildung und literarischer Stilisierung zurücksteht. Ferner sollte eine möglichst lückenlose Rekonstruktion seines Lebens und seines Scheiterns gewisse unter Historikern verbreitete Fehleinschätzungen revidieren helfen, die in Kidd entweder den Seeräuber par excellence oder das Opfer eines Justizmordes zu erkennen glauben. Die aneinandergereihten Fakten ermöglichen den ambivalenteren Ausblick auf eine faszinierende, tragikomische Figur und ergeben – der Verfasser hofft es zumindest, denn dies war sein Hauptanliegen – eine spannende Lektüre.

Es gab unter den damaligen Piraten sicher schillerndere, blutrünstigere und rücksichtslosere Charaktere – ein gutes

Beispiel dafür ist ›Hennery Every‹, der in dieser Geschichte ebenfalls einen längeren Auftritt hat. Die Entscheidung darüber, ob irgendwann einmal andere ›wohledle Ritter des Glücks‹ – der grausame François Lolonois vielleicht, der die Klinge seines Degens abzuschlecken pflegte, nachdem er seine Opfer einen Kopf kürzer gemacht hatte, ›Schwarzbart‹ Edward Teach, der walisische ›Rotschopf‹ Henry Morgan, der einen ganzen Kontinent in Angst und Schrecken versetzte oder die weiblichen Piraten Anne Bonny und Mary Read – in ähnlicher Form noch einmal auf die Bühne gelangen, bleibt dem Erfolg von Mr. Kidd überlassen. E. A. Poe vertritt in einer seiner ›Marginalien‹ die Ansicht, man sollte auf der Suche nach »Menschen, welche sich ... hoch über die Flachheit ihrer Artgenossen emporgeschwungen haben ... sobald wir rückschauend die Historie nach den Spuren ihres Erden-Wandels durchforschen, getrost alle Lebens-Beschreibungen der ›Guten und Großen‹ beiseite schieben und mit aller Sorgfalt den vagen Berichten über jene Elenden nachgehen, welche in den Gefängnissen, in Bedlam und am Galgen ihr Leben ausgehaucht.« Wir sind diesem Ratschlag gefolgt und haben uns Mr. Kidd herausgegriffen.

Daniel Defoe wagte einen letzten Versuch, bevor er sich empfahl. »Nun, Commodore, wäre es nicht ein Gebot der Höflichkeit, mich wenigstens einer Antwort zu würdigen, anstatt mir den Rücken zuzudrehen? Von Gentleman zu Gentleman? Es war schließlich kein Vergnügen, Sie bei dieser Witterung aufzusuchen.« Aber Kidd schüttelte sich mißmutig im traurigen Singsang der Ketten, oder wenigstens sah es so aus, als ihn ein Windstoß erfaßte. »Also leben Sie wohl«, seufzte Defoe und machte sich auf den Heimweg.

George Theodore Wilkinson:

Kapitän John Kidd
hingerichtet am 22. Mai 1701 auf dem Exekutionsdock wegen Seeräuberei

Piraterie ist ein Verbrechen, das auf dem Meere begangen wird, von Schurken, die ein Schiff mit einer Mannschaft und Waffen ausrüsten zu dem Zweck, redliche Kaufleute auszurauben. Es gilt ebenso als Seeräuberei, ein Schiff zu plündern, welches an einer Küste oder in einem Hafen vor Anker liegt. Bevor hierzulande eine effektive Marinepolizei aufgestellt wurde, machten Banden von Süßwasserpiraten die Themse unsicher. Sie hielten in ihren Ruderbooten fortwährend nach Seglern Ausschau, die aus der Fremde nach England heimkehrten, enterten diese Schiffe, wann immer sich eine Gelegenheit bot, und raubten so viel von der Ladung, wie sie in ihre Boote oder Schaluppen schaffen konnten. Freilich ist in den letzten Jahren der Schiffsverkehr auf der Themse, ganz gleich unter welcher Flagge, einigermaßen sicher vor solch schändlichen Plündereien.

Nach bürgerlichem Recht handelt es sich bei Piraterie in jedem Fall um ein todeswürdiges Vergehen. Es kann durch Parlamentsbeschluß auch nach den Kriterien des englischen Gewohnheitsrechtes verhandelt werden, so als sei das Verbrechen auf dem Festland begangen worden.

Kapitän John (sic) Kidd stammte aus der schottischen Stadt Greenock und erhielt eine seemännische Ausbildung. Nachdem er seine Heimat verlassen hatte, ließ er sich in New York nieder, wo er Eigentümer eines kleinen Schoners wurde, mit dem er Handel unter den Piraten trieb. So lernte er ihre Schlupfwinkel kennen und war bald erfahrener in ihren Sitten und Gebräuchen als irgend jemand sonst. Man konnte ihn weder tollkühn noch feige nennen; seine her-

vorstechendste Leidenschaft schien, in einem Wort, die Habgier zu sein, und dies war auch der Grund, warum er mit den Seeräubern verkehrte. Befand er sich in ihrer Gesellschaft, sprach und handelte er, als ob er zu ihresgleichen gehöre; in besseren Kreisen gab er sich hingegen als vollendeter Gentleman und machte wiederholt Andeutungen darüber, wie leicht es wäre, diese verfehmten Leute auszurotten und ihre zukünftigen Raubzüge zu verhindern. In der Tat ließ er sich mitunter so offen über dieses Thema aus, daß einige wohlhabende und angesehene Pflanzer und Kaufleute auf ihn aufmerksam wurden, die seinen wahren Charakter verkannten und ihn als den Ehrenmann einschätzten, den er ihnen so überzeugend vorspielte. Diese verwendeten sich nun für ihn, so daß er schließlich von höherer Stelle das Vertrauen und die notwendige Unterstützung erhielt, mit der seine angemaßten ›Verdienste‹ gewürdigt wurden.

Schon seit mehreren Jahren häuften sich die Klagen über die in Westindien gängige Praxis der Seeräuberei, welche die Einwohner Nordamerikas noch begünstigten, indem sich viele von ihnen als Hehler betätigten und mit beträchtlichem Gewinn jene Effekten aufkauften, die auf so unrühmliche Weise erworben worden waren. Als William III. von diesen Mißständen erfuhr, ernannte er den Grafen Bellamont, einen irischen Adeligen von gutem Leumund, loyaler Gesinnung und erprobten Fähigkeiten, zum Gouverneur von Neu-England und New York. Das war im Jahre 1695. Dieser begann alsbald Pläne zu schmieden, wie man die Piratenbrut ausmerzen könne, über die sich ein solches Lamento erhob, und beriet sich mit Colonel Livingston, einem sehr wohlhabenden Gentleman aus New York, über die wirksamsten Maßnahmen, das Problem zu lösen und die ersten Schritte, die dazu einzuleiten seien.

Nun fügte es sich gerade so, daß Kapitän Kidd wieder einmal mit seinem Schoner von einer Kreuzfahrt nach New York zurückgekehrt war. Der Colonel empfahl ihn dem Lord Bellamont als einen tapferen und verläßlichen Mann, erfahren im Umgang mit Piraten, ver-

traut mit ihren Schlupfwinkeln und also vorzüglich geeignet, Leiter einer Strafexpedition gegen diese Schurken zu werden. Der Vorschlag stieß auf begeisterte Zustimmung Seiner Lordschaft, der unverzüglich den König in einem Schreiben über den Stand der Dinge unterrichtete und ihn gleichzeitig ersuchte, auch die Admiralität darüber in Kenntnis zu setzen. Der Lordkanzler Somers, der Herzog von Shrewsbury, der Graf von Romney, der Graf von Oxford und einige weitere Personen kamen daraufhin mit Colonel Livingston und Kapitän Kidd zu folgendem Einvernehmen: für die Unternehmung sollten 6000 Pfund aufgebracht und der Colonel und Kidd zu einem Fünftel am Gewinn daran beteiligt werden. Nachdem soweit alles geregelt war, wurde Kapitän Kidd in der üblichen Form ein Patent ausgestellt, das ihn ermächtigte, auf Seeräuber Jagd zu machen, sie zu ergreifen und ihrer gerechten Bestrafung zuzuführen. Allerdings fand sich in diesem offiziellen Dokument keine Klausel oder Vorschrift, die sein persönliches Verhalten reglementierte, und es enthielt auch keine speziellen Anweisungen, was die Art und Weise seines Vorgehens betraf. So wurde also ein Segelschiff erworben und bemannt, das den Namen ›ADVENTURE GALLEY‹ (›Abenteuergaleere‹) erhielt. Damit stach Kapitän Kidd gegen Ende des Jahres 1695 in See und kaperte auf der Reise ein französisches Schiff. Von New York segelte er zu den Madeira-Inseln, von dort nach Bonavista und St. Jago und schließlich nach Madagaskar. Eine Weile kreuzte er vor der Mündung zum Roten Meer; da er jedoch in jenen Breiten keinen Erfolg hatte, segelte er weiter nach Calicut, wo er dann eine Brigantine von einhundertfünfzig Tonnen aufbrachte, die er nach Madagaskar überführte und dort verkaufte. Mit dem Gewinn lief er erneut aus, und nach fünf Wochen gelang es ihm, die QUEDAH MERCHANT zu kapern, ein Schiff von vierhundert Tonnen, das einem Engländer namens Wright unterstand. Dieser hatte noch zwei holländische Begleitoffiziere an Bord sowie einen französischen Kanonier; der Rest der Besatzung bestand jedoch aus Negern, afrika-

nischen Eingeborenen, etwa neunzig an der Zahl. Kidd brachte das Schiff nach St. Mary's, unweit von Madagaskar, ließ dort die ›ADVENTURE GALLEY‹ in Brand setzen (wozu er, da es sich ja um fremdes Eigentum handelte, in keinster Weise befugt war) und teilte die Ladung der QUEDAH MERCHANT unter seiner Mannschaft auf, wobei er sich vierzig Prozent der Anteile vorbehielt. Alsdann gingen sie an Bord des letztgenannten Schiffes und segelten nach Westindien. Möglicherweise wußten oder ahnten die Einwohner der westindischen Inseln, daß Kidd ein Pirat war; jedenfalls wurde ihm verweigert, sich in Anguilla und St. Thomas erneut zu verproviantieren, weshalb er einige Zeit vor der Küste lavieren mußte, um zuletzt Mona (zwischen Porto Rico und Hispaniola) anzusteuern. Hier nahm er mit Unterstützung eines Engländers namens Bolton Vorräte auf, welche aus Curacoa stammten. Von diesem Bolton kaufte er außerdem eine Schaluppe, auf der er den größten Teil der Beute aus seinen Raubzügen verstaute. Die QUEDAH MERCHANT ließ er mit achtzehn Mann Besatzung in Boltons Obhut zurück. Auf jener Schaluppe stach Kidd nun wieder in See, machte an mehreren Stellen halt, wo er das meiste seiner Ladung losschlug, und nahm dann Kurs auf Boston, in Neu-England. Inzwischen hatte Bolton die QUEDAH MERCHANT an die Spanier verkauft und war schleunigst als Passagier auf einem anderen Segelschiff nach Boston gereist, wo er geraume Zeit vor Kidd eintraf und Gelegenheit fand, Lord Bellamont über sämtliche Vorgänge zu unterrichten. So kam es, daß Kidd gleich bei seiner Ankunft auf Anordnung Seiner Lordschaft festgenommen wurde; alles, was er zu seiner Verteidigung vorbringen konnte war, er halte die QUEDAH MERCHANT für eine rechtmäßige Prise, da sie doch mit Negern bemannt gewesen sei – obwohl es nicht den geringsten Anhaltspunkt dafür gab, daß sich dieses Schiff irgendeiner Freibeuterei schuldig gemacht hatte. Daraufhin erstattete der Graf von Bellamont unverzüglich brieflichen Bericht nach England, schilderte die Umstände und forderte ein Kriegsschiff an, das Kidd ab-

holen sollte, der verschiedener Seeräubereien dringend verdächtig schien. Demgemäß wurde die Brigg ROCHESTER ausgesandt, ihn nach England zu bringen; sie mußte jedoch wegen einer Beschädigung wieder in ihren Hafen zurückkehren, ein Umstand, der zu einem öffentlichen Skandal führte. Schon seit einiger Zeit waren nämlich Stimmen laut geworden, die das Vorgehen der Regierung in dieser Angelegenheit kritisierten, was zweifellos parteipolitische Gründe hatte. Die Sache wurde so hochgespielt, daß die Parlamentsabgeordneten vielerorts die Anweisung erhielten, eine Sondersitzung anzuberaumen, in der eine Untersuchung über den Fall stattfinden sollte. Nach einer Abstimmung gelangte das Unterhaus zu dem Beschluß, daß »Kidd erst bei der nächsten Sitzungsperiode der Prozeß gemacht werden würde; und daß der Graf von Bellamont auf richterliche Verfügung sämtliche Unterlagen, Protokolle, Zeugenbefragungen und andere dem Fall sachdienliche Papiere umgehend dem Untersuchungsausschuß zu übersenden habe«. Der König erhielt eine entsprechende Petition und gab seine Zustimmung. Kidd war kaum in England eingetroffen, als er auch schon vorgeladen und von einem Schöffengericht des Unterhauses befragt wurde. Man wähnte zunächst diejenigen an seinen Verbrechen mitschuldig, die ihn auf seine Strafexpedition ausgesandt hatten; bei dem Verhör kam jedoch nichts heraus, was diese angesehenen Persönlichkeiten in irgendeiner Form hätte belasten können. Kidds Auftreten vor seinen Richtern sprach im übrigen wenig zu seinen Gunsten; er war völlig betrunken und gab auf die Befragung hin eher lallend Auskunft, was einen der Abgeordneten, der sich sehr ernsthaft mit seinem Fall beschäftigte, zu dem wütenden Ausruf nötigte »O welch ein Kerl! Ich dachte, er wäre nur ein Schuft, aber nun stellt sich zu seinem Unglück heraus, daß er außerdem noch ein Idiot ist.«

Kidd wurde schließlich im Old Bailey der Prozeß gemacht, und alle Beweise sprachen gegen ihn. Doch weder bei dieser Gelegenheit noch zu irgendeinem anderen Zeitpunkt beschuldigte er einen seiner Auftraggeber, mitverantwortlich für seine schmählichen Taten gewesen zu sein. Er wurde mit einem seiner Gefährten (Darby Mullins) am 23. Mai 1701 auf dem Exekutionsdock hingerichtet. Nachdem er bereits am Galgen hochgezogen worden war, riß der Strick und er fiel zu Boden. Sogleich legte man ihm abermals die Schlinge um, aber der Geistliche, der ihm die Beichte abgenommen hatte, äußerte den Wunsch, noch ein letztes Wort an ihn zu richten und ermahnte den Delinquenten, diesen letzten Aufschub und die wenigen Augenblicke, die ihm noch zu leben vergönnt waren, als Zeichen der Vorsehung anzusehen, seine Seele vor solch einschneidendem Wechsel abermals zu sammeln und sein Gewissen zu erleichtern. Diese eindringlichen Worte schienen seine Verstocktheit zu lösen, und so ward er, nachdem er der Welt seine Nächstenliebe und seine Hoffnung auf Erlösung durch das Leiden unseres Heilands kundgetan hatte, ein zweites Mal aufgeknüpft.

*

Soweit George Theodore Wilkinsons Bericht über Kapitän Kidd in seinem ›Newgate Calendar‹ (1821), einer Sammlung biographischer Notizen und ›Denkwürdigkeiten‹ über die bekanntesten und berüchtigsten Verbrecher des 17., 18. und frühen 19. Jahrhunderts, angereichert mit den ›letzten Ausrufen von Delinquenten‹, bevor sie gehängt, verbrannt, gerädert oder geköpft wurden. Berühmtberüchtigt war Kidd in der Tat schon deshalb, weil sein Fall politische Züge trug, enormes Aufsehen erregte und der Regierungspartei, den ›Whigs‹, sehr in ihrem Ansehen schadete. Dabei handelte es sich bei ihm keineswegs um den ›Bilderbuchpiraten‹, als den ihn zahllose Legenden später porträtierten. Er schien eher eine Art Spalier zu sein, an dem sich die Phantasie gleich Efeu emporrankte. Schon damals, zur Zeit seiner Hinrichtung auf dem Exekutionsdock, waren allerlei Seemannsgarn, Abenteuergeschichten und düstere Balladen über ihn in Umlauf, zum Beispiel ›Captain Kidd's Farewel to the Seas‹:

My name was William Kidd, when I sailed, when I sailed,
My name was William Kidd, when I sailed;
My name was William Kidd,
God's laws I did forbid
and so wickedly I did, when I sailed, when I sailed
and so wickedly I did, when I sailed.

I spied the ships of France, as I sailed, as I sailed
I spied the ships of France, as I sailed;
I spied the ships of France
To them I did advance
and I took them all by chance, as I sailed, as I sailed
I took them all by chance, as I sailed.

I'd ninety bars of gold, as I sailed, as I sailed
I'd ninety bars of gold, as I sailed;
I'd ninety bars of gold
and dollars manifold,
they have riches uncontrolled, as I sailed, as I sailed,
they have riches uncontrolled, as I sailed.

Kidd hieß in der Tat nicht John, sondern William; der Vorname seines Vaters war John, daher vielleicht Wilkinsons Verwechslung. Was die Zeitgenossen und spätere Generationen besonders an diesem Piraten faszinierte, war das Gerücht, er habe vor seiner Verhaftung den größten Teil seiner Beute – Schmuck, Juwelen, Rubine, Edelsteine, Pretiosen, Gold- und Silberstücke, vor allem spanische

Dublonen und indische Rupien, also unschätzbare Reichtümer – in mehreren Schatztruhen an verschiedenen Orten, irgendwelchen abgelegenen Inseln oder Küstenstreifen, vergraben. »Nun, Sie haben natürlich schon von den vielen Geschichten vernommen –«, schreibt E. A. Poe in seiner berühmten Erzählung ›Der Goldkäfer‹, »den tausend vagen Gerüchten, die im Schwange sind, von dem Gelde, das Kidd und seine Genossen irgendwo an der atlantischen Küste vergraben haben sollen ... daß Kidd's Beutehaufen ungeheuer waren, ist wohlbekannt ... klar ist, daß er Hilfe bei seiner Arbeit gehabt haben muß. Als aber diese Arbeit beendet war, mag er es für ratsam gehalten haben, alle Mitwisser seines Geheimnisses zu beseitigen. Vielleicht genügten zwei Schläge mit der Hacke, während die Gehilfen noch in der Grube beschäftigt waren; vielleicht aber bedurfte es auch eines ganzen Dutzends – wer will das sagen?«

Ebenso hartnäckig hielt sich die Legende, auf Kidds Piratenflagge sei nicht der obligatorische Totenschädel mit gekreuzten Knochen abgebildet gewesen, sondern ein ›Zicklein‹, eine junge Ziege, welche auf englisch ›kid‹ heißt. Ferner munkelte man, Kidd sei von einem Gespenst verfolgt worden, vor dem er sich gräßlich fürchtete, dem Geist eines Matrosen, den er einmal ermordet hatte, ›dem Mann mit dem blutigen Kübel‹. Letztere Schauermär gründet sich freilich auf Tatsachen, über die noch zu berichten sein wird.

Wilkinsons Schilderung im ›Newgate Calendar‹ ist, was die wesentlichen Fakten betrifft, korrekt. Über die politischen Hintergründe der Angelegenheit läßt er sich allerdings sehr zurückhaltend aus; außerdem weist seine Kurzbiographie so viele Lücken auf, daß es sich lohnt, den ganzen Fall noch einmal ›aufrollen‹ und durch ein etwas schärferes Okular zu betrachten.

ERSTES KAPITEL

Über Herkunft, Kindheit und Jugendjahre eines notorischen Charakters, Seemannsroutine und die Risiken von Insubordination

William Kidds Geburtsort und -jahr sind widersprüchlich dokumentiert; einer Quelle zufolge soll er 1654 in der schottischen Stadt Dundee das Licht der Welt erblickt haben, aber es spricht mehr dafür, daß er im Jahre 1645 in Greenock, einer kleinen Hafenstadt am Clyde in der schottischen Grafschaft Renfrew, geboren wurde. Schottland, seit 1603 durch Jakob I. England in ›Personalunion‹ verbunden, war ein streng calvinistisches Land und derzeit gerade Schauplatz einer Reihe aufsehenerregender Hexenprozesse. 1646 schloß Charles I. ein geheimes militärisches Abkommen mit den Schotten, um einem drohenden Bürgerkrieg entgegenzuwirken, ein Schachzug, der zur Entthronung und Hinrichtung des Stuartkönigs und zur Machtübernahme Oliver Cromwells führte – soviel nur, in Stichworten, zum historischen Hintergrund.

Von Hexerei und Kriegswirren blieb Greenock jedoch weitgehend verschont. Es war ein eher schläfriges Nest – auf den ersten Blick jedenfalls – mit kargen, grauen, schmucklosen Häusern, viel Regen das ganze Jahr über und einem Hafen, in dem nicht sonderlich viel Schiffsverkehr herrschte. Die Einwohner lebten hauptsächlich vom Fischfang, und einige gingen noch einer kleinen Nebenbeschäftigung nach: Greenock war bis zur Mitte des neunzehnten Jahrhunderts als Domizil von Schmugglern und Riffpiraten einigermaßen verrufen. Letztere betrieben jenen hübschen Freizeitsport, den Daphne du Maurier in ihrem Roman ›Jamaica Inn‹ anschaulich beschreibt – sie ließen bei Sturm Schiffe durch verräterische Leuchtzeichen auf die Klippen laufen, erschlugen diejenigen, die sich an Land retten konnten ohne Gnade und Ausnahme und bargen die Ladungen aus den Wracks, um sie in ihren Schlupfwinkeln zu horten. Wurden Nachforschungen angestellt, so verschwanden die behördlich eingesetzten Kommissare und Zollbeamten in der Regel auf Nimmerwiedersehen.

Von dergleichen Umtrieben erfuhr der junge William allerdings, wenn überhaupt, nur wenig. Sein Vater, John Kidd, war ein calvinistischer ›Reverend‹, ein Prediger, der an Sonn- und Feiertagen in der ›Auld Kirk‹ des Ortes Bibelstunden abhielt und sich mit dem Glaubensbekenntnis von John Knox identifizierte, der 1560 in Schottland der Reformation zum Sieg verholfen hatte. In der einen Hand die Heilige Schrift, in der anderen die Zuchtrute, tat er sein Bestes, einen anständigen und gottesfürchtigen Menschen aus seinem Sohn zu machen. Die Eintönigkeit und Enge dieser Umgebung schienen in William auf Dauer den Wunsch zu wecken, ein ganz anderes Leben zu führen, als es Ehrwürden Kidd ihm bei Hafersuppen und Bußpredigten vorexerzierte. Jedenfalls brannte er im Alter von vierzehn Jahren von zu Hause durch, gelangte nach Glasgow und heuerte als Schiffsjunge auf einem Segler an, der nach den Westindischen Inseln auslief. Diese heute Antillen genannte Inselwelt, die neben unzähligen kleineren unter anderen Kuba, Jamaica, Haiti (›Hispaniola‹) und Puerto Rico umfaßt, begrenzt das ›amerikanische Mittelmeer‹ (Golf von Mexiko, Karibisches Meer) gegen die Sargassosee im Atlantischen Ozean, in deren berüchtigten Tangzones es ganze Schiffsfriedhöfe gegeben haben soll; die Karibik war zwischen 1635 und 1750 bekanntlich ein Eldorado für Piraten und ›privateers‹, Kaperfahrer mit königlichem Freibrief, die auf einigen der Inseln, zum Beispiel auf Tortuga, regelrechte Stützpunkte und Umschlagzentren etabliert hatten. Die Passage von Glasgow dauerte damals etwa drei Monate, und schon die Überfahrt muß dem Vierzehnjährigen wie ein einziges großes Abenteuer erschienen sein, das im Kontrast zu seinem bisherigen ereignislosen Leben im kargen Haushalt des Calvinistenpredigers nur um so farbiger wurde. Auf allen Schiffen herrschte damals der Brauch, Seereisende, die bestimmte Gebiete zum ersten Mal passierten, auf besondere Art zu ›taufen‹. Exquemelin beschreibt 1678 ein solches Ritual: »Der Oberbootsmann zieht einen langen Mantel an und setzt eine seltsame Mütze auf. Dann kommt er an Deck, in der Rechten ein Holzschwert, in der Linken einen Topf mit schwarzer Farbe. Sein Gesicht ist geschwärzt, und um den Hals trägt er eine Kette, die mit Holzpflöcken und anderem Schiffsgerät behängt ist. Alle, die zum ersten Mal die Meerenge passieren, müssen vor ihm niederknien. Nun zeichnet er jedem ein schwarzes Kreuz auf die Stirn und gibt ihm mit seinem Holzschwert einen Schlag auf den Nacken. Dann werden die ›Täuflinge‹ von den Gehilfen des Oberbootsmannes mit Wasser begossen und müssen obendrein am Hauptmast eine Flasche Wein oder Branntwein niederlegen. Nur die ganz Armen sind von diesem Tribut befreit. Dagegen wird er auch von jedem Reeder erhoben, dessen Schiff die Meerenge zum ersten Mal passiert. Ist die Zeremonie beendet, so werden die Vorräte an Wein und Branntwein, die sich vor dem Hauptmast angesammelt haben, unter allen an Bord verteilt.« Kidd mußte sicher eine ganze Reihe solcher ›Taufen‹ über sich ergehen lassen, wobei es an Bord englischer oder schottischer Segelschiffe manchmal noch etwas drastischer zuging. »Der ›Täufling‹ wird von der großen Raa wie ein Verbrecher dreimal ins Wasser hinuntergelassen, und wenn es der Besatzung Spaß macht, läßt sie ihn bis zum Heck abtreiben.«

In den ›West Indies‹ verlieren sich die Spuren des Schiffsjungen Kidd für eine Weile. Möglicherweise kam er schon damals zum ersten Mal mit Seeräubern in Berührung, die ja in jenen Breiten einen größeren Bevölkerungsanteil ausmachten, auf alle Fälle aber ausgiebig mit Rum und Branntwein, wovon jedem Matrosen wöchentlich ein beträchtliches Quantum zustand. Und er erhielt eine gründliche praktische seemännische Ausbildung. »He was bred to the sea«, heißt es bei G. T. Wilkinson, worauf man, auch nach den spärlichen Quellen, seinen Kopf verwetten darf. Im Gegensatz zu einigen anderen Piratenkapitänen, zum Beispiel François Lolonois, stand Kidd später zumindest im Ruf eines vorzüglichen Seefahrers und Navigators.

1673 taucht er, inzwischen achtundzwanzigjährig, wieder in den historischen Annalen auf, und zwar in einer Marinerekrutenliste. England befand sich unter Charles II. erneut im Krieg gegen die Niederlande (1672–74), und unser Held wurde wie zahllose andere britische Matrosen zum Dienst auf einem Kriegsschiff der Royal Navy ›gepreßt‹. Solche ›press gangs‹, mit denen er Jahre danach als Kapitän der ADVENTURE GALLEY noch einmal leidige Erfahrungen machen sollte, bestanden aus Marineoffizieren und angeworbenen Schlägerbanden, die ihren Forderungen den gehörigen Nachdruck verliehen. Man setzte sie in Kriegszeiten vor allem in Hafenstädten und auch auf offener See ein, wo sie durch königliches Edikt berechtigt jedes Schiff anhalten durften, das ihnen in die Quere kam, um einen Großteil von dessen Mannschaften kurzerhand zu beschlagnahmen oder zu ›shanghaien‹, wie es im Matrosenjargon hieß. Kidd diente als Leichtmatrose und Hilfskanonier an Bord des Flaggschiffs PRINCE ROYAL unter Sir Edward Spragge. Einer seiner Kameraden auf dem Schiff war der junge William Dampier, der später ebenfalls eine Freibeuterkarriere einschlug und sich in England nur dadurch vor dem Galgen rettete, daß er seine Erlebnisse und Aufzeichnungen veröffentlichte, was ihm nicht nur ein Vermögen einbrachte, sondern auch einen Forschungsauftrag Seiner Majestät höchstpersönlich, verbunden mit der Kommandantur über eine Fregatte. Dampier hatte außerdem indirekt noch etwas mit Literatur zu tun: er begleitete im Jahre 1709 Kapitän Rogers auf einer Weltreise, und das Schiff legte zufällig an einer kleinen Insel im Pazifik an, auf der der schottische Steuermann Selkirk seit fünf Jahren gezwungenermaßen als Einsiedler lebte – und Selkirk war es, der Daniel Defoe zu seinem ›Robinson Crusoe‹ inspirierte. Aber zurück zu William Kidd, der sich an den Drill auf einem Flaggschiff der Royal Navy im Einsatz gewöhnen mußte und bald darauf an seiner ersten größeren Seeschlacht teilnahm. Die PRINCE ROYAL lieferte sich mit einem holländischen Kriegsschiff, das von Admiral Cornelius Trump befehligt wurde, ein mörderisches Gefecht. »Sie kämpften, bis das Meer von Wrackteilen und treibenden Leichen übersät war«, schreibt Kapitän A. G. Course in seinem Buch ›Pirates of the Eastern Seas‹.

Kidd entsprach keineswegs dem Typus des Draufgängers, des im Schlachtenlärm lächelnd gegen eine Übermacht fechtenden, von schönen Damen umschmachteten Haudegens à la Errol Flynn. Wilkinsons Charakterisierung trifft annähernd auf ihn zu: »Man konnte ihn weder tollkühn noch feige nennen; seine hervorstechendste Eigenschaft schien, in einem Wort, die Habgier zu sein.« Immerhin gehörte er zu denjenigen, die bei einer solchen Feuerprobe die Nerven behielten, effektiv ihren Dienst an den Geschützen versahen, sich nicht über Gebühr ins Kampfgeschehen einmischten, aber auch von keinem Angreifer verkrochen – und die schließlich am Leben blieben und sich danach ähnlichen Aufgaben stellten. Nein, feige war Kidd sicher nicht; eher schienen ihn ›typisch schottische‹ Eigenschaften zu kennzeichnen: Zähigkeit, Beharrlichkeit, Durchsetzungsvermögen, Jähzorn, Trinkfestigkeit, Geschäftstüchtigkeit, Sparsamkeit – alles Talente oder Neigungen, die einer Karriere auf See sehr förderlich sein können. Hinzu kam, daß er im Hause seines Vaters einen für Seeleute höchst ungewöhnlichen Bildungsstandard erworben hatte. Er konnte lesen und schreiben, wodurch er automatisch Führungsqualitäten besaß; er war mit den Grundregeln der Mathematik vertraut, was ihm später den Überblick über den Wert der bei seinen Kapertouren erworbenen Beute und deren Aufteilung und Anlage erleichterte; er besaß gute Kenntnisse in Navigation, und es mangelte ihm auch nicht an Ehrgeiz und Diplomatie. Es ist anzunehmen, daß er bereits bei den Offizieren der PRINCE ROYAL eine bevorzugte Stellung genoß und Gelegenheit fand, Beziehungen zu einflußreichen Personen, darunter vielleicht dem Kommandeur des Schiffes, Sir Edward Spragge, anzuknüpfen. Und er verstand es stets, Eindruck zu schinden, charmant zu plaudern, durch lässig eingestreutes Fachwissen zu verblüffen und jeden nur möglichen Vorteil zu ergreifen. Kurz, er war der geborene Taktiker – und ein taktischer Fehler besiegelte sein Schicksal.

Womöglich fand er sogar – im nachhinein – Gefallen an Kanonendonner und Pulverdampf, das heißt, daß er von jener Söldnermentalität geprägt wurde, die eigentlich den wahren Piraten oder ›privateer‹ ausmachte. Denn romantisch im Sinne der Abenteuerromane war das Leben an Bord eines Kriegs- oder Piratenschiffes mitnichten. Wenn es einmal zum Nahkampf kam, ereigneten sich die gleichen Greuel wie auf den Kriegsschauplätzen, Grausamkeiten, Verstümmelungen, Ströme von Blut, heraushängende Eingeweide und die nervenzermürbenden Schreie der Verwundeten. Es stirbt sich nicht so leicht wie in den Seeräuberfilmen. Und die übliche Routine auf den Seglern des siebzehnten und achtzehnten Jahrhunderts hieß eiserne Disziplin und monotone Pflichterfüllung, spärliche Rationen und in den Mannschaftskojen kaum Luft zum Atmen. Robert Carse beschreibt in seinem Buch ›The Age of Piracy‹ das wirkliche Matrosenleben dieser Zeit: »Sie schliefen im Feuchten, wie Sardinen gegeneinandergepreßt, auf dem tiefsten Deck neben den undichten Geschützluken. Ihre Kleidung war erbärmlich, und ihr Proviant bestand aus dem verdorbenen ungenießbaren Zeug, das die Lebensmittelhändler mit immensem Profit an die Proviantmeister verkauft hatten, welche sich ihrerseits bereicherten, indem sie schlechte Ware unter Preis erwarben.

Hatte ein Seemann sich erst einmal profiliert, sei es als Bootsmannsmaat, Zimmermannsgeselle oder Hilfskanonier, brachte ihm dies keinen Vorteil. Im Gegenteil: Er war zu nützlich an Bord, um noch an Land gehen zu dürfen. Man hielt ihn in der Tat wie einen Gefangenen auf dem Schiff, manchmal über Jahre hinweg. Die Löhnung, falls die Mannschaft ausbezahlt wurde, belief sich auf ein paar Schillinge im Monat, und für jede Übertretung der Vorschriften gab es in der Regel Schläge mit der ›Neunschwänzigen‹, jener schrecklichen Peitsche, die einen Mann lebenslang verkrüppeln konnte.«

Oder manchmal umbringen. C. Nordhoff und J. N. Hall schildern in ihrem berühmten, mehrmals verfilmten Roman ›Die Meuterei auf der Bounty‹ einen solchen Strafvollzug auf einem britischen Marineschiff:

»Der Befehl, die ganze Mannschaft habe sich nach achtern zu begeben, um dem Strafvollzug beizuwohnen, wurde unter Pfeifenbegleitung laut ausgerufen. Die Marinesoldaten eilten, mit Muskete und Seitengewehr bewaffnet, auf das Hüttendeck, während Kapitän Courtney und seine Offiziere auf der Luvseite der Windvierung Aufstellung nahmen. Die übrige Besatzung versammelte sich leewärts längs der Brustwehr; manche fanden, um besser zu sehen, in den Booten oder auf den Spieren Platz. Zwei weitere große Schiffe waren ganz in unserer Nähe verankert, und auch auf diesen standen schweigende Männer Kopf an Kopf.

Allmählich näherte sich der Trommelwirbel, und dann kam um den Bug der Tigreß herum ein Zug, den ich niemals vergessen werde.

Den Anfang machte die Pinasse eines der im Hafen liegenden Schiffe: langsam wurde sie nach dem nervenaufpeitschenden Takt des Trommelwirbels gerudert. Neben dem Trommler stand der Schiffsarzt und neben diesem der Waffenmeister; hinter ihnen sah ich eine menschliche Gestalt in einer seltsamen Stellung zusammengekauert. Der Pinasse folgte, nach derselben klagenden Musik gerudert, je ein Kutter von jeglichem Schiff der Flotte, bemannt mit Marinesoldaten. Ich hörte den Befehl ›Freie Fahrt‹; die Leute hörten auf zu rudern und ließen die Pinasse treiben, bis sie längs dem Schiffsgang zum Stillstand kam. Ich blickte über die Brustwehr hinab. Der Atem wollte mir stocken, und ohne daß ich dessen gewahr geworden wäre, rief ich leise: ›O, mein Gott!‹ Herr Bligh maß mich von der Seite mit einem raschen Blick und einem schnell vorüberhuschenden grimmigen Lächeln. Die zusammengesunkene Gestalt in der Pinasse war die eines kräftigen Mannes von dreißig oder fünfunddreißig Jahren. Er war nur mit einer weiten Seemannshose bekleidet. Seine nackten Arme waren sonnengebräunt und tätowiert. Seine Hände waren gefesselt. Sein lichtes, hellblondes Haar war wirr. Sein Gesicht konnte ich nicht sehen, denn sein Kopf hing über die Brust hinab. Seine Hose und die Planken des Bootes zu beiden Seiten der Gestalt waren mit geronnenem Blut bespritzt. Ich hatte schon früher in meinem Leben Blut gesehen; der Rücken des Mannes war es, dessen Anblick mir den Atem benahm. Vom Hals bis zur Hüfte hatte die neunschwänzige Katze die Knochen bloßgelegt, und das Fleisch hing in schwärzlichen Fetzen herab.

Kapitän Courtney schlenderte gemächlich über das Deck und blickte sodann auf das furchtbare Schauspiel hinab. Der Wundarzt im Boot beugte sich über den verstümmelten Körper und rief dann in militärischem Tone zu Courtney hinauf: ›Der Mann ist tot, Sir.‹

Ein Gemurmel, kaum lauter als ein Lufthauch in Baumwipfeln, glitt durch die versammelten Mannschaften. Der Kapitän der Tigreß verschränkte die Arme und wandte den Kopf langsam zur Seite. Er war prächtig anzusehen mit seinem Degen, seiner reichbetreßten Uniform, seinem Dreispitz und seinem gepuderten Haar. Inmitten des drückenden Schweigens ringsumher wandte er sich wieder dem Wundarzt zu.

›Tot‹, sagte er leichthin, in seinem elegant-blasierten Tone. ›Der Mann hat Glück! Heda, Waffenmeister!‹ Der Subalternoffizier neben dem Arzte stand stramm.

›Wieviel Streiche hat er noch zu bekommen?‹ erkundigte sich der Kapitän.

›Zwei Dutzend, Sir.‹

Courtney nahm jetzt aus der Hand seines Leutnants eine Abschrift des Marine-Strafgesetzes. Als er mit Grazie seinen Dreispitz abnahm und ihn vor die Brust hielt, entblößten alle Männer ringsumher das Haupt in Ehrfurcht vor den Geboten des Königs. Dann las der Kapitän den Absatz vor, der die Strafe für einen tätlichen Angriff gegen einen Offizier der königlichen Marine enthielt. Der Bootsmannsmaat entnahm einem roten Beutel die Katze mit dem roten Stiel und blickte sich unsicher um. Der Kapitän hatte inzwischen seine Verlesung beendet, wiederum den Hut aufgesetzt und sah dem Mann jetzt ins Auge. Wieder hörte ich das kaum hörbare Gemurmel, und wieder wurde es still, als Courtney zu sprechen begann. ›Tun Sie Ihre Pflicht‹, befahl er ruhig. ›Zwei Dutzend, glaube ich‹. ›Zwei Dutzend – so ist es, Sir‹, sagte der Vollzieher des Urteils mit hohler Stimme. Mit zusammengebissenen Zähnen und glänzenden Augen standen die Leute da, aber das Schweigen war so tief, daß ich das leise Geräusch hörte, das die im schwachen Wind hin und her schwankenden Segelstangen verursachten.

Ich konnte meinen Blick nicht von dem Bootsmannsmaat abwenden, der nunmehr langsam die Fallreeptreppe hinabkletterte. Selbst wenn der Mann laut aufgeschrien haben würde, hätte er den Widerwillen gegen seine Tätigkeit nicht deutlicher zum Ausdruck bringen können. Er stieg in das Boot; mit starren, finsteren Gesichtern machten ihm die Ruderer Platz. Von oben her sah ihm Courtney mit gekreuzten Armen zu und rief: ›Los! Tun Sie Ihre Pflicht!‹

Der Mann mit der Katze ließ die Schwänze durch die Finger seiner linken Hand gleiten, erhob den Arm und ließ das Instrument auf den armen, zerschundenen Körper niedersausen. Ich wandte mich ab; mir war schwindlig und übel. Bligh stand neben mir an der Brustwehr, eine Hand auf der Hüfte, und sah den Vorgängen zu, wie man einem schlecht gespielten Theaterstück zusehen mag. Die Hiebe folgten einander in gleichen Abständen –

jeder einzelne durchbrach die Stille wie ein Pistolenschuß. Während der letzten Minuten, die mir wie ein Jahrhundert vorkamen, zählte ich mit, aber schließlich kam doch das Ende – zweiundzwanzig ... dreiundzwanzig ... vierundzwanzig. Ich vernahm ein Kommandowort; die Marinesoldaten kletterten die Hüttendeckleiter hinab. Es schlug acht Glasen. Auf dem Schiffe entstand Bewegung, und ich hörte, wie der Bootsmann auf seiner Pfeife das langgezogene, fröhliche Signal zum Essen blies.

Als wir uns zum Speisen niedersetzten, schien Courtney gar nicht mehr an die Vorgänge, die sich soeben abgespielt hatten, zu denken. Er leerte sein Glas Sherry auf Blighs Gesundheit und kostete die Suppe. ›Kalt!‹ bemerkte er bedauernd. ›Ja, das sind die Schattenseiten des Seemannslebens, was Bligh.‹

... Mir war noch immer über von dem, was ich kurz vorher gesehen hatte; kaum instande, einen Bissen hinunterzuwürgen, saß ich schweigend neben den plaudernden Männern. Bligh war der erste, der den Strafvollzug erwähnte.

›Was hat der Mann eigentlich verbrochen?‹ fragte er.

Kapitän Courtney stellte sein Weinglas nieder und blickte Bligh zerstreut an. ›Ach so, Sie meinen den Burschen, der geprügelt wurde‹, sagte er. ›Er war einer von Kapitän Allisons Fockmarsleuten auf der UNCONQUERABLE. Soll ein tüchtiger Kerl gewesen sein. Er desertierte, und dann sah ihn Allison in Portsmouth aus einer Kneipe kommen. Der Mann versuchte, sich aus dem Staub zu machen; Allison packte ihn beim Arm. Gute Marsmatrosen findet man nicht alle Tage. Da schlug der unverschämte Kerl seinem Kapitän mit der Faust ins Gesicht, gerade als eine Schar Matrosen vorbeikam. Die nahmen ihn gleich gefangen, und das übrige haben Sie ja gesehen. Merkwürdig! Wir waren erst das fünfte Schiff; acht Dutzend Streiche genügten. Aber Allison hat einen Mann, der ein wahrer Künstler in der Anwendung der Katze ist und dabei stark wie ein Ochs.‹

Bligh hörte mit Interesse zu und nickte befriedigt. ›Also seinen Kapitän hat er geschlagen? Na, dann verdient er ja alles, was ihm zuteil geworden ist, und noch ein bißchen mehr! Es gibt keine gerechteren Gesetze als die der Marine.‹

›Ist solche Grausamkeit wirklich notwendig?‹ warf ich ein, unfähig, länger zu schweigen. ›Warum hat man den armen Menschen nicht einfach gehängt? Da hätte er nicht so leiden müssen.‹

›Armer Mensch?‹ Kapitän Courtney maß mich mit gerunzelter Stirn. ›Sie haben noch viel zu lernen, junger Mann. Ein paar Jahre zur See werden ihn abhärten, was, Bligh?‹

›Dafür werde ich sorgen‹, nickte der Kapitän der Bounty. ›Nein, Herr Byam, an Schurken dieser Art dürfen Sie kein Mitleid verschwenden.‹ ›Und denken Sie daran‹, ermahnte mich Courtney in väterlichem Tone, ›daß es, wie Herr Bligh soeben sagte, keine gerechteren Gesetze gibt als die der See. Nicht nur gerecht, sondern auch notwendig; Disziplin muß bewahrt werden, auf einem Kauffahrteischiff ebenso wie auf einem Kriegsschiff. Meuterei und Piratenwesen müssen unterdrückt werden.‹

Ein langes, aber erhellendes und vor allem atmosphärisches Zitat; »wenn wir im Auge behalten«, schreibt Poe in einer Rezension, »daß dem ›betrachten‹ – *historein* – eine noblere, umfassendere Bedeutung zugestanden werden sollte und müßte, als man ihm üblicherweise einräumt; dann möchte es sein können, daß wir oftmals in ›Fiction‹ die entscheidend richtigere Geisteshaltung und Vitalität historischer Wahrheit antreffen – während die reine Wahrheit an sich, eingesargt in so manch einem trüb & schwerfällig-plundrigen Archiv, all der Unfruchtbarkeit basislosester Fiktion schuldig befunden werden müßte.« Die Handlung der ›Meuterei auf der Bounty‹, die sich bekanntlich an eine tatsächliche Begebenheit anlehnt, spielt zwar im Jahre 1787, also etwa hundert Jahre später als die hier geschilderten Stationen im Leben William Kidds, aber grundlegend hatte sich an der Situation bei der britischen Marine, dem drastischen Strafvollzug und dem rücksichtslosen Vorgehen gegen Piraten und Meuterer nichts geändert. Das Matrosenleben war keineswegs lustig, und es braucht nicht zu verwundern, daß einige das vogelfreie Piratendasein einem niemals enden wollenden Teufelskreis aus harter Arbeit, schlechter Löhnung und Schikanen vorzogen. Das hieß dann allerdings, wirklich ›vogelfrei‹ zu sein, allen Bindungen zu entsagen, die Heimat nie wiederzusehen, sich ständig auf der Flucht zu befinden und mit der schlimmsten Bestrafung rechnen zu müssen. Die Royal Navy kreuzte auf allen Weltmeeren, und auch die Kriegsschiffe anderer Nationen machten Jagd auf Freibeuter; fast überall gab es englische Stützpunkte und Niederlassungen, Verräter, die sich ein Kopfgeld verdienen wollten, oder solche, die durch die Auslieferung ihrer Kameraden straffrei auszugehen hofften; Sicherheit war nirgends. Keine noch so versteckte Insel, auf der man sich auf Dauer niederlassen konnte; schon damals schien die ganze Welt von Planquadraten überzogen, einem Netz, aus dem es kein Entrinnen gab.

»Sie krallten sich an das verarmte Wort
Freiheit und schwangen in Hypnose
ihm nach und fremd auf See und fremd an Bord
und weggeschüttet ins Erbarmungslose.« (Leip)

Zweifellos tauchten damals im Leben eines jeden Matrosen Momente auf, da er, bis aufs Blut gezüchtigt oder Zeuge irgendeines sadistischen Schauspiels ›zur Wahrung der Disziplin‹, an Meuterei dachte und daran, die Laufbahn eines Seeräubers einzuschlagen: alles schien diesem Hundedasein vorzuziehen. Aber ein solcher Gedanke wurde meist ebenso schnell wieder verdrängt und kaum je laut ausgesprochen. Zu furchtbar war das Los, das einen erwartete, wenn man den Häschern in die Hände fiel, zu grausam waren die Strafen, mit denen immer wieder Exempel statuiert wurden. In Port Royal auf Jamaica hängte man Piraten an den Handgelenken auf und ließ sie, von Hunden angefressen, tagelang in der Sonne rösten; in den englischen Stützpunkten und Siedlungen und in England selbst preßte man ihnen unter Zentnergewichten den Brustkorb zusammen oder zog sie besonders langsam am Galgen hoch, wenn man sie nicht, wie oben beschrieben, in einer endlosen Tortur in Fetzen peitschte.

Die Spanier wandten noch ausgeklügeltere Methoden an. Am abschreckendsten wirkte auf die Zeitgenossen, die ja in der Regel gläubige Christen waren und an die Unsterblichkeit der Seele glaubten, die Tatsache, daß Freibeutern ein christliches Begräbnis verweigert wurde. Die im ›Old Baily‹ in London abgeurteilten Piraten durften – von Ausnahmen abgesehen – nicht einmal vor einem Priester ihr Gewissen entlasten. Ihre Hinrichtung vollzog sich ohne das sonst übliche Zeremoniell. Man knüpfte sie am nahe gelegenen Themsewattufer auf, zwischen den Ebbe- und Flutmarkierungen, und zwar, als besonderer Effekt, so tief, daß ihre Füße gerade das seichte Wasser berührten. Dieser Anblick, der ihnen tagtäglich den Appetit verdarb, war den Londoner Bürgern allerdings ein Dorn im Auge; es hagelte Proteste, und schließlich verlegte man die Galgenstätte an eine weniger exponierte Stelle, weiter unterhalb des Flußufers. ›To be hung in chains‹, nach dem Tode in Ketten aufgehängt zu werden, um als warnendes Beispiel auf öffentlichem Platz zu vermodern, schien selbst den Abgebrühtesten der schlimmste zufügbare Schimpf zu sein. Viele verhaftete Pi-

Piraten, an ihren Handgelenken aufgehängt (Port Royal, Jamaica)

raten flehten und bettelten darum, man möge sie nur verbrennen, hängen, rädern oder vierteilen, wenn ihnen dieses gräßlichste aller Schicksale erspart bliebe. Vergeblich. Ihre Gebeine schwangen monatelang im Wind. Man kann jenen Vorbehalt heute schwerlich nachvollziehen, aber es herrschte eben doch eine etwas andere Mentalität. Das Ehrgefühl wog oft schwerer als die Schmerzempfindlichkeit.

Die Situation wäre freilich zu einseitig dargestellt, würde man sie nicht auch aus dem Blickwinkel der Kapitäne – der Blighs und Courtneys, wie in ›Die Meuterei auf der Bounty‹ – betrachten. Ohne strikte Disziplin, zu deren Durchsetzung manchmal drastische Methoden notwendig waren, konnte man damals kein Schiff sicher ans Ziel bringen, geschweige denn eine militärische Mission erfüllen. Die Crews bestanden zwar meistens aus pflichtbewußten und lenkbaren, aber doch sehr rauhen und ungebildeten Burschen. Wenn sich der Kapitän keinen Respekt zu verschaffen wußte, brach an Bord das Chaos aus – dies galt auch unter Piraten. Ein einfaches Beispiel: Die Segler jener Tage waren trocken wie Zunder; ein einzelner Funke, ein Windstoß genügten, um eine Katastrophe auszulösen. Und es gab, außer vielleicht zwei bis höchstens vier Beibooten, keine Rettungsboote. Ein Brand breitete sich schnell aus; war er erst einmal nicht mehr zu löschen, bedeutete dies den Tod für die gesamte Besatzung. Was den Umgang mit Feuer betraf, herrschte dementsprechend ein strenges Reglement. Es klingt wie ein schlechter Witz, aber es war tatsächlich das eine oder andere Mal vorgekommen, daß ein Matrose, der pfeiferauchend und womöglich noch betrunken in der Pulverkammer hantierte, ein ganzes Flaggschiff in die Luft gesprengt hatte. Pfeife wurde früher wie heute von vielen Seeleuten geraucht, aber an Bord war nur solche mit Deckel gestattet, und dieser mußte beim Paffen stets geschlossen sein. Erwischte der Bootsmann einen, der das Gebot nicht befolgte, oder gar jemanden, der unter Deck eine Kerze anzündete, durfte der Betreffende mit einem guten Dutzend Schläge mit der Neunschwänzigen rechnen. Dies mochte manchem als übertrieben grausam erscheinen, war aber unter den gegebenen Umständen sicher oft ein notwendiges Exempel.

Kehren wir jedoch in das Jahr 1673 zu William Kidd auf der PRINCE ROYAL zurück. Er verschwendete zweifellos noch keinen Gedanken daran, sich einmal gänzlich ins Abseits zu stellen und ›Ritter des Glücks‹ zu werden. Auf den Westindischen Inseln war er häufig mit solchen gesetzlosen Typen zusammengetroffen, die ihren Beuteanteil beim Würfelspiel, im Arraksuff oder mit billigen Huren durchbrachten. Das war Pack. Er verachtete sie. Mit seinem Wissen und seiner Erfahrung war er zu Höherem bestimmt. Schließlich konnte man damals auch in Ehren korrupt sein und sein Schäflein ins Trockene bringen, und genau das war es, was Kidd sich vorgenommen hatte. Die Chancen standen gerade günstig. Nach der blutigen Seeschlacht mit den Niederländern erhielt er eine der obligatorischen Tapferkeitsauszeichnungen für die Überlebenden der PRINCE ROYAL und avancierte wohl auch, wahrscheinlich zum ersten Kanonier. Dies scheint der entscheidende Wendepunkt seiner Laufbahn gewesen zu sein. Er war vergleichsweise gebildet, besaß überdurchschnittliches seemännisches Geschick, stand in Kontakt mit Offizieren der Royal Navy und konnte urkundlich belegen, daß er im Kriege Kopf und Kragen für die englische Sache riskiert hatte. All das machte ihn vertrauenswürdig, würde ihm aber wenig genützt haben, hätte er seine Vorzüge nicht auszuspielen gewußt. Gut sieben Jahre entschwindet er aus dem Blickfeld, um als angesehener Geschäftsmann wieder aufzutauchen. Um 1680 herum finden wir ihn auf einer eigenen Brigantine, einer Schonerbrigg, also einem zweimastigen kleinen und wendigen Segler, Handel an der neuenglischen Küste treiben – eine seinerzeit beachtliche Entwicklung.

Üblicherweise hätte er, Tapferkeitsauszeichnungen hin oder her, als anonymer Leichtmatrose und Kanonier ohne eigenes Vermögen nichts weiter zu erwarten gehabt, als auf einem Kriegs- oder Kaufschiff verschlissen zu werden. Hier waren todsicher Beziehungen im Spiel, brennender Ehrgeiz, zwei Teile Diplomatie, ein Teil Korruption und ein Teil Hochstapelei. Auch dürften seine Geschäfte keineswegs immer legal gewesen sein. Um die damalige überaus günstige Situation für Kaufleute und Freibeuter in Neuengland zu veranschaulichen, bedarf es einer kurzen Untersuchung der englischen Geschichte und Wirtschaftspolitik.

Zweites Kapitel

Die britischen Kolonien in Nordamerika, und wie man dort in Ehren korrupt sein konnte

Nordamerika oder das, was davon erschlossen war, befand sich zu dieser Zeit bereits fest in Händen der englischen Krone, und zwar aufgeteilt in drei verschiedene Arten von Kolonien: da gab es sogenannte ›Freibriefkolonien‹ (chartered colonies), die von den britischen Handelskompanien gegründet worden waren (Virginia, Plymouth, Massachusetts, Connecticut, Rhode Island); ›Eigentümerkolonien‹ (proprietor colonies), welche verdienstvolle Persönlichkeiten, meist Staatsmänner und Politiker, vom König als eine Art Lehen erhielten (Maryland, Georgia, Carolina, Pennsylvania), und Kolonialbesitz (crown colonies), der teils durch Zurücknahme erwähnter ›Freibriefe‹, teils durch Eroberungen dem englischen Königshause zufiel. Schon dieses ›Gepokere‹ um Territorien macht einerseits die Verflechtung von Wirtschaft und Zentralregierung, andererseits deren Reibungspunkte deutlich. Die britischen Handelskompanien waren etwa seit 1600 längst zu politischen Machtzentren geworden, die, wenn auch in der Regel mit ›ausdrücklicher Duldung Seiner Majestät‹, eigene Ziele verfolgten. Ausschlaggebendes Kriterium war der Profit und daß der König einen gewissen Prozentsatz davon abbekam. Schließlich hatte sich Großbritannien durch seine Handelsgesellschaften zur führenden Kapitalmacht der Weltwirtschaft entwickelt: ›die ‚abenteuernden Kaufleute' wurden zu Schrittmachern einer staatlichen Kolonialpolitik‹ (Zentner). ›Abenteuerlich‹ ist in der Tat der richtige Ausdruck für ihre Vorgehensweise. Man kann ohne Übertreibung sagen, daß eine der wichtigsten Einnahmequellen Nordamerikas zwischen 1670 und 1710 die durch Korruption begünstigte Piraterie war.

Außen- und Kolonialpolitik, die Organisation des britischen Imperialismus, wurde also zur Domäne von Trusts, allen voran der ›East India Company‹, die in größtmöglicher Eigenverantwortung handelten. Die oben erwähnte Zurücknahme der von den Handelskompanien annektierten ›chartered colonies‹ deutet auf einen ersten empfindlichen Interessenkonflikt hin, bei dem letztere freilich, noch immer durch Loyalität gebunden, zähneknirschend klein beigeben mußten. Im übrigen änderte sich durch den Austausch der Besitzansprüche wenig an der Situation: Die großen Trusts, die sich in Neuengland etabliert hatten, behielten weiterhin sämtliche Vollmachten, und es gab keinerlei staatliche Aufsicht.

Regent war gegenwärtig noch Charles II. Er starb im Februar 1685 und konvertierte nur wenige Stunden vor seinem Tode zum katholischen Glauben, womit er ein bedenkliches Signal setzte. Sein Nachfolger, James II., ein damals zweiundfünfzig Jahre alter Mann, schien zunächst Charles' konservativ-anglikanisch geprägten Regierungskurs fortsetzen zu wollen. Aber die Zeichen mehrten sich, daß er in Wirklichkeit die Wiedereinführung eines militärisch abgesicherten katholischen Despotismus anstrebte – für die meisten Engländer ein Verrat an der Geschichte und an der wahren Religion. Die Durchsetzung seiner Ziele hätte in der Tat wohl zu einem blutigen und langwierigen Glaubenskrieg geführt. Es kam zu einer durch das

Parlament angeschürten innenpolitischen Krise, die darin gipfelte, daß sich am 30. Juni 1688 sieben führende englische Politiker, Whigs und Tories (›die unsterblichen Sieben‹) hilfesuchend an Wilhelm von Oranien wandten, den Statthalter der Niederlande. Dieser hatte, obwohl ein gebürtiger Holländer, als Enkel Charles I. und Gatte der präsumptiven Erbin des Stuart-Thrones, Mary II., legitime Ansprüche auf die Krone, nahm die ihm gebotene Chance wahr, landete am 5. November mit seiner Streitmacht in England und zwang James II. zur Abdankung und zur Flucht ins Exil nach Frankreich. Wilhelm von Oranien wurde König von England, Schottland (als William II.) und Irland (als William I.). Damit begann eine ›Reformperiode‹, die nachträglich etwas verklärte Zeit von ›William and Mary‹. Die ›glorreiche Revolution‹, die ja erst durch das Parlament ermöglicht worden war, führte folgerichtig zu einer konstitutionellen Monarchie (›Declaration of Rights‹, 1689), welche die frühere absolutistische Regierungsform ablöste. Von nun an war der Thron nicht mehr durch Erbfolge gesichert; der jeweilige Prätendent mußte durch Parlamentsbeschluß in seinem ›Amt‹ bestätigt werden. Diese politische Dezentralisation, sicher ein Schritt auf dem Wege zur Demokratie, hatte indessen positive und negative Seiten. Positiv, das heißt wirtschaftsfördernd, war ein gewisses »freiheitliches Moment in der merkantilen Entwicklung des Inselreiches« (Zentner), also eine noch größere Souveränität der Handelsgesellschaften; Staatsaufsicht, Grundherrschaft und Gewerbemonopole waren eigentlich abgeschafft. Revolutionen und Reformen, durch das Prisma menschlichen Profitstrebens gebrochen, werden jedoch leicht zum Werkzeug der Korruption. Und Korruption war innerhalb des britischen Parlamentarismus, bei der Ämtervergabe, im Außenhandel und bei den kolonialistischen Strategien an der Wende vom siebzehnten zum achtzehnten Jahrhundert die Hauptantriebsfeder der englischen Wirtschaft. Dies galt ganz besonders für die nordamerikanischen Kolonien, also für die gesamte neuenglische Küste. New York, bislang eine heißumkämpfte holländische Kolonie, gelangte im Jahr der Thronbesteigung Wilhelms von Oranien nach einem letzten Seekrieg endgültig in britischen Besitz.

Nun lag Neuengland für damalige Verhältnisse ›weit vom Schuß‹. Gescheiterte Existenzen, steckbrieflich gesuchte Verbrecher, skrupellose Geschäftemacher fanden hier einen neuen Wirkungskreis oder wenigstens Gelegenheit, für eine Weile unterzutauchen. Die Gouverneure, Vertreter der Handelskompanien, Zolleinnehmer, Bürgermeister und andere Herrschaften in exponierten Stellungen brauchten sich um Gesetze wenig zu kümmern. Ob sie ihren Besitz auf legale oder illegale Weise vermehrten, blieb ihnen überlassen, und der illegale Weg erwies sich stets als mit weniger Aufwand verbunden und vor allem gewinnbringender. Es gab unter ihnen kaum einen, der nicht bestechlich gewesen wäre. Amerika war ein Paradies für Schmuggler und Hehler.

»Es steht außer Zweifel«, schreibt Daniel Defoe in seinem ›Bericht über Leben und Taten des verstorbenen Jonathan Wild‹, »daß es für die Diebe oft ebenso schwierig ist, von einem Diebstahl zu profitieren wie ihn zu verüben. Manchmal ist es sogar noch schwieriger. Und nicht selten werden die Diebe bei dem Versuch, ihre Beute zu Geld zu machen, also sie anzubieten und abzusetzen, verraten und festgenommen – und das, nachdem sie die Tat selbst ungeschoren hinter sich gebracht haben.

Früher gab es berufsmäßige Zwischenhändler und Hehler, die den Dieben alles abkauften, was sie erbeutet hatten ... Jeder ... wußte, wohin mit der gestohlenen Ware, ob in einen Laden oder in ein Lagerhaus, und er konnte sich darauf verlassen, daß er einen Betrag erhielt, der dem tatsächlichen Wert der Beute ungefähr entsprach. Für die Langfingerzunft war das ein großer Ansporn.«

Für Seeräuber nicht minder. Neuengland erfreute sich als Umschlagplatz von Piratengut (mit den Zentren Boston, New York und Rhode Island) im internationalen Freibeutergeschäft wachsender Beliebtheit. »Schon seit mehreren Jahren«, heißt es bei G. T. Wilkinson, »häuften sich die Klagen über die in Westindien gängige Praxis der Seeräuberei, welche die Einwohner Nordamerikas noch begünstigten, indem sich viele von ihnen als Hehler betätigten und mit beträchtlichem Gewinn jene Effekten aufkauften, die auf so unrühmliche Weise erworben worden waren.« Das ist fast noch untertrieben. Denn die obenerwähnten ›Herrschaften in exponierten Stellungen‹ gingen den ›Einwohnern Nordamerikas‹ mit gutem Beispiel voran. Die Schattenseite des Piratendaseins bestand ja eben darin, daß die Beute – und es handelte sich mitunter wirklich um ›Beutehaufen‹ – so riskant wieder loszuschlagen war. In der Karibik gab es freilich jede Menge Hehler, zwei oder drei auf jeder kleinen Insel, bei denen man seine ›blutige Ware‹ absetzen konnte, allerdings zu einem oft lächerlichen Preisniveau. Sehr viele Matrosen aus Piratencrews – simple Gemüter – hatten je keine Vorstellung davon, was ihr Anteil an Rubinen, lupenreinen Diamanten, flämischer Spitze, Gold, Silber und Schmuck eigentlich wert war. Sie verschacherten Millionenschätze für billigen Fusel und ein Taschengeld. Selbst wenn einer einmal einen ›guten Schnitt machte‹, was selten vorkam: wo und für was hätte er auf diesen abgelegenen, ärmlichen Inseln sein Kapital ausgeben sollen? Es lohnte sich, im Sklavenhandel zu investieren, aber dieser ›ehrbare‹ Weg war den ›Rittern des Glücks‹ verstellt. Die Klügeren segelten nach Amerika, auf der bereits sprichwörtlich gewordenen ›Piratenroute‹. Sicher bedeutete es ein gewisses Risiko, ausgerechnet englische Kolonien anzusteuern; die politischen Verhältnisse änderten sich schnell, ein bestechlicher Gouverneur konnte längst durch einen anderen ersetzt sein, und es gab keine überregionalen Zeitungen oder Gazetten, die sie über die Entwicklung auf dem laufenden hielten. In der Praxis hatte sich jedoch erwiesen, daß in den neuenglischen Städten keine lästigen Fragen gestellt wurden und man dort von seinem Beuteanteil wie ein Fürst leben konnte, für eine Weile jedenfalls. Die Gründung der ›Bank of England‹ durch William III. erleichterte den Geldtransfer; die amerikanischen Geschäftsleute waren ›liquide‹, und sie kümmerten sich wenig um die Herkunft der Waren und Pretiosen, die sie noch immer mit beträchtlichem Gewinn von den Seeräubern aufkauften. Das einzig wirklich ›heiße Pflaster‹ für Freibeuter war das sonst so gastfreundliche Virginia. Hier regierte seinerzeit, in den achtziger-neunziger Jahren des siebzehnten Jahrhunderts, Francis Nicholson, der, wie es in einem lobenden Bericht hieß, ›unerbittlich gegen Piraterie und illegalen Handel vorging‹. Aber Nicholson bildete *die* Ausnahme. In fast allen übrigen Häfen konnte man unter falscher Flagge – also nicht gerade mit dem ›Jolly Roger‹, dem Totenkopfemblem am Mast – gefahrlos vor Anker gehen.

»Die Pennsylvanier«, schrieb William Penn 1699 entrüstet nach London, »verhalten sich den Piraten gegenüber nicht nur höchst einladend, sie feiern und verwöhnen sie geradezu.« William Markham, ›lieutenant governor of Pennsylvania‹ und Haupt der Quakerbewegung in Philadelphia, war als ›steddy freind‹ (Busenfreund) einer Reihe von Seeräubern bekannt und berüchtigt. Sie verkehrten sogar in seinem Haus und aßen an seiner Tafel. Als zusätzliche Einnahmequelle erhob er von jedem Piraten einen Tribut von hundert Pfund, damit er sich ungehindert im Lande bewegen durfte – ein Preis, der in der Regel gerne, problemlos und mit einem Augenzwinkern entrichtet wurde. Markham ging sogar soweit, den neuernannten Friedensrichter Captain Robert Snead seines Amtes zu entheben, nachdem jener unklugerweise einige wohlhabende Seeräuber ins Gefängnis gesteckt hatte.

Die Gouverneure von Connecticut taten gut daran, Piraterie und Schmuggel innerhalb der Landesgrenzen zu dulden: Sie wurden jährlich ›frei‹ gewählt oder in ihrem Amt bestätigt und waren daher – in einer Handelskolonie – auf die einflußreichen Zirkel von Kaufleuten angewiesen, wie diese auf ihre illegalen Geschäfte, um konkurrenzfähig zu bleiben.

Kaum anders ging es in New Jersey zu. »Nicht eine Behörde dieses Landes«, beklagte sich Robert Quary ebenso im Jahre 1699, »kein Richter oder Stadtrat will etwas gegen diese Leute unternehmen. Im Gegenteil: Ich bin fortwährend Anfeindungen ausgesetzt, weil ich Männer ›drangsaliere‹, die Geld ins Land bringen.«

Daß das Piratenwesen in Nordamerika gerade in den letzten Jahren des siebzehnten Jahrhunderts eine solche Hochkonjunktur erlebte, lag vor allem an dem 1696 vom britischen Parlament verabschiedeten ›Navigationsgesetz‹ (Navigation Act), das den englischen Kolonien den Handel mit allen anderen Nationen außer England untersagte. Der Import von Waren aus dem Osten durfte von nun an nicht mehr direkt, sondern nur noch auf dem Umweg über englische Häfen erfolgen, was natürlich die Preise enorm in die Höhe trieb. Diese engstirnige Politik führte zwangsläufig dazu, daß in den Kolonien der ohnehin schon übliche Handelsverkehr mit Freibeutern sprunghaft anstieg. Die Entwicklung lief geradlinig auf die ›Boston Tea Party‹ und den amerikanischen Unabhängigkeitskrieg zu.

Auf der Halbinsel Delaware, an einem strategisch günstig gelegenen Küstenstreifen in der Nähe von Lewes, gab es eine regelrechte kleine Seeräuberkolonie, bekannt als ›Hore Kills‹. Wenn ein allzu forscher Marineoffizier damit drohte, dem offenen Skandal ein Ende zu machen und ›dieses Nest auszuräuchern‹, wurde ihm seitens der Einwohner von Newcastle bedeutet, sich solche Pläne schnell wieder aus dem Kopf zu schlagen, wollte er nicht selbst verhaftet und eingesperrt werden.

Beliebte Ausflugsziele für den vermögenden ›Ritter des Glücks‹ waren außerdem North und South Carolina. Vermögend mußte man allerdings schon sein und ausreichend Devisen ins Land bringen. »... letztens wurde etwa ein halbes Dutzend Piraten in Carolina gehängt, aber nur deshalb, weil sie arm waren ... die reichen traten ohne jede Scheu und gänzlich ungeschoren in der Öffentlichkeit (in Charleston) auf«, heißt es in einem zeitgenössischen Pamphlet. Der Gouverneur von South Carolina, ein Gentleman mit dem merkwürdigen Namen Seth Sothel, pflegte in gewissen Abständen solche Schauprozesse zu inszenieren, um Kritiker seiner korrupten Politik und seiner höchst anrüchigen Geschäfte mit Seeräubern zu besänftigen, welch letztere sich, wie bei Markham, in seinem Haus die

Klinke in die Hand gaben. Solche Exekutionen waren jedoch eigentlich genauso gesetzeswidrig. Todesurteile durften nach englischer Rechtsprechung bis zum Jahre 1699 (›Act of Pyracie‹) in Amerika über Seeräuber weder verhängt noch an ihnen vollstreckt werden. In Haft genommene Piraten waren in jedem Fall der britischen Gerichtsbarkeit zu überstellen, womit sich, wie später im Fall von William Kidd, ein erheblicher Aufwand verband. Gerade diese Gesetzeslücke machte ja die Neuenglandstaaten selbst für die vorsichtigeren Freibeuter so anziehend. Wurde man wirklich aufgegriffen, so war das Schlimmste, was einem passieren konnte, in der Regel die Transportation als billige Arbeitskraft auf eine der virginischen Plantagen. In Boston brauchte man um 1690 nur die verhältnismäßig niedrige Kaution von dreizehn Pfund sechs Schillingen zu hinterlegen, um auch diesem Schicksal zu entgehen.

Der oben erwähnte Gouverneur von South Carolina, der ehrenwerte Mr. Sothel, interpretierte die Gesetze grundsätzlich nach seinem Gusto. Er war in früheren Jahren auf einer Seereise selbst einmal algerischen Piraten in die Hände gefallen, die ein hohes Lösegeld für ihn verlangten, hatte also einschlägige Erfahrungen gesammelt. Nun wurde er, Ironie des Schicksals, durch Seeräuber zum reichen Mann. Er verkaufte Kaperbriefe zum Stückpreis von zwanzig Guineas (eine damals weitverbreitete, freilich illegale Praxis, da es zur Gültigkeit eines solchen Kaperbriefes königlicher Genehmigung bedurfte), und wenn einmal Ebbe in seiner Kasse herrschte, ließ er ab und zu reiche, angesehene Kaufleute – deren Vermögen er dann konfiszierte – unter dem fadenscheinigen Vorwand einkerkern, sie seien Piraten oder hätten zumindest mit diesem Gesindel Verkehr und würden ihnen Obdach gewähren. Einer jener

Kaufleute »starb aus Kummer und infolge der ihm zugefügten Mißhandlungen«. Sothels Vorgehen war um so skandalöser, als bei ihm selbst die hartgesottensten Burschen vom Schlage eines Thomas Tew ein- und ausgingen. Schließlich schien er den Bogen überspannt zu haben und mußte sich – aus Furcht vor Lynchjustiz – außer Landes begeben. Aber seine Nachfolger setzten seine Politik im gleichen Geiste fort. Der nächste Gouverneur, Philip Ludwell, wurde so oft in Begleitung eines notorischen schottischen Piraten namens James Miller in der Öffentlichkeit gesehen, daß es zuletzt zu einem Eklat kam und Ludwell sich genötigt sah, seinen ›steddy freind‹ nach Philadelphia abzuschieben, wo ihn dann der schon genannte William Markham protegierte.

Unter John Archdale, der 1693 auf den Gouverneursposten vorrückte, »kamen siebzig Piraten aus Jamaica in Charleston an, die eine beträchtliche Menge Goldes mit sich führten, welches sie im Roten Meer erbeutet hatten. Sie wurden gastfreundlich aufgenommen und durften sich überall frei bewegen.«

North Carolina galt ebenso als ›too ordinary a Receptable of Pyrates‹. Dort gab es kaum wichtige Häfen, und die Wirtschaftslage blieb unverändert flau. Zur Kompensation betätigten sich die Einwohner North Carolinas in einem solchen Maße als Hehler und Schmuggler von Piratengut, daß sich zuletzt doch eine Untersuchungskommission bildete. Sie erstellte ein umfassendes Dossier, in dem auch Namen genannt wurden. ›Zufällig‹ erlitt die H. M. S. SWIFT, die mit den verhängnisvollen Papieren nach England auslief, auf den Klippen vor der Küste Schiffbruch. Der Steuermann dürfte sich danach mit einer entsprechenden Abfindung zur Ruhe gesetzt haben. »Diese barbarischen Leute«, berichtet

Edward Randolph, »enterten das Wrack, rissen die belastenden Dokumente an sich und verbrannten sie.«

Es würde zu weit führen, allein allen beglaubigten Fällen von Seeräuberei in den amerikanischen Kolonien im einzelnen nachzugehen. Zwei Orte sind insbesondere noch erwähnenswert, Rhode Island, ›the Chiefe Refuge for Pyrates‹ (der Hauptschlupfwinkel für Piraten), wo sich, nach zeitgenössischen Schilderungen, im Hafen von Newport »mehr europäische Waren häufen, als an irgendeinem anderen Ort der gesamten Seefahrt, obwohl dort nicht ein einziges britisches Schiff vor Anker geht ... unter der Regierung von Quakern und Ana Baptisten ... ist er zu einem Freihafen für Schmuggler und Piraten aus aller Herren Länder geworden«, und Boston, der damals vielleicht bedeutendste Umschlagplatz für heiße Ware, bekannt wegen ›gewisser Vergünstigungen‹ gegenüber Schiffen unter zweifelhafter Flagge. So war es in den achtziger Jahren üblich, daß immer, wenn ein französischer Freibeuter oder Kaperfahrer vor Massachusetts gesichtet wurde, Interessengemeinschaften von Kaufleuten sogleich ein Pilotschiff aussandten, das den Segler sicher in den Hafen eskortierte. Der luxuriöse Lebensstil der Gouverneure von Massachusetts, bereits ein Gegenstand der Satire, soll sich fast ausschließlich Bestechungsgeldern verdankt haben. Feststeht, daß Sir William Phips tatsächlich eine freundliche Aufforderung an die Seeräuber in Philadelphia ergehen ließ, in der er ihnen ›freien Handel‹ zusicherte und sie einlud, die Kaufkraft der Bostoner Geschäftsleute auf die Probe zu stellen.

Zusammenfassend läßt sich sagen, daß in Nordamerika die sogenannten ›Eigentümerkolonien‹ (proprietor colonies), in denen die Regierungsgeschäfte mitunter recht willkürlich gehandhabt wurden, häufiger und in größerem Umfang von den Freibeutern profitierten als die eigentlichen Kronkolonien, die oftmals vom König selbst eingesetzten, loyalen und gesetzestreuen Verwalter unterstanden. Was nichts daran änderte, daß die amerikanische Handelspolitik sich mehr und mehr vom Mutterland abnabelte. Sie gab sich nicht länger mehr mit der subalternen Rolle zufrieden, die ihr von der Krone zu bemessen war: die Kolonien als billige Lieferanten von »Rohstoffen und Halbfabrikaten und gleichzeitig als Absatzmärkte für fertige Industrieprodukte« (Zentner). Der eben erst erwachte Nationalstolz der Neuengländer wurde vom ›Mutterland‹ mit immer neuen restriktiven Gesetzen und den freien Handel boykottierenden Maßnahmen gekitzelt. Diese dauernden Spannungen mußten sich eines Tages im Unabhängigkeitskrieg entladen. Die Briten machten den Fehler, in ihren Kolonien nicht viel mehr als eine Einnahmequelle zu sehen, die es rücksichtslos auszubeuten galt. Auch ihr Verhältnis zu den Kolonisten war von einem beispiellosen Snobismus geprägt. Für sie waren das Leute, die es in der Heimat zu nichts gebracht hatten – oder Schlimmeres. Noch im neunzehnten Jahrhundert wurden Amerikaner, die nach England reisten, nicht selten durch die stichelnde Bemerkung beleidigt, ›für welches Verbrechen sie denn in die Neue Welt verschifft worden seien‹.

Vorläufig erwiesen sich illegale Geschäfte als der taktisch klügste und am meisten profitable Weg aus der ständigen Bevormundung. Die Kaufleute Neuenglands beschränkten sich keineswegs nur auf den rein passiven Wirtschaftsverkehr mit den Seeräubern. Überall an der Küste wurden Kaperschiffe gebaut und ausgerüstet, und an tüchtigen Seeleuten herrschte kein Mangel. Edward Randolph, damals oberster Zolleinnehmer in Nordamerika, erstattete 1696 Bericht über seine Erfahrungen:

»In den Jahren um 1670 habe ich beobachtet, daß sie Schiffe mit 60 bis 70 Tonnen ausrüsteten, die sie Freibeuterschiffe nannten. Sie schickten sie ohne Schutzbriefe nach Spanisch-Westindien, wo sie große Mengen von Silbermünzen und Barrensilber, reich bestickte Kirchengewänder, Kirchengeräte aus Edelmetall und andere Schätze raubten, so daß sich der spanische Gesandte darüber beschwerte .... Aber jetzt haben diese Piraten festgestellt, daß die Reise zum Roten Meer gewinnbringender und weniger riskant ist. Dort nehmen sie den Mauren alles fort, was sie haben, ohne auf Widerstand zu stoßen, und bringen ihre Beute auf irgendwelche Pflanzungen auf dem amerikanischen Festland oder auf den benachbarten Inseln, wo sie freundlich empfangen werden, gute Häfen finden und ihre Schiffe instand setzen können ... Rhode Island ist viele Jahre das Hauptversteck der Piraten gewesen und ist es noch heute. Im April 1694 brachte Thomas Tew Gold und Silber im Wert von 100 000 Pfund und eine ansehnliche Ladung Elfenbein, die ihm von Kaufleuten aus Boston abgekauft wurde ... Sehr bald kehrte er in das Rote Meer zurück, und angeregt durch seine Erfolge wurden drei weitere Schiffe ausgerüstet, um sich ihm anzuschließen.« (zit. in David Mitchell, ›Piraten‹) Wir hatten William Kidd etwa im Jahre 1680 verlassen, als er mit einem eigenen Segelschiff Handel an der neuenglischen Küste trieb; was für eine Art Handel das wohl meistens war, wird aus dem Vorangegangenen ersichtlich. G. T. Wilkinson behauptet in seinem ›Newgate Calendar‹, er habe Geschäfte mit Piraten gemacht – »so lernte er ihre Schlupfwinkel kennen und war bald erfahrener in ihren Sitten und Gebräuchen als irgend jemand sonst«. Da Kidd natürlich nicht Buch über seine illegalen Transaktionen führte, ist diese Annahme rein hypothetisch; er selbst hätte sie als böswillige Verleumdung zurückgewiesen. Offenbar gab es in ganz Neuengland keinen anständigeren und solideren Menschen als ihn. Es besteht trotzdem kaum ein Zweifel daran, daß er Kontakte zu Seeräubern hatte; Wilkinsons Schilderung erweckt allerdings den Eindruck, er sei zu diesem Zweck öfters nach Westindien gesegelt. Das war vorläufig nicht der Fall, und so weit brauchte er auch gar nicht zu fahren. Auf dem amerikanischen Markt im letzten Drittel des siebzehnten Jahrhunderts galt etwa die gleiche Devise wie im Berlin der Weimarer Republik: ›Wer nicht schiebt, der ist plemplem.‹ Viele Beispiele auf den vorigen Seiten haben belegt, daß nahezu jeder gerissene Geschäftsmann, vom Gouverneur bis zum kleinsten Kauffahrer, Verkehr mit den Freibeutern pflegte. Dieser Wirtschaftszweig war ein offenes Geheimnis und keine Schande. Kidd gehörte nicht zu denen, die aus Ängstlichkeit eine Chance auslassen. Auch sein plötzlicher Reichtum wäre anders kaum erklärbar. Er gab sich als ehrbarer Händler, war aber anscheinend so etwas wie ein ›Vertreter in Schmuggelware‹, kaufte und verkaufte günstig und verdiente sich, schon seinerzeit ein geflügeltes Wort, eine ›goldene Nase‹ dabei. Hätte es regelmäßige Küstenpatrouillen gegeben, sie wären auf seinem Schiff sicher fündig geworden.

Es blieb auf Dauer nicht bei diesem einen. Eine zweite, eine dritte Brigantine wurden angeschafft, und innerhalb weniger Jahre gebot Kidd über eine recht ansehnliche Flotte von Handelsschiffen, die seinen Lebensstandard sicherten, ohne daß er einen Finger dafür rühren mußte. Er ließ sich in New York nieder, damals eine – im Vergleich zu heute –

beschauliche Kleinstadt mit ca. 20 000-30 000 Einwohnern, überwiegend niederländischer Abstammung. Wie bereits erwähnt gelangte sie im Jahre 1688 in britischen Besitz. In einem alten Melderegister taucht sein Name auf: ›William Kidd, gentleman‹. Als überaus gediegener Gentleman und guter Bürger führte er sich in der Tat in die New Yorker Gesellschaft ein. Bei der Erbauung der ›Trinity Church‹ am Broadway – zu jener Zeit eine ungepflasterte Landstraße, die nachts von einigen schummrigen Laternen erhellt wurde – stiftete er großzügig Baumaterial und Handwerkszeug von seinen Schiffen. In der Öffentlichkeit sah man den mittlerweile stattlichen Vierziger nie ohne seine kostspielige und sorgsam gepuderte Perücke, blütenweiße flämische Spitzen am Kragen, Röcke von den besten Schneidern und ein Meerrohr mit Elfenbeingriff in der Hand. Meist konnte man nur, den Hut oder Dreispitz lüftend, einen flüchtigen Blick von ihm erhaschen, wenn er in seiner Kutsche vorbeifuhr. O ja, Kidd hatte es zu etwas gebracht. Er verkehrte in den ersten Kreisen, vor allem natürlich in den sehr mächtigen und einflußreichen ›schottischen Zirkeln‹. Zu seinen persönlichen Freunden zählten James Graham, der Justizminister von New York (ein Schotte) und – der später bedeutsame – Colonel Robert Livingston (1654–1725, ebenfalls ein Schotte), der ›Staatssekretär für Indische Angelegenheiten‹, d. h. der amerikanische Hauptbevollmächtigte der ›East India Company‹; ferner ein Stadtrat, ein Mr. Emot, sowie eine Reihe anderer, namentlich nicht bekannter Magistratsvorsitzender. Auch soll er mit diversen Gouverneuren auf ›vertrautem Fuß‹ gestanden haben, wer weiß, vielleicht mit William Markham oder Seth Sothel? Als freier Unternehmer kam er ja viel herum. ›Steddy freinds‹ legten nicht sonderlich viel Wert auf Publicity.

In den hochherrschaftlichen Häusern im Tudorstil, in denen sich diese Herren allein oder mit ihren Frauen trafen oder gegenseitig einluden, wurde eine gute Tafel geführt. Der übliche Speiseplan sah unter anderem gebackenen Truthahn, Wildbret, in Wein gedünstete Hammelkeule, in Bärenfett gebratenes Rebhuhn, holländischen Käse und Plumpudding in Brandy vor (Robert Carse). Nach dem Dinner zogen sich die Männer für ein Stündchen oder so ins Rauchzimmer zurück und überließen die Damen im Salon ihren Erörterungen über Modefragen und Neuigkeiten aus dem gesellschaftlichen Leben. Die Herren schmauchten indessen vor dem Kamin lange Tonpfeifen, entledigten sich ihrer drückenden Perücken, tranken mit Rum versetzte Eierflips, Brandy oder das aus Schottland importierte Starkbier, das ›fine nappy ale‹, und unterhielten sich im breitesten schottischen Dialekt über den Gang der Geschäfte. Mitunter wurde auch, gar keine besondere Attraktion mehr, ein waschechter Seeräuber in die illustre Runde eingeführt, freilich kein einfacher Matrose, sondern ein Kapitän vom Schlage eines Coates, Glover, Hoare, Tew oder Moston, die alle in New York verkehrten, sogar im Hause des Gouverneurs. Die Damen stellten zu ihrem Entzücken fest, daß diese Männer gar nicht so unzivilisiert waren, wie sie sich vorgestellt hatten, sondern recht charmant und vor allem unterhaltsam zu plaudern wußten. Sie erzählten auch ganz unbefangen von ihren Abenteuern auf See und wie sie zu dem ›arabischen Gold‹ – seinerzeit ein Standardausdruck – gekommen waren, was wiederum die Kaufleute aufhorchen machte.

New York wurde bei unserer Betrachtung der Handelsbeziehungen der amerikanischen Kolonien zu den Freibeutern absichtlich ausgespart. Die Gelegenheit ist günstig für einen kleinen Einschub. Schon von der Lage her war die Stadt und ihre Umgebung – besonders seit ihrem Wechsel zur Kronkolonie im Jahre 1688 – wie geschaffen für die ›freie Marktwirtschaft‹ damaliger Prägung. Das spärlich besiedelte Long Island eignete sich vorzüglich als neuer Hauptstützpunkt und -umschlagplatz der Piraten. Und sie setzten sich wie Bienen auf ein Blumenbeet. Ihre Anwesenheit wurde toleriert, nachdem man in einer geheimen Ratssitzung dem Magistrat vorgerechnet hatte, daß sie New York einen Jahresgewinn von mindestens 100000 Pfund einbringen würden.

Das war keineswegs übertrieben. Als der schon mehrfach genannte Thomas Tew (auch ›Too‹ geschrieben) im April 1694 mit seinem Dreimaster AMITY in Rhode Island vor Anker ging, brachte er von einer einzigen ›Kaperfahrt‹ ins Rote Meer Schätze im Gesamtwert von 100000 Pfund mit. Diese stammten hauptsächlich aus einem Schiff des indischen Großmoguls, das er an der ›Mokkafront‹ vor der Straße von Bab el Mandeb, dem ›Tor der Trauer‹, geentert hatte. Dabei handelt es sich allerdings um keine rechtmäßige Prise. Indien befand sich nicht im Kriegszustand mit England, im Gegenteil. Die indische Stadt Surat war seit 1612 Sitz der britischen ›East India Company‹, die weitere Handelsniederlassungen zu gründen hoffte. Daß solche Raubzüge – und sie häuften sich in den letzten Jahren – die diplomatischen Beziehungen nicht gerade verbesserten, läßt sich unschwer vorstellen. Auf diesen Punkt wird noch einmal zurückzukommen sein. Tew und viele andere waren also nicht nur Seeräuber, sie verstießen in katastrophaler Weise gegen englische Wirtschaftsinteressen. Ob sie die Situation überblickten oder ob sie ihnen gleichgültig war, sei dahingestellt; jedenfalls rechtfertigten sie sich ›mo-

Der Pirat Thomas Tew zu Gast beim Gouverneur von New York, Sir Benjamin Fletcher

ralisch‹ mit der Begründung, sie würden ja nur ›Heiden‹ Schaden zufügen – übrigens eine Schutzbehauptung, die auch in Kidds späterem Prozeß vorgebracht wurde. Die amerikanischen Konsortien, die sie finanzierten und ausrüsteten, waren zufrieden. Es gab auf der ganzen Welt keine günstigere Art der Investition. Man stellte den Freibeutern zu deren Sicherheit – faktisch illegale – Kaperbriefe aus, mit denen sie sich als ehrbare ›Kaperfahrer‹ ausweisen konnten, wenn sie zum Beispiel einmal in ein britisches Marinegeschwader gerieten. Dabei scheute man nicht einmal vor der Fälschung des königlichen Siegels zurück.

Tews Familie lebte in einem stattlichen Landsitz in Newport. Seine Frau ließ sich in Begleitung ihres Mannes oft in der vornehmen Gesellschaft Bostons oder New Yorks bewundern. Sie war selbst »aufgetakelt wie eine Fregatte«, über und über mit Perlen und Edelsteinen behängt, die rechtmäßig indischen Prinzessinnen oder den Favoritinnen arabischer Harems zustanden. Tew wurde nach seiner letzten erfolgreichen Fahrt von Geschäftsleuten aus ganz Neuengland hofiert. Er erhielt Dutzende von Angeboten und konnte sich die besten aussuchen. Wie seine Wahl ausfallen würde, war in New York bald Stadtgespräch. Man hatte ihn auf offener Straße in der Nähe der East Avenue ›Arm in Arm‹ mit Gouverneur Fletcher beobachtet, der ihn in seine sechsspännige Kutsche einlud. Ebenso war aufgefallen, daß ihm Fletcher dort zum Zeichen seiner Wertschätzung eine goldene Uhr schenkte, eine Geste, die Tew erwiderte, indem er in seine Rocktasche griff und seinem neuen Partner eine Handvoll Juwelen überreichte.

»Dieser Tew«, sollte sich Fletcher 1695 während seinem Prozeß in London verteidigen, als er wegen verschiedener unlauterer Machenschaften unter Anklage stand, »schien mir nicht nur ein Mann von ungewöhnlicher Courage und Tatkraft zu sein, er war außerdem von allen Seeleuten, die ich je getroffen habe, der Verständigste und Geistreichste und wußte sich an alles, was er auf seinen Reisen erlebt hatte, genau zu erinnern. Überhaupt war der Umgang mit ihm recht amüsant, so daß ich es mitunter, nach der Erledigung meiner täglichen Pflichten, ebenso entspannend wie lehrreich fand, ihm zuzuhören. Dabei nahm ich's mir zum Ziele, ihn vom Trinken, besonders aber von der üblen Angewohnheit des Fluchens, abzubringen, lieh ihm auch ein Buch zu diesem Zweck.« (zit. nach J. F. Jameson, ›Privateering and Piracy in the Colonial Period: Illustrative Documents‹) Solch wohlklingende Ausreden hinterließen schon damals, bei seinen Richtern, wenig Eindruck. Von allen amerikanischen Staatsmännern der Epoche war der Gouverneur von New York, Sir Benjamin Fletcher, esq., zweifellos der korrupteste und geschäftstüchtigste – zu seiner Zeit wahrhaftig ein Rekord. Vor ihm mußten selbst Schlitzohren wie Markham und Sothel neidvoll erblassen. Zweihundert Jahre, bevor die Mafia in Amerika heimisch wurde, baute er seinen Amtsapparat zu einem regelrechten Gangstersyndikat aus. Zunächst ernannte er seinen Sekretär und engsten Vertrauten, einen gewissen Nicoll, zum Polizeichef. Dieser Nicoll stand ihm an Gerissenheit und Bestechlichkeit in nichts nach. Ferner erhielt der oberste Steuereinnehmer eine hübsche Apanage, desgleichen der Kommandant des New Yorker Küstenwachschiffs, der H. M. S. RICHMOND, das sich entsprechend zur Bekämpfung von Seeräubern und Schmugglern als gänzlich uneffektiv erwies. Erstattete irgendein loyaler Bürger Anzeige über einen oder mehrere verdächtige Segler vor der Küste von Long Island, lief die RICHMOND in der Regel einige

Stunden verspätet aus. Und der loyale Bürger mußte mit einer Geldstrafe rechnen, als hätte er sich einen schlechten Scherz erlaubt: Die RICHMOND stieß nie auf Piraten.

Fletcher forderte Schutzgelder von den Freibeutern, je nach der in den Hafen eingebrachten Beute. Im Schnitt waren das 100 Pfund pro Kopf. Ein Kaperbrief – und die aus seiner Kanzlei sahen besonders vertrauenswürdig aus – kostete bei ihm 300 Pfund. Als der Seeräuber Coates um Erlaubnis ersuchte, nach einer erfolgreichen Tour in den Hafen von New York einlaufen zu dürfen, wurden ihm dafür 700 Pfund berechnet; Coates bot als Gegenwert für diese Summe sein Schiff, eine französische Prise. Fletcher akzeptierte den Vorschlag und ließ den Zweimaster durch Nicoll zu einem ungleich höheren Preis weiterverkaufen. Er nahm auch jederzeit gern ›Geschenke‹ in bar von seinen ›steddy freinds‹ an, für die er sich unter anderem durch eine Generalamnestie für alle im Stadtgefängnis einsitzenden Piraten erkenntlich zeigte. Die waren noch von seinem Vorgänger, Henry Sloughter, in Haft genommen worden. Während Fletchers vierjähriger Amtszeit fand im Umkreis New Yorks nicht einmal ein Scheinprozeß à la Seth Sothel statt. Im Gegenteil zahlte er auch – im Auftrag, versteht sich – Kautionen für Freibeuter, die in anderen Kolonien in Schwierigkeiten gerieten. Das Stadtbild wurde mehr und mehr von den abenteuerlichsten Typen geprägt; Bürger, die daran Anstoß nahmen, fanden sich Pöbeleien und Handgreiflichkeiten ausgesetzt. Die von Fletcher und Nicoll ausgestellten ›Schutzbriefe‹ galten auch in New Jersey, dessen Gouverneur ebenfalls keine Skrupel kannte. Und Fletchers Einfluß reichte noch sehr viel weiter. Als der Sheriff von Nassau einen Seemann aus Kapitän Everys Crew, einen gewissen Rayner, einkerkern ließ und seinen Beuteanteil konfiszierte – immerhin 1500 Pfund – intervenierte Fletcher beim Gouverneur der Bahamas, Nicholas Trott: der Betrag stünde rechtmäßig ihm zu, da er Everys Schiff ausgerüstet und seine Fahrt finanziert habe. Nun galt gerade Every als notorischer und meistgesuchtester Seeräuber; die britische ›East India Company‹ hatte einen hohen Preis auf seinen Kopf ausgesetzt. Wäre Trott ein Ehrenmann gewesen, hätte Fletcher dieses Eingeständnis teuer zu stehen kommen können. Aber er war keiner, sondern hatte vielmehr von Every selbst Bestechungsgelder in Höhe von 7000 Pfund erhalten. Eine Hand wäscht die andere: Fletchers Forderung wurde prompt erfüllt.

Soviel nur zur Politik des damaligen Gouverneurs von New York, der, wie sich Neville Williams in seinem Buch ›Captains Outrageous‹ entrüstet und wie man anhand von Hunderten weiteren Beispielen belegen könnte, »vor nichts zurückschreckte«. Leider überspannte er den Bogen etwas. Die skandalösen Zustände in der jungen Kronkolonie kamen schließlich William III. zu Ohren – es gab doch noch loyale und unbestechliche Stadträte, die Beschwerdebriefe nach England schickten. In einer Anklageschrift hieß es: »In unserer Gemeinde verkehrt eine große Anzahl von Piraten, die man hier ›die Männer aus dem Roten Meer‹ nennt und die eine Riesenbeute arabischen Goldes gemacht haben. Der Gouverneur unterstützt sie, denn er wird von ihnen gut bezahlt ... Ihr werdet Euch wundern zu hören, daß dieser Mann zweimal jeden Tag pünktlich seine Gebete verrichtet.« (»You will wonder to hear after this that this man's bell rings twice a day for prayers.«)

Fletchers Karriere ist symptomatisch für den Korruptionssumpf, der sich im letzten Drittel des siebzehnten Jahrhunderts in den englischen Kolonien in Nordamerika ausgebreitet hatte. Es waren übrigens keineswegs seine Geschäfte mit Seeräubern, die ihn zu Fall brachten und zu seiner Absetzung und Verurteilung führten. Er hatte sich unklugerweise außerdem noch auf ›Grundstücksspekulationen‹ eingelassen und Land verkauft, das nicht ihm, sondern der Krone gehörte. Ferner wurden ihm ›Wahlmanipulationen‹ vorgeworfen – aber solche Tricks wandte fast jeder amerikanische Gouverneur an, eine Tradition, die sich bis zum heutigen Tage bewahrt hat. Die schwer zu unterdrückenden Aussagen über seine Bestechlichkeit und seine Protektionen von Piraten dienten eher als zusätzliches Belastungsmaterial, wobei sich der Eindruck aufdrängt, man habe bei seinem Prozeß die Anklage auf vergleichsweise harmlose Vergehen stützen wollen, um vom wirklichen Ausmaß des Skandals abzulenken. Denn Fletcher war ein erklärter Whig, es waren Whigs gewesen, die ihn auf seinen Posten gehoben hatten, und natürlich versuchten die Tories, den Fall politisch auszunützen. Höhere Gerechtigkeit, wenn man so will: der Erzschlawiner gefangen im Netz von Parlamentsintrigen!

DRITTES KAPITEL

Über den hauchdünnen Unterschied zwischen Kaperfahrt und Freibeuterei; Übergangslösungen und Luftschlösser des Privateer Kidd

William Kidd lebte in einem Land, in dem Piraterie – getarnt als legale Kaperfahrt – blühte und gedieh und weitgehend sanktioniert schien. Er selbst schlug seinen Vorteil aus dieser Entwicklung. Er war Bürger von New York, wo ab 1692 der Gouverneur den Handel mit Seeräubern offen begünstigte und selber Freibeuterschiffe ausrüstete – Fletcher finanzierte die ›Touren‹ so berüchtigter Kapitäne wie Henry A(E)very, Thomas Tew, John Hoar und Edward Coates, um nur einige zu nennen. Und schließlich leitete Fletchers Sturz und der damit verbundene Skandal einen Reformkurs in der englischen Kolonialpolitik ein, dem Kidd letzten Endes zum Opfer fiel. Auf seine persönlichen Kontakte mit dem korruptesten Staatsmann seiner Zeit wird in Kürze zurückzukommen sein.

Kidd hatte sich gegen Ende des Jahres 1688 in New York niedergelassen, kurz nachdem die Stadt eine britische Kronkolonie geworden war. Er trieb, wie wir festgestellt haben, zuerst mit einer eigenen Brigantine, bald darauf als Eigentümer mehrerer Kaufschiffe Handel an der neuenglischen Küste; und er lernte einflußreiche Leute kennen, darunter auch den bisher noch nicht genannten, sehr vermögenden Kapitän und Colonel James Hewetson. Dieser Hewetson war ein alter Haudegen um die fünfzig, der an vielen Schlachten teilgenommen hatte und den mit Kidd, dessen seemännische Erfahrung und Fähigkeiten er schätzte, bald eine innige Freundschaft verband. Nun führte Frankreich in den Jahren zwischen 1688 und 1697 einen Eroberungsfeldzug gegen die Pfalz, worauf sich in Europa eine ›Große Koalition‹ gegen Frankreich bildete, der auch England angehörte. Endlich war es soweit: das ›privateering‹ gegen französische Handelsschiffe und Kaperfahrer wurde nach langer Atempause (seit 1674) wieder vollauf legalisiert. Halali, auf auf zum fröhlichen Jagen. Und die Neuengländer, von Wirtschaftssanktionen geschröpft, wollten natürlich bei dieser Jagd nicht zurückstehen. Überall an der Küste herrschte hektische Betriebsamkeit, der Beruf des Schiffszimmermanns hatte Hochkonjunktur, Konsortien aus reichen Geschäftsleuten fanden sich zu eifrigen Beratungen zusammen.

Die Praxis des ›privateering‹ ging auf das frühe sechzehnte Jahrhundert zurück. In Kriegszeiten statteten reiche Privatleute oder Firmen eigene kleinere Kriegsschiffe, in der Regel Briggs oder Schonerbriggs, aus zu dem Zweck, Handelsschiffe der gegnerischen Nation(en) aufzubringen und zu beschlagnahmen. Auf diese Weise ließ sich Loyalität ausgesprochen lukrativ gestalten. Ein Fünftel des abfallenden Gewinns ging an die Krone (ein ordentlicher Kaperbrief mußte das königliche Siegel tragen), den Rest teilten sich der oder die Eigentümer und die Besatzung bei entsprechender Beteiligung des Kapitäns. Das ›Kapern‹ selbst lief meist unblutig ab. Ein Kauffahrer wurde auf hoher See ›gestellt‹, sah keine Chance zu entkommen und signalisierte, daß man zu Verhandlungen bereit sei. Dann kamen Unterhändler an Bord, wiesen sich durch den jeweiligen Kaperbrief aus und übernahmen das Schiff als ›Prise‹. Zu Beginn des achtzehnten Jahrhunderts, während des ›Spanischen Erbfolgekrieges‹, war eine Extraprämie von zehn Pfund auf jedes erbeutete französische Geschütz ausgesetzt. ›Privateering‹ wurde zu einer Art Mode, an der sich vor allem Frankreich, England und die Niederlande beteiligten – die Reihenfolge bezeichnet zugleich die Erfolgsquoten. Die Franzosen taten sich in diesem Sport am meisten hervor. Die Hauptspielregeln, die kurz darauf auch von England kopiert wurden, stammten eigentlich von Jean-Baptiste Colbert, dem Finanz- und Marineminister unter Louis XIV.: in der Zeit zwischen 1661 und 1683, als der Aufbau der französischen Marine vorangetrieben wurde, um mit der engischen Konkurrenz Schritt zu halten, begünstigte Colbert die Kaperschiffahrt in jeder nur möglichen Weise. Er entwickelte ein spezielles Bonussystem, nach dem zum Beispiel ein Schiff, das sich der Beschlagnahmung widersetzte, für den Zeitraum einer Stunde zur Plünderung freigegeben war – was oft ein ziemliches Durcheinander verursacht haben muß. Lizenzen zur Kaperfahrt waren käuflich. Ferner hatte, je nach Größe des Kaperschiffes, vom Kapitän (bzw. der hinter ihm stehenden Interessengruppe) eine Kaution hinterlegt zu werden, die einerseits ›gute Führung‹ auf See garantieren sollte und an der sich andererseits die Finanziers im Falle eines Mißerfolges schadlos halten konnten. All diese Klauseln wurden von England übernommen und weiter modifiziert. Der Preis für einen englischen ›Schutzbrief‹ lag zwischen zwei- und dreihundert Pfund, die Höhe der Kaution betrug 1500 bis maximal 5000 Pfund. Die königliche Absegnung war lediglich eine Formalität und mit wenig Aufwand verbunden, weshalb man auch in Neuengland rasch dazu überging, sie zu fälschen. Das Reglement umfaßte schließlich sogar einen Rentensatz für im Kampf verwundete Matrosen, gestaffelt vom abgehauenen Finger bis zum Verlust beider Augen oder Beine. Witwen erhielten eine Abfindung, welche sich je nach Erlös der Kapermission errechnete. Bei der Auswahl der Kapitäne bevorzugte man solche, die verheiratet waren und Familie hatten. Ihre Verwandten dienten zwar nicht ausdrücklich als Geiseln, boten aber immerhin eine gewisse Sicherheit dafür, daß der ›Privateer‹ auch wieder nach Hause zurückkehrte. Es war nämlich beunruhigend oft vorgekommen, daß sich ein Kaperfahrer mitsamt seiner Crew selbständig machte und den Freibeuterkurs einschlug.

Überhaupt bestand ja zwischen dem pseudolegalen ›privateering‹ und illegaler Piraterie allenfalls ein gradueller Unterschied. Bei dem wechselhaften Auf und Ab von Kriegserklärungen und Friedensschlüssen und der komplizierten Bündnispolitik der europäischen Nationen konnte es damals leicht passieren, daß ein Kapitän einmal den Überblick verlor. Nach verbindlicher Übereinkunft durften nur Schiffe eines mit der jeweiligen Regierung im Krieg befindlichen Landes als Prisen genommen werden. Wenn also beispielsweise ein englischer Kaperfahrer während oder nach Friedensverhandlungen ein französisches Schiff überfiel, führte dies zu peinlichen diplomatischen Verwicklungen: der ›privateer‹ wurde dann, ohne es zu ahnen und einzig auf Grund der äußerst mangelhaften Nachrichtenübermittlung jener Tage, automatisch zum Seeräuber. Um solchen Irrtümern vorzubeugen, einigte man sich auf eine Karenzzeit von etwa einem halben Jahr, gerechnet ab dem Datum des Friedensvertrages: wer innerhalb dieses Zeitraumes aus Versehen kaperte, ging straffrei aus. Ein weiterer Umstand machte die Rechtslage noch verzwickter. Viele Kapitäne von Kaperschiffen wurden der oft monatelangen Jagd auf kleine

Kauffahrer, die als Prisen nicht sonderlich viel Gewinn einbrachten, schnell überdrüssig. Warum sollte man Kopf und Kragen riskieren und in feindliche Hoheitsgewässer eindringen, wo Kriegsschiffe und ›privateers‹ anderer Nationen auf einen lauerten, nur um vielleicht eine Ladung Salzheringe zu erbeuten? Der Kurs auf Madagaskar, zum Roten Meer und zum Indischen Ozean war weitaus erfolgversprechender. Dort kreuzten die mit Gold und Schätzen beladenen ›Heiden‹-Schiffe des Großmoguls und der Araber zwischen Indien und den Häfen Jeddah und Mocha, die zu entern fast ein Kinderspiel war. Auch lockte das Abenteuer, das Fremdartige einer solchen Unternehmung. Diesen Mohren, diesen Menschenfressern, diesen schwarzen Teufeln würde man schon beibringen, wie gut sich ein christlicher Seefahrer aufs Massakrieren verstand. Freilich mußte es auch dem einfältigsten Matrosen dämmern, daß der Kapitän sich und seine Crew mit solch eigenwilliger Auslegung seines ursprünglichen Auftrages in ein gefährliches Fahrwasser brachte: das war jetzt keine Kapertour mehr, sondern schlichtweg Freibeuterei, und es ging nicht länger um ›nationale‹ Interessen, sondern nur noch ums Geschäft.

»Man fragt ums Was und nicht ums Wie.
Ich müßte keine Schiffahrt kennen:
Krieg, Handel und Piraterie,
dreieinig sind sie, nicht zu trennen.«
(Goethes Mephisto)

Aber siehe da! Die Finanziers, die gestrengen Herren mit den hohen Perücken, waren zufrieden, wenn man mit ›arabischem Gold‹ anstatt mit französischen Prisen heimkehrte, und sie interessierten sich wenig dafür, wo die Beute herstammte. Nachdem es sich einmal eingebürgert hatte, sein Augenmerk mehr auf die ›Maurenschiffe‹ zu richten als auf die Feinde Englands, schien die Sache an der nordamerikanischen Küste auch beinahe rechtens zu sein und abgesegnet – spätestens seit Fletcher sein Amt antrat. Wen kümmerten schon die Beschwerden der ›East India Company‹? Die sollte sich noch wundern: sie wurde bald in gleicher Weise abgeschröpft.

Das war der Anfang der sogenannten ›Red Sea hysteria‹ in den neunziger Jahren des siebzehnten Jahrhunderts. Denn da es den Piraten durch die Profitgier der neuenglischen Geschäftsleute allzu leicht gemacht wurde, Segler auszurüsten und Raubzüge ins Rote Meer zu unternehmen, galt ein offizieller ›Kaperbrief‹ nur noch als Vorwand – allenfalls als praktischer Ausweis gegenüber der britischen Marine. Solange die Auftraggeber sich nicht beschwerten, schmolzen auch die Skrupel ihrer Kapitäne und Mannschaften dahin wie Butter in der Sonne. Wollte ein redlicher Kapitän partout den Kurs nicht ändern, mußte er mit einer Meuterei rechnen. Man schreckte in der Folgezeit – etwa seit 1692 – nicht mehr davor zurück, sogar Schiffe aus der Handelsflotte der ›East India Company‹ anzugreifen; dabei empfahl es sich allerdings, wenn einem ein solches Schiff in die Hände gefallen und die Ladung sichergestellt war, es mit Mann und Maus zu versenken. Es durfte keine Zeugen und kein Beweismaterial geben. Das Seemannslos, auf diese Weise zu ertrinken, nannte man ›in Davy Jones' Kiste gehen‹ – nach David Jones, einem englischen ›privateer‹ der dreißiger Jahre, der dafür berüchtigt war, sämtliche der von ihm gekaperten Segler auf Grund gehen zu lassen.

Die Ostindienkonpanie sah sich bald gezwungen, ihre Kauffahrer nur noch mit Begleiteskorte ins Rote Meer zu schicken, also selbst kleine Kriegsschiffe als Flankenschutz auszurüsten, was natürlich mit erheblichem Aufwand und

Mehrkosten verbunden war. Die englische Kriegsmarine konnte trotz wiederholter Anfragen keine ›men of war‹ zu diesem Zweck abkommandieren. Die wurden an der Front benötigt. Aber der Druck auf den König und das Parlament verstärkte sich nach jedem neugemeldeten Verlust. Und die ›East India Company‹ war mächtig genug, um empfindlichen Druck auszuüben. Der kolonialpolitische ›Reformkurs‹, den William III. ab 1695 gegenüber den Neuenglandstaaten einschlug, ging nicht zuletzt auch auf das Betreiben der arg gebeutelten ostindischen Handelsgesellschaften zurück.

Vorläufig mußte man sich wohl ober übel mit einer Zwischenlösung behelfen. Kurioserweise ähnelte diese der Praxis der korrupten nordamerikanischen Finanzierungskonsortien aufs Haar, die Kaperfahrern vor Antritt der Reise hohe Kautionen abverlangten. Jeder Schiffseigner, der sich an einem ›Red Sea project‹ beteiligte, hatte je nach Tonnage des auslaufenden Seglers eine gewisse Summe als Sicherheit zu hinterlegen. Das System war in der Tat der Vorläufer des heutigen Marineversicherungswesens. Seit 1688 spezialisierte sich ein neuer und eigenständiger Geschäftszweig auf solche Transaktionen, der hauptsächlich von ›Lloyd's coffee house‹ in London aus operierte.

Die Taktik, Soldaten der Kriegsmarine oder angeworbene Söldner mit an Bord der Kaufschiffe zu nehmen, hatte in der Regel katastrophale Folgen. Wie schon erwähnt, konnte ja der eigentliche Kapervorgang durchaus unblutig ablaufen, wenn sich die Kauffahrer gleich ergaben und keine Gegenwehr geleistet wurde. Es stellte sich heraus, daß die Rekruten der ›East India Company‹ der Entertechnik und dem Nahkampf, welche die Piraten meisterhaft beherrschten, in keiner Weise gewachsen waren – ein Umstand, der damals in England viel Kritik an der militärischen Ausbildung hervorrief.

»Die piratische Angriffstaktik«, schreibt Hans Leip in seinem ›Bordbuch des Satans‹, »war wohlbedacht und hundertfach erprobt. Das kleinere, wendige Schiff folgte dem größeren im Kielwasser; es hielt sich genau hinter seinem Heck, und es erforderte die gespannteste Aufmerksamkeit des besten Rudergängers, jede Bewegung des Verfolgten sofort zu erspüren und sie zu parieren. Denn gelang dem Gejagten eine rasche Wendung, konnte eine gutliegende Breitseite dem Jäger gefährlich werden. So aber, vom Heck aus, war nicht viel zu befürchten. Die Stückpforten dort waren nicht zahlreich, selten mehr als zwei bis vier, und man nahm sie rechtzeitig mit Scharfschützen aufs Korn, um die Bedienungsmannschaft abzuknallen.

Waren die Seestrolche erst nahe heran, nützten die Geschütze nicht viel; sie konnten nicht tief genug geneigt werden, um das niedrige Deck der Piratenschaluppe zu bestreichen. Die Abwehr beschränkte sich dann auf Flinten- und Pistolenfeuer, auf primitive Handgranaten und Brand- und Stinktöpfe. Das wilde Gebrüll der Angreifer, die schwarze oder blutrote Flagge und die Erinnerung an Ereignisse, wo die Bestien bei Widerstand alles niedergemacht, bei rechtzeitiger Übergabe aber nur milde gehaust hatten, wirkte oft lähmend auf die Verteidiger. Gelangten aber die verwegenen und gar durch Verluste gereizten Burschen unter die überhängende Heckgrillung, dann flogen auch schon die Enterhaken und Leinen und verfingen sich an dem Geknaufe üppiger Galerien, Figuren und Schnitzereien, womit die palastartige Rückfront der Karavellen und Galeonen geziert war. Deftige Holzkeile wurden mit wuchtigem Hammer zwischen Ruder und Steven getrieben und so das Opfer manövrierunfähig gemacht. Schon kletterten die ersten halbnackten Kerle an den Enterleinen

Angriff auf eine Galeone (Howard Pyle)

und Gesimsen empor, gierig, die Belohnung einzuheimsen, die dem winkte, der als erster an Bord der Beute sprang, und doppelt dem, der die Flagge dort niederholte. Sie zerschlugen die Kajütsfenster mit Messerknauf oder Pistolenkolben, sie schwangen sich über die Reling, sie drangen ein, so viele auch getroffen und zurückgeschleudert in die Flut stürzten. Der Nahkampf entschied sich zumeist im Offiziersquartier auf dem Achterdeck mit Schießeisen und Stutzsäbel. Dieser sah dem noch heute üblichen Buschmesser, der Machete, ähnlich und wurde gewöhnlich ohne Scheide getragen. Furchtbarer, wenn auch unhandlicher als Waffe war das Enterbeil, eine Mischung aus Axt und Hellebarde, gleich dienlich zum Hauen und Stechen, vor allem auch zum Zerstören von Aufbauten und Takelung. An glatten Schiffsrümpfen, die sonst schlecht Halt boten, hieb man es hinein und brauchte es als Fußstütze.«

Man kann sich vorstellen, daß die vielleicht zehn bis höchstens fünfzehn Soldaten – und wären es selbst erfahrene Marineoffiziere gewesen –, die auf einem ›East India man‹ mitsegelten und in deren ›Schutz‹ sich die Kauffahrer so sehr in Sicherheit wiegten, die Lage bei einem Angriff nur verschlimmerten. Das einzige Resultat ihrer uneffizienten Gegenwehr war meistens, daß die gesamte Besatzung nach Einnahme des Schiffes niedergemacht wurde.

So stellte sich die Situation bereits dar, noch bevor England Frankreich im Jahre 1688 den Krieg erklärte. Aber es sollte noch viel Schlimmeres auf die ostindische Handelskompanie zukommen. In Neuengland befand man sich erst am Anfang einer Entwicklung, die einige Jahre später unter Gouverneur Fletcher ihren Höhepunkt erreichte und in offene, behördlich geduldete Piraterie ausartete.

Nicht, daß es vorläufig den neuenglischen ›privateers‹ keinen Spaß gemacht und keine Befriedigung bereitet hätte, gerade den Franzosen kräftig einzuheizen, die im Kapergeschäft weitaus erfolgreicher waren als ihre englischen und amerikanischen Kollegen. Das lag einfach daran, daß auf den Weltmeeren wesentlich mehr britische Kaufschiffe kreuzten als irgendeiner anderen Nation. Allein 1689 ›beschlagnahmten‹ französische ›corsaires‹ 420 englische und niederländische Segler, eine Zahl, die ihre Gegner nicht einmal annähernd erreichten. Es entstand so etwas wie Konkurrenzneid. Längs der französischen Küste wurde ein ähnlich schwungvoller Handel mit Piratengut und Kaperbeute getrieben wie an der nordamerikanischen. Dünkirchen, Cherbourg, Calais, Nantes, La Rochelle, Morlaix, Havre, Saint-Malo, Brest und Boulogne waren als Freibeuterhäfen und -umschlagplätze nicht weniger berüchtigt als Boston, New York, Philadelphia, Charleston, Rhode Island oder ›Hore Kills‹ in Delaware.

So hatte es auch William Kidd zunächst nur auf französische Schiffe – Kauffahrer und ›corsaires‹ – abgesehen, als er im gleichen Jahr, 1689, bevollmächtigt durch einen offiziellen Geleitbrief mit der Unterschrift Gouverneur Sloughtons, von New York aus in See stach. Waren es Abenteuerlust, Sehnsucht nach dem Meer und einer verantwortungsvollen Aufgabe oder nur Profitgier, die ihn dazu bewogen, an dem ›Privateer‹-Wettbewerb der Nationen teilzunehmen? Es stand viel für ihn auf dem Spiel. Während seiner Abwesenheit mußte er mit erheblichen Einbußen in seinen ja mittlerweile florierenden ›Import-Export‹-Geschäften und dem Tauschhandel rechnen, die ihm zu Wohlstand verholfen hatten. Sein Hauptfinanzier, Colonel Hewetson, nahm zwar in der Zwischenzeit seine Interessen wahr, aber es erschien höchst fraglich, ob er die bisher so günstige Bilanz würde aufrechterhalten können. Dazu brauchte es jemanden wie Kidd, der gern ›fünfe gerade sein ließ‹ und in dessen Abrechnungen sich lukrative Fehler einschlichen. Seine kleine Handelsflotte, die drei oder vier Schiffe, die er besaß, lagen also erst einmal auf Eis.

Dafür hatte er sich – für einen berechnenden Schotten – auf eine ziemlich gewagte Unternehmung eingelassen. ›Privateers‹ arbeiteten grundsätzlich auf ›Provisionsbasis‹: ›No prey, no pay‹ (Keine Beute, keine Bezahlung, oder, freier übersetzt, ›Keine Prisen, in den Miesen‹). Und er war mit vierundvierzig Jahren nicht mehr der Jüngste. Seit der Kriegserklärung Englands an Frankreich von 1688, dem Startschuß zur Kaperfahrt, liefen fast täglich, wie bei einer Art Regatta, Segler unter dem Kommando junger Heißsporne aus, die ihr Glück versuchen wollten, ob mit oder ohne Freibrief. An Konkurrenz herrschte kein Mangel. Was Kidd vor ihnen auszeichnete, waren seine Erfahrung, sein seemännisches Geschick und seine praktisch erworbenen geographischen und nautischen Kenntnisse – Vorzüge und Empfehlungen, die durch seinen geschäftlichen Erfolg bestätigt wurden und die ihm letztendlich zu seinem Auftrag verholfen hatten.

Die Mittel, welche ihm Hewetson für diesen Auftrag bereitstellte, zeigten, daß er große Stücke auf ihn hielt. Kidd segelte auf einem Vollschiff, also einem vollrahgetakelten Dreimaster mit etwa hundert Mann Besatzung und an die dreißig Geschützen, die an Deck postiert waren; es gab auf ›Privateers‹ keine Geschützdecks wie auf Kriegsschiffen (der Begriff ›privateer‹ bezeichnet ebenso den Kapitän eines Kaperfahrers wie sein Schiff und jeden Angehörigen seiner Mannschaft). Das Chartern und die zusätzliche Bestückung mit Kanonen hatten ein Vermögen gekostet, das zu gut siebzig Prozent von Hewetson investiert worden war bei vorsichtiger Beteiligung Kidds und einiger anderer Kaufleute. Hewetson hatte sich auch um einen der vielbegehrten Kaperbriefe von Gouverneur Sloughton bemüht, ihn erhalten und bezahlt, dreihundert Pfund bar auf den Tisch. Kidd stand unter Erfolgsdruck. Wurde das Schiff etwa auf der Fahrt beschädigt oder gar versenkt, haftete er dafür mit einer hohen Kaution, die er hinterlegen mußte. Ein Scheitern der Mission hätte faktisch seinen Ruin bedeutet.

Aber das Glück war ihm hold. Er nahm Kurs auf die Westindischen Inseln und befand sich ungefähr einen Monat auf See, als er nordöstlich der Bahamas auf ein französisches Vollschiff stieß, einen Kauffahrer der höheren Preisklasse, der sich nach kurzer Verfolgungsjagd und einigen wohlgezielten Warnschüssen vor den Bug ohne weiteren Widerstand ergab. Kidd ging mit zweien seiner Maatsleute und einem Dolmetscher an Bord und wies sich durch seinen Freibrief aus. Es ist nicht überliefert, wie er mit der Besatzung verfuhr; später, in den neunziger Jahren, pflegte er die Matrosen gekaperter Schiffe entweder als ›slaves‹ an englische Kolonien zu verkaufen oder Lösegelder für sie zu fordern. Aber wahrscheinlich gewährte er der Mannschaft bei dieser Gelegenheit freien Abzug, um Zeit zu sparen, das heißt, daß man sie auf irgendeiner kleinen Insel an Land setzte. Denn bei der Bestandsaufnahme der Ladung, deren Wert sich zu dem der Prise selbst addierte, zeigte sich, daß er gleich auf Anhieb ins Schwarze getroffen hatte. Als man die Kapitänskajüte durchsuchte, fanden sich dort mehrere Truhen mit Goldmünzen, Louisdors, die als Sold oder Löh-

Der irische Schauspieler Gerard McGettigan in seiner Paraderolle als Captain Kidd in »A Brave Man's Folly« um 1916

nung bestimmt waren. In der Ballade ›Captain Kidd's Farewel to the Seas; or, the Famous Pirate's Lament‹ von 1701 wird diese Prise gar zu einem ›Bankschiff‹ hochstilisiert:

»A banker's ship of France, while I sailed, while I sailed,
A banker's ship of France, while I sailed,
A banker's ship of France
Before us did advance:
I seized her by chance, while I sailed.«

Auf alle Fälle handelte es sich um einen ›guten Schnitt‹, wenn es auch schwerfällt, den eigentlichen Profit in heutigen Vergleichszahlen auszudrücken. Hewetson kassierte als Hauptaktionär natürlich den Löwenanteil; ein gutes Fünftel fiel der englischen Krone zu, weitere zehn bis fünfzehn Prozent gingen an die übrigen Finanziers. Man darf davon ausgehen, daß sich auch Kidd, gemessen an seinen bisherigen Einnahmen, auf längere Zeit saniert hatte. Während ihm schon solche Berechnungen durch den Kopf gingen, ließ er die ebenfalls an Bord des Franzosen aufgefundenen Vorräte an Rotwein großzügig unter seine Männer verteilen. In New York wurde er bei seiner Ankunft mit dem Dreimaster im Schlepptau als Held des Tages gefeiert. Sein ›Kurswert‹ im Kapergeschäft stieg beträchtlich; die Neuigkeit sprach sich rasch herum, reiche Kaufleute rissen sich plötzlich um ihn und überschütteten ihn mit Angeboten. Sogar Gouverneur Sloughton war überaus angetan von ›Kidds sagenhaftem Glückstreffer‹. Hewetson verlor keine Zeit, seinen Partner auch für zukünftige Exkursionen an sich zu binden. Nachdem alle Gläubiger abgefunden waren, gehörte ihm der französische Segler, den er auf den Namen BLESSED WILLIAM umtaufte und schleunigst für eine weitere ›privateering-tour‹ aufrüstete, mit mindestens dreißig funkelnagelneuen Geschützen. Das Kommando erhielt selbstverständlich sein ›steddy freind‹ William Kidd, welcher in der New Yorker Gesellschaft nunmehr in der Tat als ›blessed‹, vom Himmel gesegnet und vom Glück begünstigt galt. Freilich konnte man die Namensgebung ebenso als loyale Hommage an William III. auffassen, ganz wie es beliebte.

Es vergingen kaum drei Monate, bis Kidd abermals, legitimiert durch einen neuen Kaperbrief, mit der BLESSED WILLIAM in See stach. Diesmal schloß sich ihm Hewetson persönlich an, der den Befehl über das andere Vollschiff übernahm. Er schien zu glauben, daß sie den Gewinn der letzten Fahrt gemeinsam, mit zwei Seglern, verdoppeln würden, wo doch die erste Unternehmung so reibungslos und profitabel verlaufen war. Aber diese Rechnung ging nicht auf.

Sie hielten wieder Kurs auf die Westindischen Inseln. In der Nähe von Puerto Rico tauchten erst zwei, dann drei, dann vier, dann fünf, dann sechs französische Korsarenschiffe auf, die sie langsam einkreisten und schließlich in die Zange nahmen. Was nun folgte, könnte einem Seeräuberroman entsprungen sein, aber es ist besser, Ausschmückungen der Phantasie des Lesers zu überlassen. Fest steht, daß Kidd auch in dieser heiklen Situation einen klaren Kopf behielt. Es kam zu einem Feuergefecht, wie er es bisher wohl noch nicht erlebt hatte. Dabei wurde die BLESSED WILLIAM durchlöchert wie ein Schweizer Käse. Trotzdem gelang es ihm und seinem Kompagnon Hewetson nicht nur, ein oder zwei ihrer Gegner zu versenken und andere in die Flucht zu schlagen, sondern zuletzt sogar in einer beispiellosen Bravourleistung zwei Briggs zu entern und als Prisen zu nehmen, übrigens zur rechten Stunde, denn die BLESSED WILLIAM und ihr Begleitschiff waren beide schwer beschädigt und nicht mehr seetüchtig. Auch ihre Mannschaften hatten große Verluste erlitten. Sie gingen an Bord der gekaperten ›corsaires‹ und überführten ihre sinkenden Dreimaster in den Hafen von Antigua. Die Instandsetzungsarbeiten, die natürlich von den Besatzungen geleistet werden mußten, also das ›Kielholen‹, Auswechseln der Planken und Neukalfatern usw., nahm sicher ein bis zwei Monate in Anspruch. Außerdem war der Aufenthalt in Antigua für die neuenglischen ›privateers‹ keineswegs ungefährlich. Diese und die beiden nächstgrößeren Inseln im Norden, Nevis und Kitts Island, waren zwar britische Kolonien; Guadeloupe und Martinique im Süden gehörten jedoch der französischen Krone, und die in der Seeschlacht zerstreuten Korsarenschiffe konnten sich dort sammeln, mit anderen vereinigen und zu einem neuen Schlag ausholen. Antigua lag auf der Demarkationslinie, direkt an der Grenze zu feindlichen Hoheitsgewässern, und es kam wohl auch zu einigen kleineren Scharmützeln. Die Atmosphäre war jedenfalls gespannt. Kidds und Hewetsons Matrosen begannen über die harte Arbeit zu murren, zu der man sie unter Zeitdruck und Androhung der ›neunschwänzigen Katze‹ zwang. Sie hatten, von Kidds Ruhm geblendet, mit einer triumphalen Kaperfahrt und märchenhaften Beuteanteilen gerechnet, und nun stellte sich heraus, daß die gewonnenen Prisen, eine Brigg und eine Schaluppe ohne Ladung, nicht einmal die Unkosten für die Tour amortisieren würden.

Von den ursprünglichen Besatzungen war nur etwa die Hälfte übriggeblieben; ein gutes Drittel war im Kampf gegen die ›corsaires‹ gefallen, die Verwundeten starben in ihren Notunterkünften unter Zeltplanen, von sengender Hitze gepeinigt, wie die Fliegen. Viele litten außerdem an der ›Schiffskrankheit‹ Skorbut, jener bei Seeleuten gefürchteten Mangelerscheinung an Vitamin C, die sich durch Schwellungen und bläulichschwarze Verfärbung der Gliedmaßen, Muskelschwund, aufgesprungene Lippen und Zahnausfall äußerte. Wie es aussah, konnte man froh sein, die Reise lebend zu überstehen. Einige wollten sich mit dieser Aussicht nicht zufriedengeben. Es bildete sich eine Gruppe aus Verschwörern um Robert Culliford, den Obersteuermann, und Samuel Burgess, den ersten Kanonier der BLESSED WILLIAM. Fast die gesamte Crew von

Kidds Schiff schloß sich ihnen an. Als es wieder seetüchtig war, gingen die Meuterer eines Nachts im Juni 1690 heimlich an Bord, kappten die Taue, lichteten den Anker und stachen ohne ihren Kapitän in See. Die ›privateers‹ schlugen, wie in so vielen Fällen, die Piratenlaufbahn ein und schienen damit eine kluge Wahl getroffen zu haben: es gibt keinerlei Unterlagen darüber, daß je einer von ihnen verhaftet und vor Gericht gestellt wurde.

Kidd und Hewetson glaubten ihren Augen nicht zu trauen, als sie am anderen Morgen die Anlegestelle der BLESSED WILLIAM leer vorfanden. Besonders Kidd soll die gräßlichsten Flüche ausgestoßen und einen feierlichen Eid geleistet haben, diese Schurken über alle Weltmeere zu jagen und ihrer gerechten Strafe zuzuführen. Das änderte freilich nichts an der Tatsache, daß die so eindrucksvoll mit zwei gut ausgerüsteten Vollschiffen begonnene Kaperfahrt ein absoluter Fehlschlag war, ein Verlustgeschäft, das auch seine Rücklagen von der vorigen empfindlich schmälerte.

Möglicherweise war dies der Grund dafür, daß er nach seiner Rückkehr nach New York einer reichen Witwe den Hof zu machen begann. Für einen ›privateer‹ von Rang brachte es außerdem, wie schon angedeutet, gewisse Vorteile mit sich, verheiratet zu sein: Frau und Kinder galten den Finanziers als zusätzliche Sicherheit, daß aus dem Kaperfahrer kein Freibeuter wurde und sie zumindest ihr wertvolles Schiff zurückerhielten. Die zu entrichtenden Kautionen fielen bei Familienvätern etwas niedriger aus. Aber es ist wahrscheinlich ungerecht, Kidd zu unterstellen, er habe auch in dieser Affäre nur ans Geld gedacht. Sie hieß Sarah Bradley Cox Oort, hatte bereits zwei Ehemänner überlebt, soll, obwohl schon um die Vierzig, sehr attraktiv gewesen sein und besaß eine hochherrschaftliche Villa mit Dienstboten und ein stattliches Grundstück in der Wall Street. Daß sie mit der Grammatik auf Kriegsfuß stand und kaum ihren eigenen Namen richtig schreiben konnte, störte Kidd wohl nicht weiter. Er war kein Schöngeist, sondern ein Mann der Tat. Es gelang ihm, Mrs. Bradley Cox Oorts Herz zu erobern, und bald wurde ihre Verlobung bekanntgegeben. Die Trauung mußte allerdings um einige Wochen verschoben werden, denn er hatte zuvor noch eine abenteuerliche Mission zu erfüllen, diesmal im Auftrag Gouverneur Sloughtons höchstpersönlich.

›Privateering‹ und Piraterie gediehen zwar bestens in Neuengland, aber die Küste wurde auch immer wieder von Seeräubern und Kaperfahrern anderer Nationen unsicher gemacht. Von den südlichen Kolonien hatte vor allem Virginia unter solchen Überfällen zu leiden; im Jahre 1678 zum Beispiel tauchten dort algerische Piraten so massiert auf, daß die Kaufleute und Pflanzer die Regierung wiederholt um militärischen Schutz für ihre Handelsschiffe ersuchten. Seit England sich erneut mit Frankreich im Krieg befand, nahmen viele ›corsaires‹ Kurs auf Nordamerika, wo es jede Menge fetter Prisen zu holen gab. Die wenigen einheimischen Küstenwachschiffe reichten zu ihrer Bekämpfung nicht aus, und die britische Kriegsmarine kreuzte in weit entfernten Gewässern.

Von diesen französischen ›corsaires‹ war besonders einer in letzter Zeit zu einer rechten Plage geworden. Irgendwelche Verräter mußten ihm Unterstützung und eine verborgene Anlegestelle gewähren; er ›kam, sah und siegte‹, um sich wieder wie in Nichts aufzulösen und binnen kurzem abermals zuzuschlagen. Den größten Schaden fügte er der Schiffahrt um Long Island herum zu, und bei Gouverneur Sloughton häuften sich die Beschwerden der ausgeplünderten Geschäftsleute und Handelsfirmen. Kidd schien der Mann zu sein, mit diesem Burschen fertigzuwerden. Der Auftrag war natürlich keineswegs so lukrativ wie eine eigene Kapertour; er stand als eine Art Polizeiorgan in Diensten der Regierung, um einen notorischen Störenfried dingfest zu machen, der umgekehrt einmal die New Yorker Wirtschaft erfolgreich und empfindlich schröpfte. Andererseits konnte er bei der Sache Ruhm ernten und die Scharte seines letzten Mißerfolges auswetzen.

Nähere Einzelheiten über die Transaktion sind leider nicht bekannt; aber es gelang Kidd tatsächlich, das Korsarenschiff aufzuspüren, unter Beschuß zu nehmen, schließlich zu entern, den Kapitän und seine Mannschaft (d. h. die französischen Matrosen, die bei dem Gefecht am Leben geblieben waren) gefangenzunehmen und der Obrigkeit auszuliefern. Dafür erhielt er zwar nur, wie amtlich vermerkt, »eine Gratifikation von 150 Pfund wegen besonderer Verdienste«, wurde jedoch wiederum als Held gefeiert, wuchs im Ansehen Sloughtons und des Magistrats und polierte allgemein sein Image auf.

Zwei Tage später, am 16. Mai 1691, fand seine Vermählung mit Sarah Bradley Cox Oort in der eben erst geweihten, mit seiner tatkräftigen Mithilfe errichteten ›Trinity Church‹ am Broadway statt. Mrs. Kidd (sie unterschrieb von nun an in ihrer von Rechtschreibfehlern strotzenden Korrespondenz mit ›SK Keede‹) zog in sein Haus ein, das an der Ecke der Hanover und Pearl Street lag, ein ansehnliches zweistöckiges rotes Backsteingebäude mit Blick auf den East River in jener vornehmen Wohngegend, die damals ›the Harlem‹ genannt wurde. Von ihren beiden letzten Gatten, Samuel Cox und John Oort, New Yorker

Geschäftsleuten, brachte sie bereits zwei oder drei Kinder in die Ehe mit; knapp ein Jahr darauf gebar sie Kidd eine Tochter. Die Familie lebte im Wohlstand, man kann sagen in Luxus, gemessen am sozialen Standard jener Zeit; sie verfügte über mehrere Hausangestellte, eine eigene Kutsche, reichhaltige Garderobe für jeden Anlaß und genoß hohes gesellschaftliches Ansehen. Kidds Handel mit seinen drei bis vier eigenen Schiffen prosperierte, auch ohne die ›privateer – commissions‹. Genreszenen: Mr. und Mrs. William Kidd auf einem Empfang bei Gouverneur Sloughton; bei einem Kammermusikabend im Hause des Generalbevollmächtigten der ›East India Company‹ in New York, Colonel Livingston; bei einer Wohltätigkeitsveranstaltung für in Not geratene Seeleute unter der Schirmherrschaft des Justizministers, James Graham; bei einer ›schottischen Geselligkeit‹ auf dem Tanzparkett zu von Dudelsack und Fiedeln begleiteten ›reels‹, ›jigs‹ und ›strathspeys‹. An Vergnügungen hatte die Stadt sonst wenig zu bieten; Kultur und Zerstreuung waren fast ausschließlich auf die privaten Zirkel beschränkt. Das erste amerikanische Theater eröffnete erst im Jahre 1736 in Charleston. Als New York freilich während Fletchers Regierungszeit zum Anziehungspunkt für Seeräuber und allerlei Gesindel wurde, gab es dort bald auch eine Reihe einschlägiger Kneipen und ›gewisser Häuser‹, die Glücksspiel und Prostitution boten.

Kidds nächste (von Hewetson und Livingston finanzierte) Kaperfahrt endete wieder in einem Fiasko – allerdings diesmal weniger für seine Auftraggeber als für ihn selbst. Kidd hatte einen Charakterfehler: er war anmaßend und neigte zur Selbstüberschätzung. Er glaubte, sich – mit einem Freibrief des Gouverneurs von New York in der Hand

– auch gewisse Freiheit herausnehmen zu können, die seine Kompetenzen weit überschritten. Sein Schiff war nach einer bisher mäßig erfolgreichen Tour etwa zwei Monate auf See, als die Lebensmittelvorräte an Bord knapp wurden. Anstatt nun irgendeinen Hafen anzulaufen, um Proviant aufzunehmen, hielt er kurzerhand einige britische und neuenglische Kauffahrer an, aus deren Ladungen er sich ungeniert bediente. Dabei befleißigte er sich eines sehr rüden Umgangtones, stolzierte wie ein Admiral auf den Decks herum, teilte Befehle aus und herrschte die verdutzten Kapitäne an, er sei im Auftrage Seiner Majestät des Königs unterwegs und daher durchaus zu solchen Maßnahmen berechtigt. Schließlich befinde man sich im Krieg.

›Zu solchen Maßnahmen berechtigt‹ war er freilich mitnichten. Er hatte Glück, daß man ihn nicht schon bei dieser Gelegenheit für einen Freibeuter hielt und ein Kriegsschiff nach ihm aussandte.

Bei seiner Rückkehr waren eine Menge Beschwerden über ihn eingegangen, und er wurde zu seinem Erstaunen nicht gefeiert, sondern vor einen Sonderausschuß des Magistrats geladen. Die Befragung ergab, daß er sich tatsächlich einbildete, im Recht zu sein: ein offizieller Kaperbrief ermächtige ihn wohl jederzeit zur Beschlagnahmung von Proviant.

»Über diese Antwort des Kandidaten Jobses
Geschah allgemeines Schütteln des Kopfes;
Der Inspector sprach zuerst hem! hem!
Drauf die andern Secundum ordinem.«
(Wilhelm Busch, ›Jobsiade‹)

Man belehrte und ermahnte ihn und verzichtete auf eine Anklage; die Beschwerdeführer mußte er jedoch aus eigener Tasche für ihre Verluste entschädigen, wobei er nicht schlecht geschröpft worden sein dürfte. Eine so günstige Gelegenheit, die Preise in die Höhe zu treiben, kommt nicht alle Tage. Noch sehr viel nachteiliger wirkte sich auf ihn aus, daß Gouverneur Sloughton nach diesem Eklat auf Distanz ging und ihm keine weiteren Geleitbriefe mehr ausstellte.

Im Hause Kidd herrschte für einige Zeit ›Scotch gloom‹. Er war gezwungen, sich ausschließlich auf seine einheimischen Geschäfte zu konzentrieren. Die Zeiten des lustigen, freien und einträglichen ›privateering‹ schienen ein für allemal vorbei. An diesem Zustand änderte sich auch vorerst nichts, als Benjamin Fletcher im folgenden Jahr Gouverneur wurde. Das ist etwas merkwürdig, trieb doch Fletcher ansonsten bekanntlich einen schwunghaften Handel mit Kaperbriefen, die er selbst an so notorische Seeräuber wie Thomas Tew verkaufte. Vielleicht war Kidds Kurswert bei solchen Unternehmungen nach seiner fehlgeschlagenen zweiten Fahrt und dem letzten Skandal gesunken; vielleicht fand er es aber auch einfach lukrativer, sich nun, da unter Fletchers korrupter Regierung der Schmuggel und andere illegale Geschäftszweige aufblühten, als ›Zwischenhändler‹ zu betätigen. Wie erwähnt erhielt der Kapitän der H. M. S. RICHMOND, des New Yorker Küstenwachschiffs, eine hübsche Apanage, damit er in seinem Amt ein absoluter Versager blieb. Und wenn der Preis stimmte, drückte auch Fletchers neuernannter Polizeichef Nicoll gern ein Auge zu.

Die britische Admiralität wurde bald hellhörig durch alarmierende Meldungen, New York und die neuenglischen Kolonien seien »von jenen zwei gefährlichen Pestilenzen infiziert«, Verstößen gegen die Handelsgesetze und Begünstigung von Freibeuterei. Der Krieg gegen Frankreich war zunächst vordringlicher, so daß man diesem frevelhaften Treiben eine Weile tatenlos zusah. Aber es geriet ein Gärungsprozeß in Gang, der irgendwann den morschen Korken aus der Flasche treiben mußte.

William Kidd, trotz gutgehender Geschäfte unzufrieden mit der langweiligen Routine, die ihn an die neuenglische Küste band, begann mit Hilfe vornehmer Gönner seinen Wirkungskreis, d. h. den Radius seiner Import-Export-Routen, auszudehnen. Er überließ den einheimischen Handel den Kapitänen seiner kleinen Flotte und segelte selbst jetzt öfters zwischen New York und London hin und her, unternahm auch Abstecher nach Liverpool, Glasgow und andere britische Häfen. Dort löschte er die Ladungen, welche er, von Fletchers korrupter Wirtschaftspolitik profitierend, weit unter Preis teils von zwielichtigen Firmen und Kriegsgewinnern, teils von Seeräubern aufgekauft hatte, mit hohem Gewinn und nahm Güter retour, die in Nordamerika gerade rar waren. Hierbei erwiesen sich Empfehlungsschreiben seines Freundes Colonel Livingston, dem Staatssekretär für indische Angelegenheiten, zur Anknüpfung von Kontakten mit englischen Handelsfirmen als sehr hilfreich. Livingston beteiligte sich auch häufig finanziell an diesen Transaktionen und reiste manchmal als Passagier mit, wenn er geschäftlich in London zu tun hatte.

Das alles konnte freilich für einen alten Seebären und Haudegen wie Kidd nur eine Übergangslösung sein, ein Kompromiß. Er hegte noch immer einen tiefen Groll gegen Robert Culliford, Samuel Burgess und die anderen Meuterer, die im Sommer 1690 sein Kaperschiff, die BLESSED WILLIAM, entführt hatten. Für seinen Karriereknick als ›privateer‹ schienen ihm nur diese Schurken verantwortlich, über die er sich von Zeit zu Zeit mit den abscheulichsten Schimpfwörtern ausließ, deren die schottische Sprache mächtig ist. Vor kurzem war ihm – wahrscheinlich durch einige der ›Red Sea men‹, die Fletcher protegierte – zu Ohren gekommen, daß sich seine ehemalige Mannschaft auf Madagaskar aufhielt und dort einen geheimen Stützpunkt besaß, von wo aus sie Piratentouren unternahm. Diese Neuigkeit dürfte auf Kidd ähnlich gewirkt haben wie auf Melvilles‹ Kapitän Ahab, Moby Dick sei irgendwo gesichtet worden. Wenn G. T. Wilkinson in seinem ›Newgate Calendar‹ schreibt, Kidd hätte »wiederholt Andeutungen darüber gemacht, wie leicht es wäre, diese verfemten Leute auszurotten und ihre zukünftigen Raubzüge zu verhindern«, so bezog sich dies wohl auf die alte Rechnung, die jener eines fernen Tages ›mit Feuer und Schwert‹ zu begleichen hoffte. In der Tat prahlte er in den ›besseren Kreisen‹ (Wilkinson), zu denen sich auch Colonel Livingston zählte, gern damit, man möge ihm nur ein gut ausgerüstetes und mit genügend Geschützen bestücktes Vollschiff anvertrauen, dann werde er schon aufräumen mit der gottverfluchten Piratenbrut. Daß er in Neuengland selber recht ordentlich am Handel mit Seeräubern verdiente, stand auf einem anderen Blatt: Hier ging es um eine Privatfehde, eine persönliche Rache. In ehrenwerter Gesellschaft wünschte er überhaupt jeden Piraten am Galgen zu sehen.

Robert Livingston war ein kühl rechnender Geschäftsmann und keineswegs unbestechlich – Fletchers Nachfolger, Lord Bellomont, ging so weit, ihn einen ›impertinenten Gauner‹ zu nennen. Kidds Tiraden brachten ihn auf die Idee, daß man mit seiner ›Strafexpedition‹ gegen Freibeuter, womöglich noch im Auftrag des Königs, ein Vermögen verdienen könne, jedenfalls mehr, als bei einer Kaperfahrt heraussprang. Hatte Tew nicht von einer einzigen Tour eine Ladung im Wert von 100 000 Pfund nach Rhode Island überführt? Aus den Schiffsbäuchen und Piratenseglern ließ sich im Zweifel mehr herausholen als aus französischen Prisen – und man tat darüber hinaus dem Vaterland noch einen Gefallen. Ein geradezu geniales Konzept! Bei der Sache gab es nur einen einzigen Haken: man mußte im Vorfeld sehr geschickt taktieren. Die Krone würde natürlich Besitzansprüche auf die Schätze geltend machen, die auf diese Weise ›sichergestellt‹ wurden. Schließlich handelte es sich ja auch um Zurückgewinnung britischen Eigentums; die Piraten im Roten Meer konzentrierten sich fast ausschließlich auf ›East India Men‹, Schiffe der ›East India Company‹ (Livingston wußte als ihr Bevollmächtigter in New York ein Lied davon zu singen, und deren Handelspartner, also vor allem des indischen Großmoguls. Aber bei seinem diplomatischen Talent und seinen weitreichenden Verbindungen, auch zu Parlamentariern in London, würde man sicher zu einem einträglichen Modus gelangen. Warum sollten sich die Gewinnanteile, vorausgesetzt, die Unternehmung wurde von mehreren Finanziers getragen, nicht ähnlich errechnen lassen wie beim herkömmlichen ›privateering‹? Vorläufig galt es, sich einen Mann wie Kidd warmzuhalten, um ihn bei Gelegenheit auszunützen. »Bide a wee«, pflegte er wohl zu seinem schottischen Landsmann zu sagen, »nur ein wenig Geduld; unsere Zeit kommt schon noch«.

VIERTES KAPITEL

Über den Erzpiraten Hennery Every, scheußliche Ausschreitungen an Bord der GUNG-I-SUWAIE und die zwei Gesichter des Nicholas Trott

Um die folgenden Ereignisse besser zu verstehen, muß man sich ein wenig mit Kapitän Henry Every (oder Avery) alias ›Long Ben‹ beschäftigen, dem neben Henry Morgan vielleicht erfolgreichsten Freibeuter aller Zeiten. Daniel Defoe hat ihm ein ganzes Buch gewidmet und ließ sich auch durch ihn zu seinem Roman ›Kapitän Singletons Abenteuer‹ anregen. Von Every war früher schon einmal die Rede; Benjamin Fletcher wandte sich an den Gouverneur der Bahamas, Nicholas Trott, um an den konfiszierten Beuteanteil eines Matrosen aus Every's Crew heranzukommen, was ihm auch gelang.

›Hennery Every‹ (so unterschrieb er auf Briefen und Dokumenten) alias John Avery alias Benjamin Bridgham alias ›Long Ben‹ wurde im Jahre 1653 in Cat Down bei Plymouth geboren. Sein Vater, ein ehemaliger Marineoffizier, hatte etwas Landbesitz und war Wirt und Eigentümer einer Kneipe in Plymouth. Es heißt, daß er seinem Sohn eine gute Erziehung angedeihen lassen wollte, »doch anstatt sich mit seinen Büchern zu beschäftigen, wurde ein wilder Bursche aus ihm, der nach allen Himmelsrichtungen fluchen konnte« (Defoe, zit. in David Mitchell, ›Piraten‹). Als der Vater starb, nahm ein Onkel den zehnjährigen Henry in seine Obhut, allerdings kein ›lieber Onkel‹, denn er betrog den Jungen um sein Erbe, bemächtigte sich seiner Besitzungen und gab ihn bei einem »brutalen und sadistischen« Kapitän in die Lehre.

Everys Werdegang verlief in vieler Hinsicht ähnlich wie der von William Kidd; er diente sich vom Schiffsjungen zum Leichtmatrosen und Kanonier hoch, segelte mit der Royal Navy auf den Kriegsschiffen RESOLUTION und EDGAR und war Seemann in der Flotte, die 1671 unter dem Oberbefehl von Edward Spragge den algerischen Piratenhafen Bougie unter Beschuß nahm und dem Erdboden gleichmachte. Von Sir Spragge erhielt er, ebenso wie Kidd, eine Tapferkeitsauszeichnung. Darauf heuerte er auf einem Kauffahrer an, der nach den Westindischen Inseln auslief, desertierte jedoch nach kurzer Zeit, um sich französischen Buckanieren anzuschließen, die mit einer Schaluppe Handel und Freibeuterei in der Gegend um Tortuga und Hispaniola (Haiti) betrieben. 1673 kehrte er nach England zurück, wurde dort in den Dienst der Navy ›gepreßt‹ (Kidd hatte im selben Jahr das gleiche Schicksal) und nahm am englisch-niederländischen Krieg teil.

Nach seiner Entlassung verliebte er sich in London in ein Mädchen, anscheinend eine Prostituierte, heiratete sie und reiste mit ihr abermals zu den Westindischen Inseln, wo er sich als Handelsmann eine Existenz aufzubauen hoffte. Da er ein gründlich ausgebildeter Seemann und Navigator war, erhielt er das Kommando über ein Schiff, das einer Holzhändlerfirma gehörte, die Wälder in der Bucht von Campeche in Mexiko rodete und die Baumstämme zum Schiffsbau nach Hispaniola und Puerto Rico überführte. In seiner Abwesenheit scheint seine Frau zunächst ihrer früheren Tätigkeit nachgegangen zu sein und es mit jedem Matrosen getrieben zu haben, der ihre Preisforderungen erfüllt; schließlich verkaufte sie ihr gemeinsames Haus und ging mit einer vorteilhafteren Partie auf und davon. Every behauptete später, sie hätte ihn so gemein ausgebootet, daß er gezwungen gewesen sei, für eine Weile im westafrikanischen Sklavenhandel tätig zu werden, um die Scharte wieder auszuwetzen.

Nach dem Bericht von Daniel Defoe soll er sich im Jahre 1691 einem Piratenkapitän namens Nicholls, der unter dem Spitznamen ›Blutige Hand‹ verrufen war, angeschlossen haben. ›Bloody Hand‹ machte mit den Gefangenen, die ihm bei seinen Raubzügen in die Hände fielen, grundsätzlich kurzen Prozeß, »es sei denn, daß sich Every für den einen oder anderen einsetzte«. Die Seeräuber operierten von ihrem Stützpunkt auf den Bahamas aus, wo sie der damalige Gouverneur, Trotts Vorgänger Sir William Jones, gegen eine angemessene Beteiligung gewähren ließ. Als ›Bloody Hand‹ bei einer ihrer Exkursionen tödlich verwundet wurde, übernahm Every das Kommando. Außer, daß sie immer noch gelegentlich Freibeutertouren unternahmen, ließen er und seine Leute sich von nun an hauptsächlich für die durch und durch korrupte Politik des Gouverneurs einspannen, der sie benützte, um von den einheimischen Kolonisten immer höhere Steuern einzutreiben. Everys Aufgabe bestand nun darin, an säumigen Zahlern oder Zahlungsunwilligen abschreckende Beispiele zu statuieren. Dabei wirkte er auf den ersten Blick, als könne er keiner Fliege etwas zuleide tun. Wie er zu seinem Spitznamen ›Long Ben‹ gekommen war, ist rätselhaft, wird er doch von Zeitgenossen als »mittelgroß, untersetzt und dicklich« beschrieben; auch hätte er »ein lustiges Gesicht« gehabt.

Obwohl seine Foltermethoden durchaus wirksam waren, schien ihm diese Beschäftigung auf Dauer nicht einträglich genug. Vielleicht sehnte er sich wieder nach einer ›echten

Aufgabe auf See‹; jedenfalls gab er nach einem Jahr den Posten auf und fuhr nach England zurück.

Seit einiger Zeit bemühten sich Schiffe der spanischen ›Guarda del Costa‹ vergeblich, den Schmuggelhandel an der Küste von Peru zu unterbinden, der dort wie in Neuengland ›epidemisch‹ war und sich schädigend auf die ohnehin strapazierte Wirtschaftslage des Landes auswirkte. Die Regierung beschloß daher, aus Mangel an geeigneten Kriegsschiffen zwei oder drei Segler im Ausland zu chartern und sie in diese Region zu entsenden. Sie wurde mit dem Londoner Ratsherren Sir James Houblin handelseinig, einem der Direktoren der Bank von England, der zwei Dreimaster bereitstellte, jeder mit dreißig Kanonen bestückt und hundertzwanzig Seeleuten bemannt, die JAMES und CHARLES II. Every nahm als Obersteuermann auf letzterem Schiff, das einem Kapitän Gibson unterstand, an der Reise teil.

Gemeinsam segelten sie zunächst nach La Coruna, einer Hafenstadt im Nordwesten Spaniens, wo sie auf weitere Befehle warten sollten. Anscheinend mußten sie sehr lange warten; ein gewisser John Dann, Matrose auf der CHARLES, sagte später aus, die Mannschaften hätten zu meutern angefangen, weil sie bereits seit acht Monaten keine Heuer mehr erhalten hatten. Dies wirft allerdings eher ein bezeichnendes Licht auf die dubiosen Geschäftsgepflogenheiten von Sir James Houblin. »Ein paar der Männer zogen Kapitän Every, den 1. Steuermann ins Vertrauen; jener stimmte ihrem Vorschlag, das Schiff in Besitz zu nehmen, zu, und die Sache wurde mit einem feierlichen Schwur besiegelt.« In der vereinbarten Nacht gelang es den Meuterern, Kapitän Gibson zu einem Besäufnis zu überreden und ihn völlig betrunken zu machen. Während er in seiner Kajüte seinen Rausch ausschlief, lichteten sie am 7. Mai 1694 den Anker und stachen in See. Zuvor stießen noch etwa zwanzig Matrosen der JAMES hinzu.

Als Gibson am anderen Morgen unsicheren Schrittes an Deck kam, fand er sich zu seiner Bestürzung mitten auf dem Meere wieder. Die Transaktion war schnell und heimlich verlaufen, so daß auch ein Teil der nicht in das

Kapitän Henry Every

Komplott eingeweihten Besatzung unfreiwillig an der Fahrt teilnehmen mußte. Es wurde ihnen jedoch freigestellt, in den Beibooten an Land zurückzukehren. Gibson und vierzehn oder fünfzehn seiner Männer nahmen dieses Angebot wahr. Einzig den Schiffsarzt hielt man an Bord fest, da man seine Dienste noch benötigte. Wegen seiner vorzüglichen Qualitäten als Steuermann und Navigator kam nur Every für das Amt des Kapitäns in Frage. Dies war der eigentliche Auftakt seiner Piratenkarriere. Die CHARLES II. wurde auf den Namen FANCY umgetauft und erhielt eine neue Flagge: über gekreuzten Knochen einen Totenschädel im Profil, der groteskerweise eine Art Kopftuch oder Stirnband trug. Sie nahmen Kurs auf die Kap-Verde-Inseln an der Westspitze Afrikas. In der Nähe der Insel Maio trafen sie auf drei englische Kauffahrer, denen es nicht viel nützte, daß sie im Konvoi segelten, und erleichterten sie um ›einen Teil ihres Proviants, einen Anker und Seile‹, ferner um neun Seeleute, die sich ihnen aus freien Stücken anschlossen. Danach segelten sie an der Elfenbeinküste entlang und begegneten vor der ›Ilha do Principe‹ (Spanisch-Guinea) zwei dänischen Schiffen mit reicher Ladung. Diese versuchten zu entkommen, wurden aber bald gestellt und geentert. Die Beute gab reichlich Anlaß zum Jubel: neben »Feuerwaffen und mehreren Kisten mit Leinen und Perpetuana« (einem sehr widerstandsfähigen Wollstoff, der für wetterfeste Seemannskleidung verwandt wurde) fanden sich in den Laderäumen Säcke mit Goldstaub im Wert von 4000 Pfund sowie eine Anzahl Fässer mit Brandy. Außerdem liefen vierzehn dänische Matrosen zu den Piraten über. Ein Teil der Crew übernahm das ›bessere Schiff‹, das andere wurde verbrannt und der Rest der Besatzungen an

Land gesetzt oder auch als Sklaven verkauft. Nach diesem vielversprechenden Anfang gewannen sie auf ihrer Weiterreise noch einige kleinere Prisen, die im einzelnen aufzuzählen zu mühselig wäre, darunter eine portugiesische Schaluppe, die mit Negersklaven aus Angola unterwegs war; sie entnahmen ihr jedoch nur einige Ballen Seide und halfen der Besatzung sogar mit Vorräten aus, derer sie gerade bedurfte.

Als sie das Kap der Guten Hoffnung umsegelt hatten, war ihre nächste Station Madagaskar, wo sie Schäden an der FANCY ausbesserten, ihre Beute umsetzten und Proviant aufnahmen. Dort versenkten sie auch das dänische Schiff, weil dessen Mannschaft »mit dem von Every eingesetzten Kapitän unzufrieden war«. Dann segelten sie weiter zu der nahe gelegenen ›Johanna-Insel‹, einer der Komoren nordwestlich von Madagaskar. Hier wurde die Crew abermals um dreizehn Matrosen bereichert, französische ›corsaires‹, die vor kurzem Schiffbruch erlitten hatten und auf dem Eiland gestrandet waren.

Am 18. Februar 1695 schrieb Every auf Johanna, betrunken oder in einem Anflug von Größenwahn, einen bemerkenswerten Brief oder vielmehr ein konfuses Manifest, das er dem König der dort ansässigen Eingeborenen aushändigte mit dem Befehl, das Schriftstück dem Kapitän des nächsten größeren englischen Schiffes zu übergeben, das an der Insel haltmache. Der Inhalt lautet wie folgt:

»An alle englischen Befehlshaber! Hiermit gebe ich kund und zu wissen für jedermann, daß ich gerade mit eurem Schiff FANCY hier vorbeigekommen bin, einem Kriegsschiff, das ihr einmal CHARLES genannt habt. Es gehört zu eurer spanischen Expedition und hat sich am

7. Mai 1694 von Coruna aus selbständig gemacht, damals und nach wie vor ein Dreimaster mit 46 Geschützen und 150 Mann. Wir sind als Ritter des Glücks unterwegs. Bis jetzt habe ich noch keinem Engländer oder Holländer ein Haar gekrümmt, und das wird wohl auch so bleiben, solange ich Kapitän bin. Darum merkt euch eines, Jungs: wenn derjenige, der diese Botschaft erhält oder irgendein anderer, der sie liest oder dem sie ausgerichtet wird, auf See wissen will, wer wir sind, dann laßt euren Flaggengast in einen Korb steigen und zieht ihn am Besanmast hoch, nachdem ihr das Segel gerefft habt. Ich werde mit dem gleichen Zeichen antworten und euch nicht in die Quere kommen. Aber meine Männer sind auf Beute aus, stark und entschlossen. Sollten die einmal nicht so recht wollen wie ich, kann ich für nichts garantieren.

Immer noch
Ein Freund der Engländer
Hennery Every.

PS: Noch ein guter Rat: In Mohilla auf den Komoren liegen 160 wüste französische Burschen auf der Lauer, die auf eine Gelegenheit warten, sich ein Schiff zu greifen. Also seid auf der Hut, wenn ihr da vorbeisegelt.«

Die Behauptung, er habe bisher »noch keinem Engländer ... ein Haar gekrümmt«, war nicht ganz korrekt. Wie erwähnt, hatte er gleich zu Beginn seiner Piratentour auf der FANCY drei englische Kauffahrer aufgebracht und ausgeplündert. Aber auch sonst ist Everys Brief ein Musterbeispiel an verquerer Logik – es wäre nicht weniger absurd, würde ein Mörder an den Polizeipräsidenten schreiben, er sei entschlossen, Leute umzubringen, jedoch nach Laune dazu bereit, dessen Verwandten zu verschonen. Was wollte Every damit bezwecken? Sich als ›loyaler Seeräuber‹ ausweisen? Die britische Admiralität verspotten? Und was um alles in der Welt sollte diese eigenartige Vereinbarung mit dem ›Flaggengast im Korb‹ bedeuten? Jeder englische Seefahrer konnte auch so auf Anhieb erkennen, um was für ein Schiff es sich bei der FANCY handelte: man brauchte bloß einen Blick auf die originelle Totenkopfflagge zu werfen.

Nein, Every hatte bestimmt etwas zu ausgiebig gebechert, als er diesen Bombast zu Papier brachte. Seine obskure Botschaft trat eine lange Reise an: zuerst erhielt sie der Kapitän der BENJAMIN, eines Linienschiffes der Ostindischen Handelsgesellschaft; dieser gab sie an seinen Vorgesetzten weiter, Sir John Gayer in Bombay; schließlich gelangte sie ein Jahr später, im Juni 1696, in die Hände von Robert Blackborne, dem Londoner Sekretär der ›East India Company‹, der wohl nicht minder bestürzt und irritiert über ihren Inhalt war. Allerdings fand sich darin nur bestätigt, was er schon seit Monaten wußte – nämlich daß da ein besonders gemeingefährliches (und wie das Schreiben zeigte, auch noch impertinentes) Subjekt mit einem gestohlenen Dreimaster die Weltmeere unsicher machte, »redliche Kaufleute ausraubte« (Wilkinson) und inzwischen auch der Wirtschaftspolitik mit dem indischen Großmogul irreparablen Schaden zugefügt hatte. Denn vor Everys Brief waren bereits gewisse Schreckensmeldungen eingetroffen, Berichte aus Surat, die andere zeitgenössische Piraten im Vergleich beinahe wie Waisenknaben erscheinen ließen. Folgendes war geschehen:

Von Johanna aus hatte Every nördlichen Kurs genommen und zuletzt den afrikanischen Kontinent fast ganz umsegelt. Im Golf von Aden, dem Eingang zum Roten Meer, machte er auf der Insel Perim (damals ›Liparan‹ genannt) halt, im ›Tor der Trauer‹, der Meerenge von Bab-el-Mandeb. Dies war schon seit Jahrhunderten ein für Seeräuber strategisch äußerst günstiger Punkt, ließ sich doch von dort aus die gesamte Handelsschiffahrt zwischen Indien und den durch das Rote Meer getrennten Ländern Arabien und Sudan kontrollieren. Die meistbefahrene Route war die zwischen der nordindischen Stadt Surat – neben Bombay der Hauptstützpunkt der ›East India Company‹ – und den Häfen Jeddah und Mocha, wo die ›Maurenschiffe‹ ihre Waren löschten, um reich beladen mit Gold- und Silbermünzen wieder umzukehren. Piraten saßen also auf Perim an der Quelle: wie den Schlaraffen flogen ihnen die gebratenen Tauben direkt in den Mund. Die Situation läßt sich am besten durch einen Blick auf die Karte veranschaulichen.

Es dürfte Every daher kaum überrascht haben, daß er dort einigen Konkurrenten begegnete: da war der gute alte Thomas Tew mit seinem Schiff AMITY, diesmal im Auftrag Fletchers unterwegs; der berüchtigte Thomas Wake, den ein Bostoner Handelskonsortium auf Freibeutertour geschickt hatte, sowie ein gewisser William Mues aus Rhode Island, Kapitän der Brigantine PEARL. Everys Dreimaster FANCY war mit 150 Mann Besatzung und knapp 50 Kanonen jedoch fraglos das stattlichste Schiff von allen; die anderen konnten jeweils nur mit sechs Geschützen aufwarten. Und die britische Regierung hatte bereits Kopfprämien auf diese illustren Kollegen ausgesetzt, während Everys Name bisher noch in keiner Fahndungsliste aufgetaucht war.

Jedenfalls befand er sich, einfach an Stärke, ihnen gegenüber im Vorteil und wußte seine Karten so geschickt

Flagge von Henry Every … und von Kapitän Tew

auszuspielen, daß sie ihm nach eingehender Beratung das Oberkommando übertrugen und ihn zum ›Admiral‹ des Geschwaders ernannten – es erschien sinnvoller, miteinander anstatt gegeneinander zu arbeiten. Da Piraten und ›privateers‹ in der Regel und wenn es darauf ankam paritätisch, als ohne Ansehen der Person, abstimmten, muß der ›untersetzte Mann mit dem lustigen Gesicht‹ dennoch etwas wie Charisma besessen haben. Er gebot nun über eine kleine, recht gefährliche Flotte und eine Streitmacht von fast fünfhundert Mann, Einheimische und Fischer der umliegenden Küsten nicht mit eingerechnet, die sich durch Handel mit den Seeräubern und Kurier- und Spitzeldiensten ein Zubrot verdienten. Sogleich wurde eine Angriffsstrategie gegen die indischen Kauffahrer entwickelt, die letztens in Schwärmen die Meeresenge passiert hatten und die man stündlich von den Märkten in Jeddah und Mocha zurückerwartete.

Aber wie es bei Verbrüderungen zwischen ›steddy freinds‹ ebenso zugeht: es kam eine Unmenge Rum und Brandy ins Spiel, und eine große Anzahl von Kauffahrern die letzte fette Beute, mit der man in diesem Jahr noch rechnen konnte, zog im Schutz der Dunkelheit ungehindert vorbei, weil die von den Piraten eingesetzten Wachen nach einem wüsten Zechgelage ebenso fest schliefen wie ihre Kameraden. Aus Freibeutersicht eine Katastrophe: es war Anfang September 1695, die Regenzeit stand bevor, und der Handelsverkehr würde erst im Januar wieder aufblühen.

Als Every am anderen Morgen erwachte, zum Aussichtspunkt vorging und die Wachposten mit Fußtritten aufwecken mußte, ahnte er wohl schon die Bescherung. Wenig später teilte ihm die Besatzung eines Fischerbootes mit, daß die ›Mokkaflotte‹ in der Tat wie durch ein Wunder unbeschadet im Konvoi an Perim vorbeigesegelt war. Er hielt sich nicht lange mit Fluchen auf, sondern trommelte die Mannschaften zusammen und ließ seine FANCY und Tews AMITY seeklar machen, um die Verfolgung aufzunehmen. Der Wind stand günstig, und sehr weit konnten die ›Mauren‹ noch nicht gekommen sein. Es dauerte auch gar nicht lange, als sie in der Nähe der Insel Sokotra an der Ostspitze von Somalia, dort, wo der Golf von Aden in den Indischen Ozean übergeht, einen Nachzügler erspähten, der so weit zurückgeblieben schien, weil er überladen war. Es handelte sich um die FATEH MOHAMMET, ein Handelsschiff aus dem Besitz von Abdul Guffour, dem mächtigsten und einflußreichsten Kaufherren in Surat. Thomas Tew ließ siegessicher und in der Gewißheit, daß sie kein einziges schweres Geschütz mitführte, die AMITY direkt auf sie zusteuern; der vorsichtigere Every blieb auf Distanz. Das bekam ihm auch besser, denn als die AMITY zu entern versuchte, feuerte die Besatzung der FATEH MOHAMMET eine Musketensalve auf sie ab, von der Tew, der Kapitän, einen Bauchschuß erhielt. Hans Leip beschreibt die Szene in seinem ›Bordbuch des Satans‹ so ausschmückend, als sei er selbst dabeigewesen: »Die Kugel riß ihm die Bauchdecke auf. Einige Minuten hielt er sich, wacker die Enterung befehlend, indes er das hervorquellende Eingeweide mit einer Hand zurückpreßte. Dann sank er um. Seine Leute verloren den Mut und brachten die AMITY außer Schußweite.«

So oder ähnlich könnte es sich zugetragen haben; fest steht, daß Tew bei dieser Gelegenheit schwer verwundet oder getötet wurde und die FATEH MOHAMMET danach keine nennenswerte Gegenwehr mehr leistete und Every in die Hände fiel. Seine Leute richteten an Bord ein entsetzliches Blutbad an: kein einziger der Besatzung überlebte das Gemetzel. Abdul Guffour, der Eigentümer des Schiffes, war wie erwähnt der reichste Handelsmann in Surat, und der Beutewert der Ladung erwies sich als überaus zufriedenstellend. Aber Every ermunterte sein Erfolg nur dazu, die Jagd fortzusetzen. Er ließ die mit Gold und Silber gefüllten Truhen, die Edelsteine und kostbaren Seidenstoffe auf die FANCY schaffen, die ohnehin von zwei Breitseiten angeschlagene und stark leckende FATEH MOHAMMET vollends versenken und nahm weiter Kurs gen Osten.

Über das Schicksal von Thomas Tew gibt es widersprüchliche Berichte und Legenden. Am wahrscheinlichsten ist, daß er an seiner Verletzung starb. Adam Baldridge, ein berüchtigter Hehler, der auf der Insel St. Mary mit Piraten aller Nationen Handel trieb, sich jedoch den Engländern gegenüber stets als ›loyaler Diener der Krone‹ auswies und später ein angesehener New Yorker Bürger wurde, führte Buch über seine Geschäfte und die größeren, in St. Mary's einlaufenden Schiffe:

»11. Dezember 1695. Eingetroffen die Schaluppe AMITY, 70 Tonnen schwer, 8 Geschütze, etwa 60 Mann Besatzung, unter dem Kommando des 1. Maats John Yarland, da der frühere Kapitän Thomas Tew durch einen Schuß von einem Maurenschiff getötet wurde.«

Allerdings kam bald das Gerücht auf, Tew habe sich absichtlich für tot erklären lassen und sei später ›Admiral der Flotte von Libertatia‹ geworden, einer Piratenkolonie auf Madagaskar, die der berühmte französische Freibeuter Mission gegründet hatte. Er blieb jedenfalls verschollen, und sein Finanzier, Gouverneur Fletcher in New York, hörte zu seinem Mißvergnügen nie wieder etwas von diesem ›steddy freind‹. Baldridges Aussage zufolge soll »Tews Crew« zuletzt von einem »maurischen« Küstenwachschiff in eine Falle gelockt und bis auf den letzten Mann niedergemacht worden sein.

Aber zurück zu Every, dem »mildest manner'd man/ That ever scuttled ship or cut a throat« (Byron), und auch zu William Kidd, auf den das, was sich nun ereignete, nicht ohne Wirkung blieb.

›Long Ben‹ hatte an diesem Tag wirklich unerhörtes Glück. Nordöstlich von Sokotra, zwischen dem Indischen Ozean und dem Arabischen Meer, stieß er auf einen weiteren Nachzügler der heimwärts segelnden ›Mokkaflotte‹ – ein Schiff freilich, das einem Märchen aus Tausendundeiner Nacht entstammen mochte. Das in der Sonne gleißende spitze Heck schien aus purem Gold zu bestehen; rings um das Bugspriet zierten vielfarbige verschlungene Arabesken den Vorderrumpf; an Deck blitzten versilberte, ziselierte Geschütze. Es war die GUNG-I-SUWAIE, ein dreimastiger Monsunsegler, dreimal so groß und so schwer wie die FANCY: der größte indische Kauffahrer, das Lieblingsspielzeug des Großmoguls, aus dessen Besitz es stammte und der auch selbst gelegentlich darauf Ausflüge entlang der Küste unternahm, umgeben von seinen Favoritinnen, zu Sitarklängen.

Ausgerüstet war es mit 62 Kanonen – für damalige Verhältnisse eine stattliche Bestückung; an Bord befanden sich, neben anderen Soldaten, eine Schutztruppe von 400 ›Musketieren‹, gewappnet mit vergoldeten Rundschilden, welche in der Mitte in bajonettscharfe Dornen ausgingen, und bewaffnet mit Skimitaren, Krummsäbeln in furchteinflößenden, sichelartigen und gezackten Formen. Man ging davon aus, daß solch martialisches Gepränge jeden Angreifer abschrecken würde, und hatte daher auch auf eine Begleiteskorte verzichtet. Aber ›Hennery Every‹ konnte so leicht nichts abschrecken.

Außer der Besatzung und der kleinen Armee faßte die GUNG-I-SUWAIE (in englischen Chroniken über diesen denkwürdigen Tag wird sie GUNSWAY genannt) etwa 600 Passagiere, darunter Angehörige des Herrscherhauses, hochgestellte Persönlichkeiten des Hofes und einige tiefverschleierte edle Damen, die von einer Pilgerfahrt nach Mekka zurückkehrten. Zu letzteren gehörte auch die »schöne Tochter des Großmoguls« –

»Ihre Augen siehst du funkeln,
Wie in dunkeln,
Blauen Nächten Sterne glüh'n«
(Victor Hugo, ›Les Orientales‹)

Die Laderäume glichen, ohne Übertreibung, der Höhle Ali Babas. Außer Stoffen, Elfenbein, Parfüms, Weihrauch, Ölen und Edelsteinen lagerten dort ›52 lakhs‹ Gold- und Silberrupien in einem Schätzwert von 534 000 Pfund. Zweifellos handelte es sich um die ›fetteste Prise‹, die je einem Piraten auf den Weltmeeren begegnet war.

Die wendigere FANCY holte schnell auf. Every hatte sich nun einmal dazu entschlossen, das riesige Maurenschiff zu nehmen, koste es, was es wolle, und er machte dabei, vom Wind begünstigt, anfangs den gleichen Fehler wie Thomas Tew auf der mittlerweile abgetriebenen AMITY: er kam gefährlich dicht heran. Ein Besatzungsmitglied der FANCY, Philip Middleton, konnte sich später vor Gericht lebhaft an die Ereignisse erinnern: die beiden ungleichen Segler hatten sich einander auf vielleicht zwei- oder dreihundert Meter genähert, als die GUNG-I-SUWAIE eine Breitseite abfeuerte und einige verheerende Treffer landete. Zu Everys Glück traf keine der Kugeln unter die Wasserlinie, aber dafür richteten sie an Deck schlimme Verwüstungen an – eine Folge der äußerst unvorsichtigen Taktik des Kapitäns, sein Schiff direkt in die Schußlinie steuern zu lassen und der Ungeschicklichkeit des Rudergängers, die Wendungen des verfolgten Seglers der Windrichtung entsprechend zu parieren. Die Tollkühnheit, sich in gleicher Fahrtrichtung an die Leeseite eines sichtbar gut mit Kanonen bestückten, noch dazu weit größeren Dreimasters heranzupirschen, kostete zwanzig Matrosen der FANCY das Leben. Einschläge in das Schanzkleid dürften wegen der vernichtenden Splitterwirkung die meisten Opfer gefordert haben; zudem handelte es sich wohl nicht um Eisen-, sondern um Steinkugeln, die beim Aufprall zersprangen. Ein paar Seeleute wurden von herabstürzenden Rahen, Segeln und Takelage erschlagen, Gruppen von zwei bis drei Mann von einem der Geschosse über Bord gefegt, einzelne geköpft oder halbiert – minutenlang herrschte das Chaos.

Nach dieser ersten Salve mußte man auf der anderen Seite dagegen bestürzt feststellen, daß die indischen, versilberten, schlanken und mit Ornamenten verzierten Geschütze zwar hübsch anzusehen waren, jedoch im Ernstfall nicht viel taugten. Einige hatte der Rückstoß aus ihrer Verankerung gerissen, ein Großteil war durch die einmalige Benützung so heiß geworden, daß man sie vorläufig nicht erneut laden konnte. Ein zeitgenössischer Geschichtsschreiber des Großmoguls, Khufi Khan, berichtet, eine Kanone sei beim Abzünden explodiert und habe vier Männer getötet.

Every gewann rasch seine Fassung zurück. Die FANCY war noch immer voll manövrierfähig, also gab er geistesgegenwärtig den Befehl, den Kurs zu halten, und ließ im richtigen Moment seinerseits eine Breitseite auf den Gegner abfeuern. Sie traf den Hauptmast der GUNG-I-SUWAIE, worauf unter den 600 Passagieren eine Panik ausbrach. Es kam zu einem solchen Tumult an Deck des Maurenschiffes, daß die Kanoniere gar keine Gelegenheit zum Nachladen mehr hatten, selbst wenn die verbogenen und glühenden Geschütze betriebsbereit gewesen wären.

Diese Situation machte sich Every zunütze; in kurzer Zeit ging die FANCY längsseits, Enterhaken und -leinen wurden ausgeworfen und fanden ihr Ziel. Die große buntschillernde Libelle war der Spinne ins Netz gegangen: nichts, so sagte einmal ein englischer Pirat bei seinem Prozeß aus, sei dem herrlichen Geräusch vergleichbar, wenn zwei Schiffsrümpfe dumpftönend und knirschend gegeneinanderstoßen.

Da das Piratenschiff niedriger war als sein Opfer und die meisten Seeräuber – schwangen sie sich nicht gerade an Segeltauen an Bord – recht umständlich auf Deck klettern

Die indischen Geschütze taugten im Ernstfall nicht viel

mußten, hätte eine gezielte Abwehrstrategie seitens der Inder sicher zum Erfolg geführt. Das Kräfteverhältnis von über 400 Krummsäbeln gegen etwa 120 Entermesser würde leicht ausgereicht haben, die Angreifer zurückzuschlagen. Aber die Schutztruppe war im allgemeinen Gedränge und Geschrei der unter Deck Zuflucht suchenden Passagiere längst in Auflösung begriffen. Der indische Kapitän – sein Name war Ibrahim – erwies sich als erbärmlicher

Feigling. Als er mitansehen mußte, wie die ersten ›Christenhunde‹ auf seinem Schiff landeten und Flüchtenden geübt die Kehlen durchschnitten, eilte er durch eine der Luken die Stiegen hinunter zum Aufenthaltsraum seiner türkischen Konkubinen und Sklavinnen, die er günstig auf dem Markt von Jeddah erstanden hatte – letztere waren für den Weiterverkauf in Kaschmir bestimmt. Er ließ sie Turbane aufsetzen und Hosen anziehen, auf daß sie wie Krieger aussähen, und sandte sie, nur mit Dolchen bewaffnet, hinauf, damit sie seinen eigenen Rückzug deckten; ein absurdes Unterfangen, denn die Soldaten folgten einer nach dem anderen seinem Beispiel und verkrochen sich im Schiffsbauch.

An jenem Septembertag des Jahres 1695 stießen zwei Kulturen in der unerfreulichsten Weise aufeinander. Everys Triumph war vollkommen: er übernahm die GUNG-I-SUWAIE, ohne beim Entern einen einzigen Mann zu verlieren. Aber entweder gerieten seine Leute danach außer Kontrolle oder er beteiligte sich selbst an den Schandtaten, die sie nur verübten.

Zunächst wurde jeder Winkel des Schiffes durchstöbert, vom Heck bis zum Bug. Das allein nahm mehrere Tage in Anspruch. Es herrschte ein ruhiger Seegang, und man ließ die beiden Segler steuerlos treiben. Um den Sieg tüchtig zu begießen, schaffte man Brandy- und Rumfässer von der FANCY an Bord, und der Alkohol setzte die niedersten Instinkte frei. In der ersten Nacht fand ein ausschweifendes Gelage statt. Die von Fiedeln begleiteten grölenden Seemannslieder dürften indischen Ohren wie barbarisches Indianergeheul erschienen sein. Immer wieder tauchten Matrosen aus den Tiefen des riesigen Dreimasters auf, Schatullen mit Edelsteinen unter dem Arm, Ballen feinster

Seide auf den Planken ausbreitend, Gold- und Silberstücke in die Luft werfend oder Elefantenstoßzähne in den Händen. Der Schein der Pechfackeln gab ihnen wohl in der Tat ein dämonisches Gepränge.

Ein Teil der Passagiere und ihrer untauglichen Beschützer hatte sich unter Deck in den Kajüten verbarrikadiert. Man muß bedenken, daß sich an die tausend Menschen auf dem Großmogulenschiff befanden. Die Seeräuber zertrümmerten die Türen, drangen in die reich ausgestatteten, mit kostbaren Teppichen ausgelegten Gemächer ein, töteten oder mißhandelten die Männer und zogen die schreienden Frauen aus ihren Verstecken hervor. Es kam zu schrecklichen Ausschreitungen, Tragödien, Greueln und Widerwärtigkeiten, die jedes Vorstellungsvermögen übersteigen. Ehemänner, die ihren Gattinnen beistehen wollten, wurden gezwungen, Zeugen ihrer Vergewaltigung zu werden. Wer noch irgend Widerstand leistete, wurde niedergemetzelt oder aufs Deck gezerrt, wo ihn zum Gejohle der Eroberer Schlimmeres erwartete. In einem Schreiben eines Bevollmächtigten der ›East India Company‹ in Bombay vom 12. Oktober 1695 heißt es unter anderem: »Es steht außer Zweifel, daß die Piraten – welche, nach den übereinstimmenden Aussagen dieser Leute (d. h. der Überlebenden der GUNG-I-SUWAIE, Anm. d. Übers.), sämtlich Engländer waren – die Passagiere der GUNSWAY barbarisch behandelten, um herauszubekommen, wo sie ihr Geld versteckt hatten. Wie man uns unterrichtete, befand sich an Bord auch die mit dem Großmogul verwandte hochbetagte Frau des Großwesirs, die von einer Pilgerfahrt nach Mekka zurückkehrte. Die Piraten mißbrauchten diese Frau und vergewaltigten auch mehrere andere. Ein vornehmer Araber, seine Frau und seine Dienerin nahmen sich das Leben, damit der Mann nicht Zeuge der Vergewaltigung seiner Gattin würde. All dies wird vor Gericht eine dunkle Wolke entstehen lassen, und wir wünschen nicht, daß sich aus ihr ein Sturm entfesselt.«

Solche Befürchtungen waren nur allzu berechtigt; die geschilderten Vorgänge führten zu ebenso schrecklichen Vergeltungsmaßnahmen der Inder, vor allem in Surat. Über die näheren Einzelheiten wird im folgenden noch ausführlicher zu berichten sein. Daß in der Tat wohl allen Frauen an Bord des Mogulenschiffes Gewalt angetan wurde und viele lieber Selbstmord begingen, als diese Schmach zu erdulden, geht aus verschiedenen Zeugenaussagen hervor. Einige sprangen vor Angst ins Meer, andere nahmen Gift oder erstachen sich mit ihren Dolchen oder den Entermessern ihrer Peiniger. Ein paar sollen zu der List gegriffen haben, sich als Männer zu verkleiden, aber das half ihnen nicht lange. Jede kam, ob alt oder jung, irgendwann an die Reihe.

Every selbst, so heißt es, suchte sich die Schönste aus: die Tochter (oder Enkelin) des Großmoguls. Daß er sich später mit ihr in ein fernes Inselreich zurückgezogen und sie ihm einen Sohn geboren hätte, ist freilich Legende. Aber es mag ein Quentchen Wahrheit an der Geschichte sein, daß er in ihr königlich eingerichtetes Gemach eindrang, ihr den unschätzbaren Schmuck entriß, den sie in einer »Tasche aus Englischleder« um den Hals trug, und daß sie bei dieser Gelegenheit mit einem Kris auf ihn eingestochen habe, ohne ihn zu verletzen.

Philip Middleton, ein Matrose aus Everys Crew, der sich später Straffreiheit sicherte, indem er mehrere seiner Kameraden verriet und beim Prozeß gegen sie als Kronzeuge auftrat, erinnerte sich:

»Wir folterten eine Menge Juwelen aus ihnen heraus, darunter einen Sattel und Zaumzeug voll mit Rubinen besetzt, ein Geschenk des türkischen Sultans für den Großmogul. Und überall lagen unsere Leute mit den Weibern an Deck herum, von denen einige, ihrem Schmuck und ihrem Benehmen nach zu schließen, von höherem Rang waren als der Rest.«

Zur Besatzung gehörte ferner ein gewisser John Sparkes, der bei der Vernehmung vor seiner Hinrichtung auf dem Exekutionsdock in Wapping (bei London) im Oktober 1696 die Berichte über all die Greueltaten bestätigte, die auf der GUNG-I-SUWAIE begangen wurden.

Das Martyrium war für deren Passagiere noch längst nicht vorüber. Nach einer knappen Woche auf See und den beschriebenen »Vergewaltigungs- und Plünderungsorgien« (Mitchell) segelten die FANCY und das erbeutete Schiff zurück nach Sokotra, wo sie in einer Bucht anlegten und die allgemeine Bestandsaufnahme und Suche nach versteckten Schätzen fortgesetzt wurden. Die vornehmer wirkenden Männer und Frauen mußten ihre Kleider ausziehen, damit sie nicht etwa irgendein Schmuckstück behielten; und es folgten weiter Folterungen und Ausschweifungen. Long Ben's Methoden, Geständnisse zu erpressen, hatten sich ja schon während seiner Amtszeit als Steuereintreiber für den Gouverneur der Bahamas, Sir William Jones, bewährt. »Er war unübertrefflich in der Kunst, eine Lunte um die Stirn eines Gefangenen so zuzudrehen, daß die Augen aus dem Kopf sprangen, oder ihm das Gesicht mit nesselartigen Palmenblättern zu liebkosen« (Marcel Schwob, Zweiundzwanzig Lebensläufe). Als ›unfehlbare Taktik‹ gegenüber verstockten Opfern galt bei den englischen Piraten außerdem das Nasen- und Ohrenabschneiden neben anderen, noch unschöneren

Mitteln. Eine große Anzahl der Inder starb unter dieser unmenschlichen Behandlung.

Warum Every nach all dem einen Teil der Besatzung frei und auf der GUNG-I-SUWAIE heimsegeln ließ, kann nur vermutet werden. Anscheinend war in jenen Breiten das Lieblingschiff des Großmoguls, das anzugreifen fast einer Gotteslästerung gleichkam, eine doch etwas zu heiße Ware. Allerdings behielt man viele ›arbeitsfähige Männer‹ und auch die schönsten Mädchen an Bord der FANCY, um sie als Sklaven zu verkaufen.

Ebenso merkwürdig und zugleich verwegen mutet an, daß Every danach ausgerechnet als erstes Kurs auf die Hafenstadt Radjapuhr an der Westküste Indiens nahm. Diese war eine Metropole des Edelsteinhandels, und er rechnete wohl damit, daß man die gestohlenen Juwelen, Rubine und Schmuckstücke dort eher zu schätzen wüßte als anderswo und sich daher beim Umschlag ein besserer Preis erzielen ließe. Wenn heutzutage jemand eine Schweizer Bank ausrauben würde, um das Geld sogleich auf ein Schweizer Nummernkonto einzuzahlen, wäre die Situation freilich nicht weniger grotesk. Vielleicht gehörte Radjapuhr seinerzeit zu den ›offenen Häfen für Freibeuter‹, obwohl nichts darüber verzeichnet ist. Wie dem auch sei: Anfang Oktober 1695 ging die durch das erwähnte kurze Feuergefecht leicht beschädigte FANCY dort vor Anker; aber während der Ausbesserungsarbeiten am Schiff kam es zu einem erneuten Zwischenfall. Möglicherweise war – auf welchen Wegen immer – bereits die Nachricht bis hierher vorgedrungen, daß die FATEH MOHAMMET, das Kauffahrteischiff von Abdul Guffour, einem der reichsten und mächtigsten Männer Indiens, vermißt wurde und wahrscheinlich von englischen Seeräubern aufgebracht worden sei. Ein paar Matrosen sollen einen Streit mit den Einheimischen provoziert haben, oder auch umgekehrt, der sich jedenfalls so weit zuspitzte, daß es auf beiden Seiten einige Tote gab. Es gelang Every gerade noch um Haaresbreite, die FANCY sicher aus dem Hafen herauszubringen und wieder in See zu stechen, bevor die aufgebrachte Menge ihn und seine Leute steinigten oder massakrierten.

Nach diesem Fiasko erschien es nun auch ihm ratsam, zur Verteilung der Beute erst einmal einen sicheren Ort anzulaufen, möglichst weit vom Schuß, bis sich die Wogen einigermaßen geglättet hatten. Spätestens jetzt war ihm klargeworden, daß sich durch die Ausplünderung des Großmogulenschiffes und die brutale Behandlung seiner Passagiere in der Tat ›dunkle Wolken‹ zusammenbrauten, und er wollte den Sturm nicht abwarten, dessen erste Ausläufer ihn schon in Radjapuhr erreichten. Man einigte sich auf die französische Insel Réunion (Ile de Bourbon), eine der Maskarenen östlich von Madagaskar und ein beliebter Schlupfwinkel für Piraten aller Nationen.

Der Anteil eines jeden Matrosen betrug 970 Pfund in Gold- und Silbermünzen oder -barren – damals ein Vermögen – sowie Edelsteine im Wert von ca. 400 Pfund. Verkäufe aus der übrigen Ladung der GUNG-I-SUWAIE auf Réunion, Mauritius und Rodrigues erbrachten einen Durchschnittsgewinn von abermals 80 Pfund pro Kopf. Die jüngeren Seeleute im Alter zwischen sechzehn und achtzehn erhielten je 500 Pfund, Schiffsjungen unter sechzehn je 100 Pfund als Startkapital in ein ›ehrbares Leben‹. Der Kapitän beanspruchte den doppelten Anteil, insgesamt also etwa 3000 Pfund: das reichte aus, sich zur Ruhe zu setzen.

Die dänischen und französischen Besatzungsmitglieder und auch ein Teil der englischen Matrosen schieden daraufhin aus der Mannschaft aus, um von nun an als wohlhabende Männer selbständig ihr Glück zu versuchen. Die meisten schafften es auch, wieder in die Anonymität abzutauchen und sich eine gesicherte Existenz aufzubauen. Eine Menge angesehener Familien verdankt ihren heutigen Wohlstand diesem großen, nicht eben rühmlichen Coup.

Nachdem die FANCY instand gesetzt und mit Proviant versorgt war, nahmen Every und der Rest seiner Crew Kurs auf die Westindischen Inseln. Zuvor hatten sie noch neunzig Negersklaven gekauft und an Bord genommen, die sie auf den Bahamas wieder losschlagen wollten; eine Investition, die sich auszahlte.

In der Karibik machten sie zunächst auf der portugiesischen Insel St. Thomas halt, wo bei den Händlern und Kaufleuten eine große Nachfrage nach den gestohlenen Waren bestand, die sie mit sich führten. Sie verkauften sie allerdings auch zu Schleuderpreisen; »der Jesuit Père Labat notierte in seinem Tagebuch: ›Eine Rolle goldbestickter Musselin kostete nur zwanzig Sol. Die Preise für den Rest der Ladung waren entsprechend ... Viele Kaufleute in St. Thomas füllten ihre Magazine mit der indischen Ware und verkauften sie billiger als die Kaufleute auf Martinique ... Ich nahm alles Geld, das ich besaß, und borgte noch 200 *écus* dazu, um soviel wie nur möglich von dieser Ware zu erwerben.‹« (zit. in David Mitchell, ›Piraten‹)

Long Ben war so sehr mit sich und der Welt zufrieden, daß er wieder einmal übermütig wurde und sich einen ›kleinen Scherz‹ erlaubte.

Natürlich war die FANCY unter britischer Flagge in den Hafen eingelaufen, und er selbst gab sich als hochachtbarer Handelsmann, der eben aus Bombay zurückkehrte. Sein Schiff bildete ein paar Tage das Zentrum von St. Thomas, und da er beim Verkauf der Ladung erhebliche Umsätze erzielte, galt er bei den portugiesischen Geschäftsleuten als durchaus vertrauenswürdig und liquide. So wurde er auch, als er vor seiner Weiterreise Wasservorräte und Proviant bestellte, prompt beliefert. Die einheimischen Händler glaubten nun ihrerseits, einen ›guten Schnitt‹ bei ihm zu machen, und an Deck stapelten sich bald Berge von Früchten, bestes Pökelfleisch und Fässer mit Frischwasser, Rum und Brandy. Every bezahlte nach einer seinerzeit unter Seeräubern gebräuchlichen, witzigen Methode: er stellte seinen Gläubigern Wechsel auf die ›Bank of Aldgate Pump‹ aus, die sich nur frei mit ›Schmuh- und Behumsbank‹ übersetzen läßt. ›Beglaubigt‹ waren diese wertlosen Papiere von einem gewissen ›John-a-Noakes‹ (vielleicht ein Wortspiel mit ›no account‹: unbedeutend, wertlos) und unterzeichnet von den Herren ›Timothy Tugmutton‹ und ›Simon Whifflepin‹. Die Juxwechsel wurden wohl von den meisten Portugiesen, die mit solchen Wortspielen nicht vertraut waren, anstandslos akzeptiert, obwohl sie lieber in bar ausbezahlt worden wären, und Every stach wieder in See, diesmal mit Kurs auf die Bahamas.

Dort hatte inzwischen der schon erwähnte Nicholas Trott als Gouverneur die Regierungsgeschäfte übernommen. Trott konnte freilich niemand so leicht ein x für ein u vormachen, und er wußte genau, daß es sich bei der FANCY um ein Piratenschiff handelte. Aber er ließ mit sich reden für eine angemessene Bestechungssumme; die Höhe dieser ›Kaution‹ schwankte in den einzelnen Berichten zwischen 900 und 7000 Pfund. Die vertrauenswürdigste Aussage hierüber dürfte von dem bereits genannten Seeräuber Philip Middleton stammen, der sich in einer ›eidesstattlichen Versicherung‹ vom 11. November 1696 daran erinnerte, daß Every Trott einen Brief geschrieben habe, in dem er ihm »zwanzig Stücke von Achten« (›pieces of eight‹, eine Silberwährung) und zwei Goldstücke pro Kopf der Besatzung sowie das Schiff samt Einrichtung (ausgenommen die Beute, versteht sich) anbot für die Gunst, in New Providence an Land gehen und sich frei im Lande bewegen zu dürfen. Diese großzügige Offerte läßt darauf schließen, daß die Mannschaft sich auf den Bahamas aufzulösen gedachte. Trott schrieb in »überaus freundlichem Tonfall« zurück, er heiße Every und seine Crew – unter den bewußten Bedingungen – herzlich gerne willkommen, »ein Versprechen, welches er bei unserer Ankunft in Providence so gut erfüllte, wie wir es uns nur wünschen konnten«. Zuvor mußte jeder Seemann der FANCY zu einer Kollekte am Mastbaum sein Scherflein beisteuern, wobei der Kapitän das Doppelte des von jedem geforderten Betrages entrichtete. Nachdem die Summe durch Unterhändler dem Gouverneur überbracht worden war, lief das Schiff im Juni 1696 in den Hafen von New Providence ein.

Every hoffte darauf, daß sich durch solch hohen Tribut gleichzeitig ein verbindlicher Gnadenerlaß für ihn und seine Männer erwirken ließe. Sie waren es leid, für immer und ewig ›outlaws‹, Vogelfreie, zu sein und von sämtlichen Kriegsschiffen der Royal Navy über alle Weltmeere gehetzt zu werden; sie sehnten sich danach, mit ihren Anteilen ein neues Leben anzufangen oder zumindest ihr Geld unbehelligt zu versaufen. Sancta Simplicitas! Es zeugt von grenzenloser Naivität, daß Long Ben und seine Crew diese Möglichkeit überhaupt in Betracht zogen nach dem Riesending, das sie im Indischen Ozean gedreht hatten. Aber die politischen Folgen ihres Überfalls auf die GUNG-

I-SUWAIE überstiegen wohl ihren Horizont. Inzwischen kletterten die Kopfprämien, die auf sie ausgesetzt waren, in schwindelnde Höhen.

Nicholas Trott zeigte sich in allen anderen Belangen als höchst zuvorkommend, erwies den Piraten jede Gefälligkeit, lud sie sogar in sein Haus zum Essen ein, lehnte jedoch ihr Gesuch um eine ›Generalamnestie‹ mit dem Hinweis ab, dies überschreite seine Kompetenzen. Aber man könne es ja einmal beim Gouverneur von Jamaica, Charles Beeston versuchen, der sei für so etwas der geeignete Ansprechpartner.

Die Befolgung dieses Ratschlags führte zur ersten Katastrophe. Auf Jamaica ging es längst nicht mehr so locker und lustig zu wie in den sechziger und siebziger Jahren, als es dort »mehr Schnapsläden als in London, fast ebenso viele Bordelle wie in Paris und bestimmt keineswegs weniger plötzliche Todesfälle gab als in Schottland« (Williams). Und Port Royal – das heutige Kingston – hatte schon seit Jahren seinen (Ver)ruf als Tummelplatz für Freibeuter eingebüßt, als welcher die Stadt in früheren Berichten geschildert wurde: »Es kam gar nicht selten vor, da einer in einer einzigen Nacht dreitausend Achterstücke verpraßte; so bot ein Bursche einem losen Frauenzimmer 500 Silberlinge an, sie nackt sehen zu dürfen. Auch kauften sie oft ein großes Faß Wein, das sie mitten auf die Straße stellten, und luden jeden vorübergehenden Passanten zum Trinken ein; manchmal versprengten sie den Wein in gewaltigen Mengen ringsumher, da es ihnen ein unbändiges Vergnügen bereitete, die Kleider der Ladies naßzuspritzen, die an ihnen vorbei mußten und kreischend vor den roten Sturzbächen Reißaus nahmen.« Diesem zügellosen Treiben hatte Gouverneur Lynch einen Riegel vorgeschoben. Er setzte nach seinem Amtsantritt im Jahre 1682 alles daran, das Piratenunwesen und das illegale ›privateering‹ im Lande auszumerzen. »Diese verfluchten und verabscheuungswürdigen Geschäfte«, wetterte er in einem Brief, »sind hier schon so lange heimisch und bei der Bevölkerung üblich geworden, daß sie wie Unkraut oder wie Hydraköpfe ebenso rasch nachwachsen, wie wir sie beschneiden.« Sein Nachfolger Beeston war ein Mann von ähnlich rechtschaffener Gesinnung, aber das konnte Every nicht wissen, als er ein paar wenig vertrauenserweckende Kerls mit seinem Anliegen zu ihm beorderte. Er bildete sich eben ein, jedermann sei käuflich – ein Fehler, der auch William Kidd zum Verhängnis wurde.

Beeston musterte die Unterhändler mit unbewegter Miene, ließ sie ihr Sprüchlein aufsagen und überlegte sich dabei, ob er sie nicht lieber gleich im Schnellverfahren aufknüpfen lassen sollte. Er entschied sich jedoch anders, gewährte ihnen freien Abzug und setzte folgendes Schreiben an den ›Rat für Handel und Plantagenwirtschaft‹ auf:

»Piraten, die aus Corunna entkommen sind, waren im Roten Meer und haben reiche Beute gemacht. Es soll sich um 200000 Pfund handeln. Sie sind in Providence angekommen und haben zu mir geschickt, um mich zu fragen, ob ich in der Lage sei, sie zu begnadigen ... Man sagte mir, ich würde dafür ein *großes Geschütz* (d. h. 20000 Pfund) bekommen, aber das konnte mich nicht dazu bewegen, meine Pflicht zu vergessen« (zit. nach Mitchell).

Dieser Brief hatte wiederum zur Folge, daß der Boden auf den Bahamas für Everys Crew allmählich heiß zu werden begann – also gerade das Gegenteil, was sie mit ihrer Petition beabsichtigt hatten: die britische Admiralität war alsbald im Bilde darüber, wo sich die damals meistgesuchtesten Piraten versteckt hielten. Every dürfte zu Recht etwas beunruhigt gewesen sein, auf sein ›großzügiges Angebot‹ hin nichts mehr vom Gouverneur Beeston zu hören.

Aber auch Trott ging nun mehr und mehr auf Distanz. Dieser Mann war überhaupt ein höchst zwielichtiger, unberechenbarer, chamäleonhafter Charakter. Es erging ihm später wie Benjamin Fletcher – er wurde wegen Verdachts auf ›Amtsmißbrauch‹ und illegalen Handel mit Seeräubern von seinem Posten abberufen und mußte sich vor Gericht verantworten. Allerdings trieb man mit der Einsetzung seines Nachfolgers, einem gewissen Colonel Webb, ›den Teufel mit Beelzebub aus‹; über letzteren schrieb ein Zeitgenosse: »Wenn er (Webb) erklären müßte, wie er auf solch einem jämmerlichen Inselchen in zwei Jahren 8000 Pfund verdiente, würde er, denke ich, erwidern, er sei nur in die Fußstapfen seines Vorgängers Trott getreten, des größten ›Piratenmaklers‹, den es je gegeben hat.«

Trott sagte bei seinem Prozeß aus, er habe sich gar nicht anders zu helfen gewußt, als Everys Crew gewähren zu lassen; seinerzeit hätte New Providence nämlich nur 60 Einwohner gehabt gegenüber der 113köpfigen Besatzung der FANCY. O der arme, zu Unrecht verleumdete Mann! Er mußte also widerwillig gute Miene zum bösen Spiel machen! Die hohe Bestechungssumme, für welche die Seeräuber erst im Hafen anlegen durften, erwähnte er freilich mit keinem Wort.

In seiner ›eidesstattlichen Versicherung‹, aus der bereits zitiert wurde und die auch Trott schwer belasten sollte, gab Philip Middleton am 11. November 1696 außerdem zu Protokoll:

»... Bei ihrer Ankunft in (New) Providence übergaben ... besagter Kapitän Every und seine Crew dem Dreimaster

CHARLES (FANCY) samt Inventar besagtem Gouverneur Trott, welcher ... den Empfang mit seiner Unterschrift quittierte und das Schiff alsdann in die Obhut seines Bootsmannes und einiger Neger gab. Deren mangelnde seemännische Erfahrung oder geringe Anzahl reichten jedoch nicht aus, es vor widrigem Geschick zu bewahren. Dies wird daraus ersichtlich, daß es zwei Tage, nachdem es Gouverneur Trott in Besitz genommen hatte, auf Grund lief, obwohl es mit zwei Ankern am Bug und einem in Reserve beschwert war – zumindest verhielt es sich so, als der Zeuge und der Rest der Mannschaft Mr. Trott besagtes Schiff aushändigten. Der Zeuge sagte ferner aus, daß Mr. Trott, sobald der Segler ihm gehörte, Boote aussandte, um das Elfenbein, die Segel und alles, was an Bord von Wert und nicht niet- und nagelfest war, an Land zu schaffen ... und daß, als das Schiff in Providence einlief, sich fünfzig Tonnen Elefantenstoßzähne, sechsundvierzig Geschütze in Stellung, einhundert Fässer mit Schießpulver sowie mehrere Kisten mit Buckaniergewehren an Bord befanden, neben Pistolen und anderen Feuerwaffen zur Verteidigung, an deren genaue Anzahl er sich nicht erinnern kann. Und er gab an, daß nach seinem Wissen das Schiff in tadellosem Zustand war, völlig dicht und wasserfest, denn als er noch am Tage ihrer Ankunft in den Laderaum hinunterging, konnte er sich selbst davon überzeugen, daß es nicht im mindesten leckte. Er wiederholte noch einmal, daß das Schiff zwei Tage, nachdem es Mr. Trott übergeben worden war, strandete und jener zuvor noch sämtliche beweglichen und wertvollen Güter darauf hatte bergen lassen. Dieses Unglück ereignete sich gegen Mittag vor den Augen des Gouverneurs, wie der Zeuge (der zugleich Augenzeuge des Ereignisses war) wohl weiß.

Er behauptet desgleichen, daß ein Mann namens James Browne zusammen mit anderen Einwohnern aus Providence und auch ein paar aus der Crew des Schiffes sich anboten, die CHARLES mit Fässern zu beschweren, damit sie nicht von der Flut auf Grund gesetzt wurde. All diese Vorschläge stießen jedoch auf taube Ohren; es fanden keinerlei Anstrengungen statt, das Unheil abzuwenden und dem Schiff beizustehen, und auch Gouverneur Trott nahm auf nichts anderes Rücksicht, als auch den Rest der an Bord befindlichen Güter zu retten und an Land zu bringen. Der Zeuge sagte weiterhin, man habe deshalb in Providence allgemein angenommen, daß das Schiff absichtlich auf Grund gesetzt worden sei ... wobei er von Anfang an darum gewußt habe, daß es rechtmäßig Eigentum von Sir James Houblon (sic) und einer Londoner Handelsgesellschaft war und daß Gouverneur Trott dies ebenso wußte.«

Merkwürdigerweise wird Middletons hochinteressante Zeugenausage in keinem der Standardwerke über Piraterie herangezogen, wenn es um die Lebensgeschichte Everys geht; die meisten Autoren und Historiker schildern den Vorfall so, als sei die FANCY zufällig in einen Sturm geraten und auf den Klippen vor der Küste gekentert. So schreibt zum Beispiel Leip:

»... Inzwischen aber pfiff einer der Zyklone jener Gegenden dazwischen und warf die FANCY auf die Klippen. Die Leute retteten sich und die meisten auch ihren Raubanteil ... Trott veranlaßte, daß wenigstens die besten Kanonen aus dem Wrack geborgen wurden. Sie dienten dann der Hafenbefestigung.«

Die Wirklichkeit sah etwas anders aus. Die Haie waren gutgläubig in den Rachen eines noch viel größeren und gerisseneren Hais geschwommen. Der ›weitherzige‹ Gouverneur Trott ließ das Schiff ganz bewußt scheitern, und zwar, wie man annehmen darf, aus zwei naheliegenden Gründen: erstens wusch er seine Hände in Unschuld, falls Nachforschungen nach der ehemaligen CHARLES angestellt wurden. Damit war, nach Lage der Dinge, in Kürze zu rechnen: Middleton gab seine ›eidesstattliche Versicherung‹ bezeichnenderweise vor einem der Direktoren der Bank von England ab, Sir John Houblin – dem Bruder des Eigners. Außerdem hatte die Fahndung nach Long Ben und seiner Crew längst begonnen, und alle Fäden liefen in New Providence zusammen. Man erinnere sich nur an den zitierten Brief des Gouverneurs von Jamaica. Wenn dies geschah, würde man sich auch nach dem Inventar des Seglers erkundigen, vor allem den teuren Geschützen. Anstatt nun darauf zu warten, der Londoner Handelsfirma ihr Schiff in unversehrtem Zustand zurückgeben zu müssen, erschien es vorteilhafter, es zuerst auszuschlachten, um es dann stranden zu lassen und später zu behaupten, es sei in einem Sturm verlorengegangen. Besser etwas als nichts. Zudem nahm Trott dabei noch die Gelegenheit wahr, sich ›fünfzig Tonnen Elefantenstoßzähne‹ unter den Nagel zu reißen, die ihm in seinem Vertrag mit den Seeräubern gar nicht zustanden. Das Elfenbein wurde erst einmal ›vorsichtshalber sichergestellt‹.

Der zweite Grund war noch hinterlistiger: der Verlust der FANCY schnitt den Piraten vorerst den Rückzug ab. Schön und gut, sie hatten es Trott ›überschrieben‹ – aber diesen Burschen konnte man nicht über den Weg trauen. Wer sollte garantieren, da sie nicht darauf in einer weiteren Nacht-und-Nebel-Aktion wieder in See stachen? Bei den stattlichen Kopfprämien, die auf jeden von ihnen ausgesetzt waren?

Besser, sie auf Eis zu legen: vielleicht ließ sich ein zweites Mal an ihnen verdienen, indem man sie dem Galgen auslieferte.

»Mir graust, wenn sich die Lächler lächelnd zu mir kehren, der'n Zunge honigt, wenn das Herz vor Galle schwillt.« (Walther von der Vogelweide)

Den Klügeren aus Everys Mannschaft wurde allmählich klar, daß sie auf New Providence nicht alt werden würden. Die Mannschaft löste sich nun endgültig auf; etwa die Hälfte heuerte auf Schiffen an, die nach Nordamerika ausliefen, wo angekommen es den meisten gelang, in Boston, New York, Philadelphia und Nord- und Südcarolina unterzutauchen – sofern sie sich nicht mit Bestechungsgeldern lumpen ließen. Dieser Teil hatte vielleicht noch die beste Wahl getroffen. Fletcher protegierte einige von ihnen, die dann wieder an den von ihm finanzierten ›Freibeutertouren‹ ins Rote Meer teilnahmen. Außerdem verwandte er sich für ein paar Matrosen aus der ehemaligen Crew, die in New Jersey in Schwierigkeiten gerieten. Viele lebten eine Zeitlang auf großem Fuß und warfen ihr Geld mit vollen Händen zum Fenster hinaus. Am günstigsten von allen schnitt wohl ein gewisser James Brown ab: er heiratete die Tochter des Gouverneurs von Philadelphia, William Markham, wurde ein angesehener Bürger der Stadt, verkehrte in den besten Kreisen und erhielt sogar einen Sitz im Repräsentantenhaus – den er allerdings im Jahre 1699 wieder verlor, da die Körperschaft ihn für ›ungeeignet‹ hielt, an den Beratungen über Gesetzesentwürfe für die Kolonien teilzunehmen. Das dürfte ihm jedoch wenig ausgemacht haben – James Brown hatte sein Schäflein ins Trockene gebracht. Ungleich schlechter fuhren diejenigen, die das

Heimweh zurück nach England trieb. Die britische Admiralität bot 500 Pfund für jeden sachdienlichen Hinweis, der zur Ergreifung von einem der Besatzungsmitglieder führte, und gewährte jedem Pardon, der seine Kameraden ans Messer lieferte. Die ›East India Company‹ verdoppelte die Kopfprämie. Zwei Seeleuten konnten dieser Versuchung nicht widerstehen: der schon erwähnte und zitierte Philip Middleton und John (›Little‹) Dann, der in seiner Heimatstadt Rochester von einem Mädchen verraten wurde, die stutzig darüber geworden war, daß sich ›seine Jacke so ausbeulte‹: Dann hatte unvorsichtigerweise seinen gesamten Anteil darin eingenäht, 1045 Goldmünzen und zehn Guineas. Er zog seinen Kopf nur dadurch aus der Schlinge, daß er sich als ›informer‹ und Kronzeuge zur Verfügung stellte. Seine Aussagen führten am 19. Oktober 1696 zur Verhaftung von vierundzwanzig Piraten. Sechs davon wurden aufgehängt, die andern als Sklaven nach Virginia deportiert.

Auch für die auf den Bahamas Verbliebenen begann es jetzt sehr ungemütlich zu werden. Der bislang so liebenswürdige und zuvorkommende ›steddy freind‹ Trott ließ von einem Tag auf den anderen die kumpelhafte Maske fallen und gab dem ›Sheriff von Nassau‹ (d. i. New Providence) Anweisung, jeden Seeräuber ins Gefängnis zu sperren, dessen er nur habhaft werden konnte. Denn Everys Crew hatte sich inzwischen so verringert, daß es keine große Gefahr mehr bedeutete, gegen sie vorzugehen und ihre Beute zu ›beschlagnahmen‹. Der spektakulärste Fall – freilich nur einer von vielen, ›die Spitze des Eisbergs‹ – war jener John Rayner, den man bei seiner Inhaftierung um 1500 Pfund erleichterte, eine Summe, für die sich kurz darauf auch Fletcher interessierte. Letzterer hatte zwar persönlich mit Every nie etwas zu tun gehabt, aber Rayner gehörte zur Besatzung von Thomas Tews AMITY – Grund genug für den Gouverneur von New York, die Tatsache ein wenig zu verdrehen, um Besitzansprüche auf seinen Beuteanteil geltend zu machen. Was beweist, daß man auch in Neuengland inzwischen über den Aufenthaltsort der Piraten Bescheid wußte. Sie wurden zu Opfern der ›freien Marktwirtschaft‹, zu Posten, um die man feilschte. Trott wollte keine Scherereien mit seinem einflußreichen Amtskollegen; er tat ihm den Gefallen, obwohl ihm klar gewesen sein muß, daß die CHARLES (FANCY) nicht von Fletcher, sondern von Sir James Houblin in London ausgerüstet worden war. In den Kerkern von New Providence schmachteten ja noch genug andere, deren ›unredlich erworbenes Vermögen‹ er auf nicht viel redlichere Art konfisziert hatte. Aus diesen Kerkern kam keiner mehr lebendig heraus. Er konnte mit der ganzen Entscheidung vollauf zufrieden sein.

Long Ben spürte rechtzeitig, daß er auf die so teuer bezahlte Gastfreundschaft Mr. Trotts nicht länger vertrauen durfte. Das erkaufte Paradies erwies sich als Mausefalle. Von der ursprünglichen Crew waren nur etwa vierzig Mann auf der Insel verblieben, deren Reihen sich weiter lichteten, als sechzehn von ihnen auf einem Handelsschiff anheuerten, das unter dem Kommando eines gewissen Kapitäns Hollinsworth nach Dublin auslief. Der Sheriff von Nassau leitete bereits eine auf Trotts Befehl eiligst zusammengetrommelte ›Bürgerwehr‹, die New Providence nach Every und dem Rest seiner Mannschaft abkämmte. Auf den Kopf des ›Erzpiraten‹ war immerhin ein Vermögen ausgesetzt. Adieu, ihr Mädchen, ihr ausgelassenen Nächte mit berauschenden Drinks im

Überfluß, ihr Scharen von Sklaven, die einen nach Herzenslust bedienten! Die Wochen des Faulenzens und der trügerischen Sicherheit waren vorüber; es hieß Abschied nehmen.

Every wählte den Decknamen ›Benjamin Bridgham‹ und charterte zusammen mit neunzehn Matrosen die Schaluppe SUNFLOWER von den ›Messrs. Crosskeys and Flavell‹, die mehr Geschäftssinn besaßen als Loyalität zu ihrem korrupten Gouverneur. Kapitän war ein Mr. Farrell, woraus sich schließen läßt, daß zumindest Every – bzw. ›der vermögende Mr. Bridgham‹ – die Annehmlichkeiten einer Seereise in der Rolle eines Passagiers genoß. Sie steuerten nach langer Fahrt den Hafen Dunfanaghy im Nordwesten Irlands an, zwanzig Meilen von Londonderry, wo sich die restliche Crew zum letzten Mal zerstreute. Fast alle gingen nach Dublin, und fast alle wurden irgendwann im Umkreis Dublins aufgegriffen und vor Gericht gestellt. Nur Every segelte auf der SUNFLOWER weiter nach Carrickfergus, Belfast Lough und setzte sich von dort wahrscheinlich nach England ab. Hier enden seine Spuren. ›Little‹ Dann erinnerte sich bei seiner Vernehmung am 3. August 1696 nur noch daran, »daß die Frau von Adams, der ihr Quartiermeister war, mit ihnen von der Insel Providence herüberkam, daß sie sich in Donoughedee (sic) in Begleitung Kapitän Everys befand und er (Dann) annimmt, daß sie gemeinsam weiterreisten; ferner, daß, als dieser Informant nach London kam, er die Frau bei St. Albans in einer Kutsche vorbeifahren sah. Er sprach sie an, und sie sagte dem Zeugen, sie sei auf dem Wege zu Kapitän ›Bridgmans‹, wollte aber nicht verraten, wo er sich aufhielt.«

Ein anderer Matrose erklärte bei seiner Verhaftung, der Kapitän habe vorgehabt, in Schottland unterzutauchen;

ein Dritter behauptete, er hätte ihn zuletzt in Dublin getroffen und äußern gehört, »er wolle, sobald er in England angekommen sei, zurück nach Exeter gehen, da er aus Plymouth stamme«. Es spricht in der Tat einiges dafür, daß Every in seine Heimat zurückkehrte und seinem Onkel die veruntreuten väterlichen Besitzungen wieder abnahm, wo er dann seinen Lebensabend verbrachte.

Defoe weiß zu berichten, er habe Hehlern in Bristol seine indischen Juwelen in Kaution gegeben, die sich später, als er sie wieder aufsuchte, um sein Geld in Empfang zu nehmen, an nichts erinnern konnten.

Worauf Every sie als »die größten Piraten« beschimpft hätte, »denen er je begegnet sei«. Er wäre dann so verarmt in dem Städtchen Bideford gestorben, daß nicht einmal genug Geld übrigblieb, einen Sarg für ihn zu kaufen. Man hätte ihn »wie einen Hund verscharrt« – ein schickliches Ende für den Bösewicht. Fest steht, daß er nie gefaßt wurde. Dagegen entging von seinen Kameraden kaum einer dem Strang, der Deportation oder einem qualvollen Tod in Trotts Gefängniszellen. Der Sheriff der irischen Grafschaft Mayo verhaftete allein bei einer einzigen Razzia an die zwanzig Mann in den Kneipen von Westport, die so betrunken waren, daß sie keinen Widerstand leisten konnten.

Zahlreiche Legenden, eine phantasievoller als die andere, begannen um das Schicksal ›Hennery Everys‹ aufzublühen. Man stellte ihn sich als glänzenden Herrscher und ›Herr einer starken Truppe tapferer Soldaten aus aller Herren Länder‹ einer märchenhaften Piratenkolonie auf Madagaskar vor; an seiner Seite die Tochter des indischen Großmoguls –

»Einstens ist er mit seinem Wagen
abends von hier hinweggeeilt.
Niemand vermag uns nun zu sagen,
wo jetzt der munt're Bursche weilt.
Doch, daß die Angst der Freude weiche,
hört, daß er eine Königin fand,
die in verlaß'nem Inselreiche
ihn hat zum Könige ernannt ...«
(Adam, ›Der Postillon von Lonjumeau‹)

Sie habe ihm, wie schon erwähnt, ein Kind geboren, eine Tochter, die jedoch »in früher Jugend starb. Bald darauf starb auch sie an gebrochenem Herzen«. Als ›Arviragus‹ wurde Every der Held eines Theaterstücks von Charles Johnson (wahrscheinlich ein Pseudonym von Daniel Defoe) mit dem Titel ›The Successful Pirate‹, das im November 1712 in Drury Lane Premiere hatte. Die Handlung spielte auf Madagaskar, und in der Titelrolle erlebte man einen eleganten Bonvivant, einen Liebling der Frauen und verwegenen Draufgänger – eine Darstellung freilich, die dem echten, eher zur Korpulenz und sadistischen Menschenschindereien neigenden ›Hennery‹ in keiner Weise gerecht wurde. Ein Kritiker empörte sich über die Tendenz des Dramas, »weil darin ein gemeiner Matrose, der zu nichts anderem gut ist, als das Deck zu scheuern, zum Helden einer Tragödie gemacht wird« (zit. bei Mitchell).

Vom künstlerischen Standpunkt aus betrachtet sicher eine boswillige Übertreibung, gab doch der Schauspieler zweifellos einen ganz passablen Piraten ab, so ›smart‹, wie ihn das Publikum noch heute sehen will. Der Rezensent war nicht nur ein Moralist, sondern vermutlich auch ein eingefleischter Whig; und die Whigs hatten keinerlei Verständnis dafür, daß der Erzpirat Every sich solcher Popularität erfreute. Seine Heroisierung in unzähligen ›street ballads‹, Defoes Roman ›Life, Adventures and Piracies of Captain Singleton‹, den abenteuerlichen Geschichten, die überall die Runde machten, und zuletzt diesem Theaterstück kam in ihren Augen fast einer Ketzerei gleich – verständlicherweise, denn der Schwerverbrecher wurde zu einer Art Vorbild hochstilisiert, und die Folgen waren in der Tat katastrophal. Die meisten nahmen damals ja noch alles, was sie lasen oder was auf der Bühne stattfand, für bare Münze. Obwohl das Rote Meer schon seit Jahrzehnten Freibeuter aller Nationen anzog, brach die eigentliche ›Red Sea hysteria‹ erst 1695/96 aus, als sich Scharen englischer und nordamerikanischer Seeräuber zum ersten Mal massiert auf diese Route begaben – wobei sie nicht zuletzt Long Bens schlechtem Beispiel folgten. Das gigantische Vermögen, das er und seine Crew in jenen Breitengraden erbeutet hatten, wirkte noch auf Generationen nach ihm appetitanregend.

Die britische Regierung und die ›East India Company‹ hatten wirklich allen Grund, diesen Mann zu hassen: es war schon schwierig und kostspielig genug gewesen, den indischen Großmogul versöhnlich zu stimmen, der nach der Plünderung der FATEH MOHAMMET und der GUNG-I-SUWAIE gedroht hatte, jeglichen Handelsverkehr mit England abzubrechen, wenn nicht Reparationszahlungen in enormer Höhe geleistet wurden – nun setzten Everys Erfolge auch noch eine Kettenreaktion in Gang, deren Auswirkungen unvorhersehbar waren.

Was William Kidd betrifft, so wurden die Weichen für sein weiteres Schicksal an jenem denkwürdigen Tag gestellt, als die GUNG-I-SUWAIE in den Hafen von Surat zurückkehrte. Das war am Morgen des 13. September 1695. Die Neuigkeiten von dem Überfall, den Ausschreitungen an Bord des Mogulenschiffes und der grausamen Behandlung der Passagiere verbreiteten sich in der Handelsmetropole wie ein Lauffeuer. Es dauerte nicht lange, und die Schreckensnachrichten waren auch bis Agra, Bombay und Madras vorgedrungen. Für die dort ansässigen Engländer spitzte sich die Lage von Stunde zu Stunde bedrohlicher zu. Überall in den Straßen kam es zu Menschenaufläufen und Kundgebungen; der Pöbel schrie nach Vergeltung und nach dem Blut der ›Christenhunde‹. Aus der ›dunklen Wolke‹ entfesselte sich, wie prophezeit, ein Orkan. Schon bald bildeten sich ›Rollkommandos‹ unter der Führung der bedeutendsten indischen Kaufleute; einer der haßerfülltesten Fanatiker war der große Abdul Guffour, der Eigentümer der FATEH MOHAMMET, über deren Schicksal es jetzt keinen Zweifel mehr gab – was die Stimmung natürlich weiter aufheizte. Die Menge begann die Faktoreien, Niederlassungen und Privathäuser der Agenten der ›East India Company‹ und ihrer Familien zu belagern. Der Gouverneur des Großmoguls in Surat, Itimad Khan, sandte Truppen aus, um der Unruhen Herr zu werden; andernfalls wären wohl alle Briten in der Stadt gelyncht worden. Es grenzt überhaupt an ein Wunder, daß nur drei oder vier Personen unmittelbar der Volkswut zum Opfer fielen. Einer, der das Pech hatte, sich in der Nähe der ›Choultrey‹ (Karavanserei oder Marktplatz) aufzuhalten, wurde vom Mob regelrecht in Stücke gerissen, ein anderer aus seinem Haus geschleift und zu Tode gesteinigt. Viele mißhandelte man so grausam, daß sie in den kommenden Tagen und Wochen ihren Verletzungen erlagen.

Itimad Khan ließ den Präsidenten der ›East India Company‹, Annesley, und dreiundsechzig englische Angestellte und Arbeiter in Eisen schließen und in einen engen Raum der Hauptfaktorei einsperren, dessen Fenster man mit Brettern vernagelte. Er setzte strenge Wachen über sie ein und verweigerte ihnen trotz inständiger Bitten Feder, Tinte und Papier, gestattete auch nicht, daß sie irgendeine Nachricht erhielten, so daß sie von der Außenwelt völlig abgeschnitten waren. In diesem stickigen Gefängnis mußten sie, von Hitze, Hunger und Durst gepeinigt, einige Wochen ausharren – A. G. Course spricht von elf Monaten, aber das hätte unter solchen Umständen sicher kein einziger überlebt. Wahrscheinlich brachte man sie danach in anderen Kerkern unter und gab ihnen genug Wasser und Verpflegung, um das Martyrium einigermaßen durchzustehen. Eine entsetzliche Qual muß es auf jeden Fall gewesen sein – das ewige Warten und die bange Ungewißheit allein reichten hin, selbst widerstandsfähige Naturen zu zerbrechen oder doch bis an ihr Lebensende zu zeichnen. Die Verwundeten starben, da ihnen jegliche ärztliche Hilfe verweigert wurde.

In Suwali, dem Hafen von Surat, durfte kein englisches Schiff mehr einlaufen. Der Handelsverkehr war über Monate hinweg blockiert. Die Defizite für England gingen in die Millionen. Als ein Kapitän Brown vor Suwali vor Anker ging und sich kein Geleitschiff der ›East India Company‹ blicken ließ, schickte er ein paar seiner Männer in Booten an Land, die Erkundigungen anstellen sollten. Der erste, der sich in den Hafen wagte, wurde vor den Augen seiner entsetzten Kameraden von einigen Soldaten Itimad Khans mit Krummsäbeln niedergemacht. Die anderen legten sogleich wieder ab und ruderten zu ihrem Schiff zurück; man nahm sie vom Ufer aus unter Beschuß, und sie kamen eben noch mit heiler Haut davon. Kapitän Brown, höchst alarmiert über diesen Vorfall, steuerte danach eine nahe gelegene niederländische Handelsniederlassung an, wo er Wasser und Proviant aufnehmen wollte. Aber die Holländer schlugen es ihm rundheraus ab, seine Versorgungsprobleme zu lösen: sie würden selbst in Schwierigkeiten geraten, wenn sie Briten unterstützten. Man einigte sich auf einen Kompromiß; ein Schiff, das gerade nach Batavia auslief, trat ihnen die gewünschten Vorräte ab –freilich überteuert und erst auf hoher See.

Brown, ein loyaler Diener der Krone, hielt es für seine Pflicht, eine Abordnung nach Bombay zu entsenden, um John Gayer, den Hauptbevollmächtigten der ›East India Company‹, von den Vorgängen zu unterrichten.

Der wußte längst Bescheid. In Bombay und Madras hatten bereits indische Truppen die Faktoreien der Gesellschaft stillgelegt und Geld und Waren im Wert von über 100 000 Pfund beschlagnahmt – als bescheidene Kompensation für Everys Beute.

»Wir wandten uns unverzüglich an den Hof des Großmoguls und schrieben an Issa Cooley, einen Armenier, von dem wir hofften, daß er unsere Interessen vor dem Herrscher vertreten und uns von jeglichem Verdacht, an den barbarischen Überfällen beteiligt gewesen zu sein, reinwaschen werde. Wir schrieben außerdem Briefe ähnlichen Inhalts an den Gouverneur von Surat und jeden ›Umbraw‹ (Urdu *umará,* Großwesir des Moguls, Anm. d. Übers.). Inzwischen wurde uns von allen, die aus Surat hierherkamen, berichtet, daß in der Stadt ein großer Aufruhr wegen uns entstanden ist. Wir haben weiterhin in Erfahrung gebracht, daß gewisse Order vom Mogul persönlich und aus Surat an den Siddy (›Urdu *sîdî,* in Westindien ein Titel, welcher an afrikanische Mohammedaner von hohem Rang vergeben wird – in diesem Fall handelte es sich wahrscheinlich um Kazim Khan, den Admiral des Großmoguls – Anm. d. Übers.) ergangen sind, der sich mit seiner Armee ganz in der Nähe befindet. Wir treffen momentan, so gut es eben geht, alle Vorkehrungen zu unserer Verteidigung, da wir nicht wissen, wie sich diese extreme Situation weiterentwickelt«, heißt es in einem Brief aus Bombay vom 12. Oktober 1695 an die britische Admiralität.

Es ist vor allem dem diplomatischen Geschick John Gayers zu verdanken, daß ›diese extreme Situation‹ nicht weiter eskalierte. Er nahm trotz heftiger Widerstände von seiten des indischen Hofes Verhandlungen mit dem zutiefst gekränkten Asset Khan, dem Herrscher über Indien und Oberhaupt aller Gläubigen, auf und bot ihm eine hohe Entschädigungssumme an. Den Ausschlag gab sein Versprechen, in Zukunft sämtlichen indischen Kauffahrern eine Begleiteskorte auf Kosten der ›East India Company‹ zur Verfügung zu stellen; erst danach konnten die Faktoreien den Betrieb wiederaufnehmen, geriet der stagnierte Handelsverkehr allmählich wieder in Gang.

FÜNFTES KAPITEL

Über William III., wie ihn die ostindische Handelskompanie unter Druck setzte, eine königliche Audienz und ein verschlagenes Konsortium

Es war Everys folgenschwerer Raubzug, der das Faß endgültig zum Überlaufen brachte. Die ›East India Company‹ hatte zwar den König von England seit einigen Jahren schon wiederholt dringend ersucht, etwas gegen das Piratenunwesen im Roten Meer zu unternehmen – wenigstens zwei oder drei Kriegsschiffe in diese Region zu entsenden –, aber William III. winkte meist zerstreut ab, wenn man auf das Thema zu sprechen kam; er war so sehr mit dem Krieg gegen seinen alten Erzfeind, Louis XIV., beschäftigt, daß kaum ein anderes Problem an ihn herandrang. Oft hielt er sich monatelang in den Niederlanden auf, um Truppen zu sammeln und Verhandlungen zu führen, und übertrug in der Zwischenzeit die Staatsgeschäfte seinen Justizministern, den ›lords of justice‹, die ihn im Parlament vertraten. Und diese Herren waren nicht sonderlich erpicht darauf, in seiner Abwesenheit wichtige und vor allem die Staatskasse angreifende Entscheidungen zu treffen. Ließ doch der Oranier keinen Zweifel daran, wo für ihn die Prioritäten lagen: die Royal Navy wurde nun einmal an der Front benötigt, und er konnte und wollte kein einziges Flaggschiff entbehren. Was Geldmittel betraf, so sollte die ›East India‹ Company‹ gefälligst auf ihre eigenen Ressourcen zurückgreifen.

»Wilhelm III. blieb stets ein Fremder auf Englands Thron; zu seinen Untertanen fand er kaum Kontakt, und das Land kannte er wenig. Desto wichtiger wurde ihm Hampton Court« (seine Residenz, der von Thomas Wolsey 1515 erbaute Palast an der Themse, wenige Kilometer von Richmond entfernt), »wo er seine Gemächer mit holländischen Kacheln und Blumenvasen aus Delft schmücken ließ. Trotzdem schrieb er in fast jedem Brief an seinen Freund Heinius in Geldern: ›... ich werde krank, wenn ich hier noch länger bleibe.‹ Als Königin Maria 1694 an den Pocken stark, zog er sich ganz zurück und lebte einsam in Hampton Court. Sein privates Interesse galt vor allem der Freimaurerei, in die ihn« (sein Architekt) »Christopher Wren einführte«. (Nieter O'Leary, ›Hampton Court Palace‹)

Der König, bei dem sich Phasen der Schwermut mit Aktivitäten gegen Louis XIV. abwechselten, war demnach nicht der geeignete Gesprächspartner für die Abgesandten der ostindischen Handelskompanie. Man mußte also notgedrungen den Hebel bei der Regierungspartei, den Whigs, ansetzen. Die Whigs besaßen Macht genug, auch ohne Absegnung Seiner Majestät Beschlüsse zu fassen und den Regenten letztlich vor vollendete Tatsachen zu stellen.

Zunächst galt es, das Übel bei der Wurzel zu packen und den ›grauen Eminenzen‹ das Handwerk zu legen, jenen kriminellen Handelskonsortien, die der Freibeuterei Vorschub leisteten, indem sie Seeräuberschiffe ausrüsteten und ›Touren‹ finanzierten. Natürlich wußte man nur zu gut, daß dies eine Sisyphusarbeit war; »diese verfluchten und verabscheuungswürdigen Geschäfte ... wachsen wie Unkraut oder wie Hydraköpfe ebenso rasch nach, wie wir sie beschneiden«.

Aber man konnte zumindest den schlimmsten ›Piratenmakler‹ aus dem Verkehr ziehen; an erster Stelle auf der Abschußliste stand der Gouverneur von New York, Benjamin Fletcher, über dessen üble Machenschaften man längst im Bilde war. Der ahnte noch nichts davon, was sich da gegen ihn zusammenbraute. Seine Absetzung erfolgte, wie üblich, auf dem Weg der politischen Intrige.

Schon seit geraumer Zeit waren in London Beschwerden über diesen ehrenwerten Gentleman eingegangen, der die (bislang) drittgrößte Stadt der neuenglischen Provinzen zu einem Freihafen für Piraten hatte werden lassen und in dessen Auftrag Schurken wie Thomas Tew Beutezüge ins Rote Meer unternahmen. Man suchte nur noch nach Zeugen, die sich bereit erklärten, auch vor Gericht gegen ihn auszusagen. Das klingt einfach, ließ sich jedoch in der Praxis nur schwer bewerkstelligen. Denn diese Zeugen mußten nach England geschafft werden, und es mußten Männer sein, deren Wort bei einem solchen Prozeß Gewicht hatte. Fletcher war schließlich so etwas wie das Oberhaupt eines Gangstersyndikats – man denke nur an den New Yorker Polizeipräsidenten Nicoll und den bestechlichen Kapitän der H. M. S. RICHMOND – und wenn bekannt wurde, daß jemand ihn bei einem anstehenden Verfahren belasten wollte, erschien es höchst fraglich, ob dieser Jemand auch lebendig in London ankäme.

Aber das waren noch eher zweitrangige Bedenken. Vor allem durfte es auf keinen Fall zu einem innenpolitischen Skandal kommen. Die Oppositionellen, die Tories, warteten ja nur auf eine solche Gelegenheit, um sie zur Staatsaffäre hochzuspielen. »Whig-Gouverneur begünstigt Piraterie! Korruptionssumpf in den Kronkolonien! Sind noch andere hochstehende Persönlichkeiten des britischen Parlaments und des öffentlichen Lebens in den Fall verwickelt? Weitere Enthüllungen stehen bevor! – etc.«

Und Mr. Fletcher war, das ließ sich nun einmal nicht unter den Tisch kehren, ein erklärter Whig. Peinliche Situation, eine Lokomotive auszurangieren, die unter großem Hurra der Regierungspartei ihre Jungfernfahrt angetreten hatte, nur um in Amerika sogleich auf höchst obskure Nebengeleise zu geraten. Der Stein des Anstoßes konnte leicht eine Lawine auslösen. Wenn Fletchers Kopf rollte, so wohl auch noch ein paar andere Köpfe von denen, die ihn auf den Gouverneursstuhl gehievt hatten und ihn solange darauf duldeten, obwohl sie sich über seine Verbrechen im klaren waren – und die Köpfe amerikanischer Politiker, die mit ihm gemeinsame Sache machten (zum Beispiel der Gouverneur von New Jersey) oder ähnlich dunklen Geschäften nachgingen. Ein siebenhörniges Dilemma.

Als überaus nützliches Werkzeug zur Lösung des Problems erwies sich William Kidds Freund und Protegé, Colonel Robert Livingston, der Staatssekretär für indische Angelegenheiten und wichtiger Verbindungsmann der ›East India Company‹ in Neuengland – selbst nicht gerade ein Unschuldsengel, aber immer willfährig, wenn es um seinen eigenen Vorteil ging. Livingston beschrieb Fletcher als einen Mann, »der niemals Sixpence ausgab, ohne Twelvepence dabei zu gewinnen ... ein kleiner Buchhalter, der es geschickt verstanden hat, sich in den Besitz der wertvollsten Ländereien der Provinz zu setzen« (zit. nach Mitchell).

Genau hier sollte der Akzent liegen: ›Amtsmißbrauch‹ – damals eine ›läßliche Sünde‹, aber vollkommen ausreichend, einen Gouverneur seines Postens zu entheben und durch einen anderen zu ersetzen, ohne daß das Ganze an die große Glocke gehängt werden mußte. Die treibende Kraft bei der Transaktion war natürlich die ›East India Company‹, die durch einen Mann wie Fletcher ihre Wirtschaftsinteressen gefährdet sah.

Sein Nachfolger stand bereits fest: Richard Coote (1636–1701), der Graf von Bellomont – ein loyaler irischer Adeliger und Whig, dessen einziges Laster sein brennender Ehrgeiz war, der aber gewiß nicht auf ähnliche Abwege geraten würde wie sein Vorgänger. Man bewilligte ihm eine reichlich bemessene Apanage, damit er nicht auf ›Nebenverdienste‹ angewiesen sei. Schon im Juni 1695 wurde er zum Gouverneur von Massachusetts, im folgenden Monat zum Gouverneur von New York ernannt – also noch vor Everys großem Coup; die offizielle Bestätigung im Amt erfolgte allerdings erst am 18. Juni 1697, und es verging abermals fast ein Jahr, bis er nach Amerika reiste und Fletcher ablöste. Die Mühlen der Bürokratie mahlen eben langsam.

William III. billigte die Einsetzung Lord Bellomonts, bestellte den Grafen zu einer Privataudienz nach Hampton Court und schärfte ihm noch einmal nachdrücklich ein, die Dauer seiner Amtszeit hinge von seinem Engagement gegen die in Neuengland epidemische »Pestilenz der Freibeuterei«, deren Begünstigung sowie Verstöße gegen die Handelsgesetze ab – und daß er rasche Ergebnisse zu sehen wünsche. Sein besonderes Augenmerk solle er auf Schiffe aus Madagaskar richten, da ihm zu Ohren gekommen sei, daß diese Insel vielen Piraten als Stützpunkt diene. Richard Coote versprach, sein Bestes zu tun. Damit hatte sich die Angelegenheit für Seine Majestät vorerst erledigt – ohne Kosten oder größeren Zeitaufwand.

William Kidd unterhielt damals bekanntlich eine Handelsschiffahrtslinie zwischen New York und London. Er hoffte, durch die Vermittlung seines einflußreichen schottischen Freundes ›Rob‹ Livingston eine neue Kaperlizenz zu erhalten, unterschrieben von William III. persönlich – vielleicht sogar die Kommandantur über ein Kriegsschiff.

Livingston sollte ihn außerdem als Leiter einer Strafexpedition gegen Seeräuber vorschlagen, ein Plan, von dem sie sich großen Profit versprachen.

Der Augenblick war denkbar günstig gewählt. Im Sommer 1695 hielten sich beide in London auf; während Kidd Verbindungen zu Handelsfirmen anknüpfte, um eine weitere Ladung britischer Waren zurück nach Amerika zu überführen, machte Livingston dank seiner Beziehungen die Bekanntschaft von Lord Bellomont, dem er ihr Anliegen vortrug. Der Graf war natürlich sofort Feuer und Flamme für das ›Piratenobjekt‹, sah er doch darin eine Chance, sein Versprechen dem König gegenüber früher einzulösen und ›raschere Ergebnisse‹ zu erzielen, als er zunächst angenommen hatte. Kidd wurde ihm als ein »tapferer, ehrenhafter und vertrauenswürdiger Mann« empfohlen, »der besser als jeder andere geeignet ist, für eine solche Mission eingesetzt zu werden«.

Kurz darauf kam es zu einem zweiten Treffen, bei dem sich Kidd dem zukünftigen Gouverneur von New York vorstellte und eifrig bemüht war, einen möglichst ›ehrenhaften und vertrauenswürdigen‹ Eindruck zu hinterlassen. Das fiel ihm nicht sonderlich schwer. Das wettergegerbte Gesicht des mittlerweile Fünfzigjährigen ließ auf seemännische Erfahrung schließen, die sorgsam gepuderte Perücke und die blendendweißen Spitzen am Kragen standen für soliden Lebenswandel, eine gewisse schottische Einsilbigkeit zeugte für Ernst und Kompetenz, und auch seine gewandten Umgangsformen nahmen sehr für ihn ein.

Ob er denn schon einmal nach Madagaskar gesegelt sei, wollte der Graf wissen, dabei an den Ratschlag Seiner Majestät denkend. O ja, gab Kidd zurück, er kenne sich bestens in diesen Breitengraden aus; habe ohnedies noch eine alte Rechnung mit Meuterer zu begleichen, welche, nach der Entführung eines seiner Kaperschiffe, der BLESSED WILLIAM, auf der Insel Unterschlupf gefunden hätten. Er sei fest entschlossen, diese Verbrecher der Gerechtigkeit auszuliefern – und jeden anderen Freibeuter, dessen er habhaft werden könne. Und er verwies auf sein Husarenstück an der nordamerikanischen Küste, als er im Auftrag Gouverneur Sloughtons den gefährlichen französischen Korsaren zur Strecke gebracht hatte.

Vortrefflich, sagte der Earl of Bellomont, Sie sind mein Mann, Mr. Kidd; nur muß ich Sie bitten, sich noch ein wenig in Geduld zu fassen – eine solche Transaktion bedarf sorgfältiger Planung, gewisser Vorbereitungen, Verhandlungen, Absegnungen – all das braucht seine Zeit. Aber ich werde Sie umgehend benachrichtigen, sobald ich Genaueres weiß. Eine Frage nur am Rande, Mr. Livingston, Mr. Kidd – sie hat freilich nichts mit unserem Projekt zu tun –, wären Sie möglicherweise zu einer protokollierten Aussage über den jetzigen Gouverneur von New York, Mr. Fletcher, bereit? Dieser Gentleman scheint sich zu unserer Betrübnis gewisse Freiheiten herauszunehmen, die mit den Pflichten eines Beamten Seiner Majestät keineswegs in Einklang stehen – aber darüber sind Sie, meine Herren, zweifellos besser unterrichtet als ich. Rundheraus, ich halte ihn für einen ausgekochten Schurken, und die Angelegenheit, die wir gerade besprochen haben, würde sich sicher rascher vorantreiben lassen, wenn seine Absetzung – die ohnehin beschlossene Sache ist – beschleunigt werden könnte von, sagen wir, ein paar sachdienlichen Hinweisen? Sie verstehen, worauf ich hinauswill? Noch ein Glas Brandy?

Dieses fiktive Gespräch könnte freilich ebenso, in anderem Wortlaut, zwischen Kidd, Livingston und einem oder mehreren Parlamentsabgeordneten der Whigs oder mit Edmund Harrison, einem der (mit Livingston befreundeten) Direktoren der ›East India Company‹ in London, stattgefunden haben – das Ergebnis war jedenfalls das gleiche: die beiden ›steddy freinds‹ gaben brav einige ›sachdienliche Hinweise‹ zu Protokoll, die Fletcher schwer belasten sollten.

Kidd steckte plötzlich bis über beide Ohren in Parteiintrigen; Opportunismus schien ihm jedoch, auch auf Anraten ›Rob‹ Livingstons, für seine Zwecke am Platze, obwohl er sich eingestehen mußte, daß er bisher recht ordentlich von Fletchers korrupter Wirtschaftspolitik profitiert hatte.

Lord Bellomont zeigte sich unter anderem durch eine Empfehlung an William III. erkenntlich, der Kidd in der Tat ein halbes Jahr später, am 11. Dezember 1695, einen Freibrief ausstellte, welcher ihn ermächtigte, »auf höchsten Wunsch Sr. Majestät« französische Schiffe jeder Größenordnung aufzubringen und zu beschlagnahmen – bei zehnprozentiger Beteiligung der Krone an den zu erwartenden Gewinnanteilen. Die Fahrt wurde allerdings ausschließlich von Privatleuten finanziert; das Gerücht, das bald darauf in Westminster umging, der König hätte persönlich eine erhebliche Summe beigesteuert, war eine Verleumdung der Tories, die der Sache ohnehin von Anfang an höchst mißtrauisch gegenüberstanden.

Praktisch jeder bedeutende Whig-Politiker investierte in die Unternehmung: Edward Russell (Lord Orford), der Marineminister; Sir John Somers, oberster Richter, Lordkanzler und Siegelbewahrer Großbritanniens; der Herzog von Shrewsbury, Staatssekretär; der Earl of Romney,

Oberbefehlshaber der britischen Artilleriestreitkräfte (Shrewsbury und Romney gehörten zu den ›unsterblichen Sieben‹, jenen Peers, die Wilhelm von Oranien 1688 nach England gerufen hatten), sowie der schon erwähnte Edmund Harrison, einer der Direktoren der ostindischen Handelskompanie. An der Spitze dieses Klüngels aus finanzkräftigen und erlauchten Herren standen selbstverständlich Lord Bellomont und Colonel Livingston. In dem Kapervertrag (nicht zu verwechseln mit der Kaperlizenz) taucht nur Bellomonts Name auf, der wiederum nur als Organisator, nicht als Kapitalanlegender in Erscheinung trat; die übrigen zogen es vor, anonym zu bleiben. Trotzdem war die Identität der Geldgeber ein offenes Geheimnis.

Der Graf hatte inzwischen so lautstark die Werbetrommel für Kidd gerührt, daß jener als ein zweiter Francis Drake erscheinen mußte, als der begnadetste und erfolgversprechende ›privateer‹ auf allen Weltmeeren – und ein sicherer Garant für reichliche Rendite bei Investitionen. Eigentlich war er nichts weiter als eine Art hochdotiertes ›Rennpferd‹, auf das man in Whig-Kreisen Wetten abschloß.

Daß man bei solch mächtigem Klientel die königliche Genehmigung lediglich als Formalität ansah, wird aus der Tatsache deutlich, daß die Finanziers auf Anregung Bellomonts bereits im Spätsommer des Jahres 6000 Pfund für den Bau eines ›privaten Kriegsschiffs‹ bereitstellten, das am 4. Dezember 1695 von der Werft in Deptford (›Castle's yard‹) aus vom Stapel lief – genau eine Woche, bevor William III. den ›letter of marque‹ unterzeichnete.

Kidd nahm persönlich die Schiffstaufe vor, die damals anders vonstatten ging, als wir es heute – mit einer Dame,

Richard Coote (1636–1701), Graf von Bellomont, Gouverneur von New York

die eine an einem Seil befestigte Champagnerflasche gegen die Bordwand am Bug schleudert – gewohnt sind. Der Stapellauf mußte erst vollzogen sein, ehe er sich in seiner Paradeuniform, einen rotweingefüllten goldenen Pokal in der Rechten, auf dem Achterdeck postierte. Dort trank er einen guten Schluck und sprach dann laut den Namen des Schiffes aus – ADVENTURE GALLEY –, worauf ein Fanfarenstoß erklang. Zuletzt verspritzte er den restlichen Wein in alle vier Himmelsrichtungen, um die Winde günstig zu stimmen, und warf den Pokal über Bord in die Themse.

Die Bezeichnung ›galley‹ (Galeere) ist keineswegs nur als romantischer Euphemismus zu verstehen, wie viele Historiker angenommen haben. Es handelte sich um einen speziellen Schiffstyp, wie er in England nur zu dieser Zeit gebaut wurde, eine ›Galley frigate‹, einen voll rahgetakelten Dreimaster von 287 Tonnen, der bei ungünstigem Wind oder bei einer Flaute zusätzlich durch eine Anzahl langer Ruder bewegt werden konnte – ein unschätzbarer Vorteil gegenüber jedem herkömmlichen Segler in schwierigen Gewässern. Der hauptsächliche Nutzen dieser Ausstattung bestand weniger darin, durch die Riemen ›Fahrt zu machen‹, als manövrierfähig zu bleiben, wenn zum Beispiel bei einem Gefecht gerade Windstille herrschte.

Darüber hinaus verfügte die ADVENTURE GALLEY über wesentlich mehr Segel, als seinerzeit bei Vollschiffen üblich war. Insbesondere führte sie am Kreuzmast ein Bramsegel und am Bugspriet zwei ›Blinden‹ (kleinere Rahsegel), wodurch sie auch später identifiziert wurde.

Ein weiterer Unterschied zu den gebräuchlichen ›Kaperfahrern‹, deren Geschütze gemeinhin an Deck installiert waren, bestand darin, daß es zwei Geschützdecks mit insgesamt 34 Kanonen gab, wie bei einer richtigen ›man of war‹.

»I am content with smell of tarr –
Go, keep the feathers to yourself;
I've got the peacock's finest part,
My ship the swiftness of an elf.«
(»Ich bin mit Teergeruch zufrieden,
Die Federn mögt ihr selbst behalten:
Mein ist der schönste Teil des Pfaus,
Ich darf auf schnellstem Schiffe walten.«)

Von der geplanten ›Strafexpedition‹ gegen Piraten war bis zu diesem Zeitpunkt von königlicher Seite noch nicht die Rede, obwohl sich Bellomont mehrmals geradezu enthusiastisch für das Unternehmen eingesetzt hatte. Das Interesse Williams III. konzentrierte sich wie gesagt fast ausschließlich auf den Krieg mit Frankreich – immerhin war er der Führer der europäischen Koalition gegen Louis XIV. –, weshalb auch für ihn die Kaperlizenz nur eine Formalität darstellte. Alle sonstigen Dokumente und Sondergenehmigungen gingen ihm nicht so leicht von der Feder. Gegenwärtig war er wieder einmal in Melancholie über den Tod seiner Gattin verfallen und dämmerte, unter ständigen Migräneanfällen leidend, in Hampton Court vor sich hin, was den Zugang zu ihm sehr erschwerte.

Nun fügte es sich so, daß gegen Ende des Jahres die ersten Schreckensmeldungen aus Bombay über Everys Schandtaten und deren verheerende Folgen in London eintrafen, zusammen mit Berichten und Beschwerden über die Aktivitäten von Thomas Tew, William Mace und anderen ›Rittern des Glücks‹: die Übergriffe der ›Red Sea men‹ schienen sich gerade bedenklich zu akkumulieren. Edmund Harrison und die ›East India Company‹ übten daraufhin erneut verstärkten Druck auf das Parlament aus, und dieses sandte wiederum eine dringliche Petition an den König.

Wenige Tage später wurde ›Kapitän William Kidd, esq.‹ überraschend zu einer Privataudienz nach Hampton Court gebeten. Der Regent empfing den Seefahrer im ›roten Audienzsaal‹, der mit Damenporträts seiner Lieblingsmaler Veronese, Tintoretto und Honthorst (›Gherardo dalle Notti‹) ausgeschmückt war – er hegte, außer für Kunstschätze seiner Heimat, eine Vorliebe für die italienische Renaissance und hatte das Tudorschloß um mehrere Neubauten in diesem Stil erweitern lassen.

Bei ihrer Unterredung saß er auf einem Thronsessel unter einem prunkvollen, von der Ostwand in den Saal ragenden Baldachin mit altrosa, purpurgesäumten Schabracke; das etwas spitze Gesicht mit der länglichen geschwungenen Nase, der hohen Stirn und dem katzenhaften Mund, umrahmt von einer kostbaren dunklen Allongeperücke, wirkte blaß und übermüdet. Kidds anfängliche Beklommenheit verflog rasch, als Seine Majestät sich freundlich nach seinen bisherigen Reisen und Abenteuern erkundigte, seinen Ausführungen gnädig und sogar mit einer Spur von Interesse zu lauschen geruhte und schließlich sagte, Lord Bellomont habe ihn bereits über ihr gemeinsames Vorgehen unterrichtet, eine Hatz auf Seeräuber im Roten Meer zu veranstalten – wie er denn selbst die Erfolgsaussichten einer solchen Strafexpedition einschätzte?

Auf das nun folgende Plädoyer hatte sich Kidd natürlich sorgfältig vorbereitet. Er erläuterte seine Strategie anhand von Karten, die herbeigebracht wurden, und versprach feierlich, er werde mit der vorzüglich ausgerüsteten ADVENTURE GALLEY wie die Reiter der Apokalypse über die verwünschte Piratenbrut hereinbrechen. Kurz, es gelang ihm, den König zu überzeugen, der am 26. Januar 1696 »Unserm getreuen, viellieben Kapitän William Kidd, Befehlshaber und so weiter« als Dreingabe zu seinem Freibrief eine offizielle Urkunde ausstellte, die ihn zur Verfolgung namentlich genannter Freibeuter berechtigte. In diesem Schreiben waren Thomas Tew, John Ireland, Thomas Wake und William Mace aufgelistet, die damals meistgesuchtesten Piraten; der Name des ›Arch-Pyrate‹ fehlte, da es vorläufig über Everys Identität noch keine genauen Anhaltspunkte gab. Man nahm an, daß der Überfall auf das Großmogulenschiff von einem oder mehreren der oben erwähnten Seeräuber verübt worden sei. Erst John (›Little‹) Danns Aussage vom 3. August 1696 brachte Licht in die Sache – aber da war Kidd schon längst mit der ADVENTURE GALLEY in See gegangen. Gleichviel: seinen zweiten Auftrag verdankte er im Grunde ›Hennery Every‹.

Daß sein Kurswert inzwischen so enorm gestiegen war, mußte ihm allerdings Bedenken einflößen – vielleicht sogar Zweifel an seiner Berufung. Die ganze Chose lief etwas zu glatt. »Seine ihm angeborene schottische Schlauheit und Umsicht warnten ihn, daß er es hier mit einer grausamen, verschlagenen und selbstsüchtigen Gruppe von Leuten zu tun hatte. Er hatte genug Fehlschläge erlebt, um sich auszurechnen, wie schlecht es um ihn bestellt sein würde, wenn er diesmal mit leeren Händen zurückkehrte« (Robert Carse, ›The Age of Piracy‹).

Das wurde ihm spätestens in dem Augenblick klar, als ihm das Konsortium eine ›Bürgschaft für seine Integrität‹ in Höhe von 20000 Pfund abverlangte, eine Summe, für die er teilweise mit seinem Haus und Grundstück an der Ecke der Hanover und Pearl Street in New York sowie seiner kleinen Handelsflotte haften sollte. Was wieder einmal bedeutete, daß er, wenn sich die Fahrt als Fehlschlag erwies, ruiniert war. Colonel Livingston hatte als Hauptaktionär

10000 Pfund zu hinterlegen. Man kann sich die Relationen in etwa veranschaulichen, wenn man bedenkt, daß der Wert der ADVENTURE GALLEY und somit das investierte Guthaben lediglich 6000 Pfund betrug.

Der ungewöhnlich hohe Betrag ließ Kidd zögern, als ihn Bellomont um seine Unterschrift bat. Aber es war bereits zu spät; der Graf bestand ungeduldig auf einer sofortigen Entscheidung, und Kidd mußte sich, die Pistole auf der Brust, wohl oder übel ins Unvermeidliche schicken. Und das bei einer Verhandlungsbasis von ›no prey, no pay!‹

Dann wurde das bei Kaperfahrten übliche Reglement aufgesetzt, d. h. das Prämiensystem für die Crew und die jeweiligen Entschädigungen bei Verwundungen. Einhundert Stücke von Achten sollte derjenige erhalten, der als erster das Segel einer Prise sichtete – die gleiche Summe, wenn einer im Kampf einen Finger oder Zeh verlor. Wer beim Entern eines Schiffes feige zurückblieb oder betrunken war, ging seines Anteils verlustig – etc. etc.

Auf der anderen Seite wurde Kidds Selbstwertgefühl dadurch, daß ihn so viele bedeutende Persönlichkeiten hofierten, aufgeblasen wie ein Ballon. Zuletzt hatte ihn sogar der König empfangen und vertraulich mit ihm geplaudert! Was konnte ihm bei solchen Beziehungen schon passieren? Und vor allem mit solch eindrucksvollen und ehrfurchtsgebietenden Papieren, die die Signatur Williams III. und das königliche Großsiegel trugen? Nichts – fast nichts. Er war im Auftrag Seiner Majestät unterwegs. Sein Rang entsprach etwa dem des Kommandeurs eines Kriegsschiffs; jedenfalls bildete er sich das ein.

Dieser Hang zur Selbstüberschätzung hatte ihm schon einmal sehr geschadet, damals, als er vor vier Jahren auf einer Kapertour mehrere englische und amerikanische

Segler angehalten und Proviant ›beschlagnahmt‹ hatte. Und genau diese Art von Hybris wurde ihm bald darauf abermals zum Verhängnis. Vorerst schien sich noch alles nach Wunsch zu entwickeln. Zwar herrschte seinerzeit in England großer Mangel an tüchtigen und erfahrenen Seeleuten; dafür sorgten die ›press gangs‹, deren Jagdrevier die britischen Häfen und die Themse war und die jeden einigermaßen tauglichen Mann in den Dienst der Royal Navy ›preßten‹. Man befand sich immer noch im Kriege. Trotz dieser Konkurrenz war es Kidd gelungen, eine recht ansehnliche, etwa 150köpfige Besatzung für die ADVENTURE GALLEY zusammenzubringen, wobei sicher der Einfluß von einem seiner Finanziers, des Marineministers Edward Russel, keine unwesentliche Rolle spielte.

SECHSTES KAPITEL

Über das fatale Zusammenwirken von Größenwahn, widrigen Umständen und Mißverständnissen: erste Pannen, ein tropischer ›bal macabre‹ und der Zwischenfall mit der SEPTER

Es ging also los. Am 27. Februar 1696 trat der stolze Dreimaster von Deptford aus seine große Fahrt an. Die Jungfernreise dauerte jedoch nicht sehr lange. Etwa auf der Höhe von Southend, an der Mündung der Themse, stießen sie auf zwei oder drei Kriegsschiffe der Navy. Noch heute ist es üblich, bei einer solchen Begegnung die Flagge zu dippen, so, als ob man zum Gruß kurz den Hut lüftet. Kidd, der sich den Kapitänen dieser ›men of war‹ durchaus ebenbürtig fühlte, verzichtete stolz auf das Zeremoniell und zog grußlos an ihnen vorbei. Man hätte ihn wohl sonst unbehelligt passieren lassen, aber seine Unbotmäßigkeit verlangte eine entsprechende Antwort. Und zufällig befand sich an Bord einer Schaluppe eine der gefürchteten Preßpatrouillen. Zu spät erkannte er seinen Fehler, als man einen Böllerschuß abfeuerte und ihm signalisierte, beizudrehen. Der selbstherrliche Kaperfahrer war noch nicht einen Tag auf dem Wasser, als er auch schon durch seine Dummheit und Anmaßung Opfer von Matrosenschleppern wurde, die mit ihren Booten längsseits gingen. Da half es ihm wenig, daß er fluchte wie der Leibhaftige, auf Deck herumstampfte und wieder und wieder seine Freibriefe herzeigte; die ›press gang‹ nahm ihm achtzig seiner besten Leute ab und empfahl dem tobenden Kapitän lachend, sich doch an seine einflußreichen Freunde oder an die britische Admiralität zu wenden, falls er irgendwelche Beschwerden habe.

Diese erste Schlappe war einfach zu peinlich – wie sollte er das seinen Auftraggebern erklären? Am besten gar nicht. Die Rekrutierung der Mannschaft fiel in seine Kompetenz, und eine Beschwerde hätte ihm in der Tat nichts genützt, sondern nur eine weitere, langwierige Verzögerung bewirkt und überdies noch ein schlechtes Licht auf ihn geworfen. Anstatt kleinlaut nach Deptford zurückzukehren, schien es zunächst das Vernünftigste, Zwischenstation im Hafen von Plymouth zu machen und zuzusehen, ob sich die arg gelichtete Crew nicht dort wieder auffüllen ließe. Eine trügerische Hoffnung. In Plymouth war der Bestand an brauchbaren Seeleuten bereits erschöpft. Kidd konnte nicht einmal zwanzig Männer anheuern, und selbst die waren ›zweite Garnitur‹: Halunken, Saufbolde und halbe Portionen.

Am 23. April lief die ADVENTURE GALLEY wieder aus mit einer dürftigen Besatzung von siebzig Matrosen und nahm Kurs auf New York. Unterwegs begegnete ihnen ein kleines französisches Handelsschiff, dessen Ladung aus Salz und Fischereigeräten bestand und das sie ohne Schwierigkeiten kaperten – ein schmaler Lichtstreif am ansonsten bedeckten Horizont. Die Prise brachte nach ihrer Ankunft am 4. Juli insgesamt 900 Pfund ein; ein Zehntel des Gewinns wurde kontraktgemäß an die britische Admiralität überwiesen, der Rest deckte gerade die Proviantkosten für die bevorstehende Reise nach Madagaskar. Keiner aus der Crew hatte bisher auch nur einen Penny Heuer erhalten.

Für ein breitangelegtes Familienidyll im Kreise seiner Frau, seiner kleinen Tochter und seiner Stiefkinder blieb Kidd nur wenig Muße. Der Abstecher nach New York diente hauptsächlich dem Zweck, neue Leute anzuwerben, nur stellte sich dort das Rekrutierungsproblem von der anderen Seite: die Neuigkeit seiner ›grand tour‹ sprach sich in Windeseile herum, die ADVENTURE GALLEY bildete die Attraktion des Hafens, und schon bald konnte er sich vor Freiwilligen kaum mehr retten. Unter ihnen gab es wohl eine Menge ›brauchbarer Matrosen‹, aber in Neuengland herrschte doch eine etwas andere, rauhere, unberechenbarere Mentalität als im vergleichsweise zivilisierten London. Keine leichte Aufgabe für einen Kapitän, den die Last der Verantwortung drückte, aus diesem ›Abschaum‹ die richtige Auswahl zu treffen.

»Der Gegenstand seiner Reise wirkte nur allzu verlockend auf einen bestimmten Typus von Seemann; nicht unbedingt auf den gröbsten Seeräuber-, Meuterer- und Halsabschneidertyp, denn der Auftrag lautete ja, Piraten aufzustöbern und vor Gericht zu bringen – aber doch auf Männer, die von der Aussicht, in kurzer Zeit sehr viel Geld zu verdienen, angezogen wurden. Man könnte sie als ›Beinahe-Piraten‹ bezeichnen, und es besteht kein Zweifel daran, daß sich Kidd, trotz der strikten Disziplin an Bord, von manchen aus seiner Crew in dieser Hinsicht beeinflussen ließ« (A. G. Course).

Gouverneur Fletcher war mittlerweile zu Ohren gekommen, daß Kidd als Belastungszeuge gegen ihn ausgesagt hatte. Er revanchierte sich auf subtile Weise, indem er einen ›besorgten‹ Brief an die englische Handelskammer aufsetzte und die Situation wie folgt schilderte: »... Kidd strömten viele Leute aus allen Teilen des Landes zu; Männer, die sich in einer verzweifelten Lage befanden und damit rechneten, reiche Beute zu machen. Man ist hier überall der Ansicht, daß sie nur auf das Geld aus sind und er, wenn er sein Ziel nicht erreicht, auch nicht in der Lage sein wird, mit einer solchen Horde fertigzuwerden, ohne sie durch reiche Beute bei Laune halten zu können« (zit. bei Mitchell).

Die Prophezeiung von einem, der sich mit Piraten bestens auskannte. Kidd mochte zwar über eine genügend große Auswahl an Seeleuten verfügen, aber das Gesamtangebot war eben nicht vom Feinsten. ›Referenzen?‹ ›Wie, Sir?‹ Die ca. 85 Matrosen, die er in New York und Massachusetts Bay anheuerte, waren meist skrupellose Abenteurer, loyal nur gegen sich selbst, und einige hatten bereits unter Kapitänen wie Tew oder Coates an Freibeutertouren teilgenommen. Eine paradoxe Situation, ausgerechnet Expiraten für eine Strafexpedition gegen Seeräuber zu werden! Daß es bei mäßigem Ertrag der Unternehmung zu Schwierigkeiten kommen würde, schien vorhersehbar; Kidd befand sich in der etwas unbehaglichen Rolle eines Dompteurs, der es mit allzu vielen Raubtieren zu tun hat. Nun, unter seinem Kommando sollten sie schon lernen zu kuschen. Er war schließlich kein blutiger Anfänger mehr. Er würde keine Disziplinlosigkeiten dulden, die geringste Insubordination strengstens ahnden, durch Furcht regieren und seine Mission zu Ende führen. Das zweite Mal, daß er sich auf dieser Reise überschätzte.

Die ADVENTURE GALLEY lief am 6. September wieder aus, 155 Mann Besatzung, Kurs Madagaskar – in Begleitung einer kleineren Brigantine, Kapitän Joyner, 60 Mann Besatzung, die nach Madeira unterwegs war und in ihrem Schutz segelte. Die einzelnen Stationen der Passage lassen sich ziemlich genau zurückverfolgen, Kidd behauptete später, Meuterer hätten auf der Insel Ste. Marie das Bordbuch an sich gerissen und vernichtet, aber er konnte sich bei seinem Prozeß noch an die meisten Einzelheiten erinnern, und seine Aussagen entsprechen im großen und ganzen denen von zwei Mitgliedern seiner Crew, Benjamin Franks und Edward Buckmaster. Da die Fahrt anfangs nicht gerade ereignisreich verlief, dürfte es ausreichen, die Etappen stichpunktartig zu schildern und nur gelegentlich auf Details einzugehen.

Der erste Hafen, an dem sie am 8. Oktober anlegten, war der von Madeira, wo sie sich mit Wein und Früchten eindeckten; in Bonavista und St. Jago (Kap-Verde-Inseln) nahmen sie Salzvorräte und Frischwasser an Bord. Die erste brenzlige Situation, der sie ausgesetzt waren, trug sich am 12. Dezember zu, als sie etwa hundert Meilen nördlich des Kaps der Guten Hoffnung auf ein Geschwader aus vier englischen Kriegsschiffen stießen, die fünf Handelsschiffe der ›East India Company‹ eskortierten. Den Oberbefehl hatte Kapitän Thomas Warren, R. N. Kidd ließ diesmal anständig die Flagge dippen und sich in einem Boot zur Kommandofregatte, der WINDSOR, hinüberrudern. Dort legte er allerdings wieder einmal ein so anmaßendes Benehmen an den Tag, daß es ihn fast Kopf und Kragen gekostet hätte. Er wies seine Geleitbriefe vor, die Gott sei dank einen gewissen Eindruck machten, und ersuchte Warren sofort ohne Umschweife, ihnen mit Segeln auszuhelfen, da sie vor kurzem in einem Sturm einige verloren hätten. Warren bedauerte, ihm diesen Wunsch nicht erfüllen zu können. Kidd brauste auf, seine königlichen Kommissionen gäben ihm das Recht, darauf zu bestehen, und wenn man sie ihm verweigerte, würde er sie sich auf dem ersten besten Schiff holen, das ihre Route kreuzte. Zu seinem Glück war Warren ein ruhiger und besonnener Mann. Er sagte nur mit schneidendem Lächeln, »da befinden Sie sich im Irrtum, Sir; Ihre Kommissionen sind gültig und in Ordnung, aber auf einem Kriegsschiff der Royal Navy berechtigen sie Sie zu nichts. Was halten Sie davon, wenn wir die ganze Angelegenheit in Ruhe bei einem Gläschen Sherry in meiner Kapitänskajüte besprechen?« (»Diesem schottischen Querkopf werde ich schon einheizen«, dachte er sich im Stillen.) Sie plauderten eine Weile über dieses und jenes, und Kidds anfängliche Frostigkeit begann gerade unter der vermeintlichen schmeichelhaften Zuvorkommenheit des Geschwaderkommandeurs aufzutauen, als dieser die Katze aus dem Sack ließ: »Master Kidd, ich sehe, daß sich vernünftig mit Ihnen reden läßt. Wie Sie wissen, befinden wir uns im Kriege, es gilt also auch hier das Kriegsrecht. Da dem so ist, werden Sie nicht umhin können, mir beizupflichten, wenn ich sage, daß die Belange der Royal Navy gegenüber denen eines königlichen privateers und Piratenjägers Vorrang besitzen. Auch wir sind im Auftrage Seiner Majestät unterwegs.« Kidd wollte Einspruch erheben, aber Warren ließ sich nicht ins Wort fallen. »Ich möchte es daher als einen Glücksfall bezeichnen, daß wir Ihnen und Ihrem Schiff begegnet sind. Denn leider habe ich einen Großteil meiner Leute durch Krankheit verloren, und ich bin zuversichtlich, daß Sie mir dafür ein paar Männer aus Ihrer Crew abtreten werden – 20 oder 30 würden mir vorerst genügen. Sie dürfen dies als Befehl auffassen, und wie gesagt: es gibt das Kriegsrecht.«

Der Wortlaut dieser Unterredung ist nicht gänzlich fiktiv; er deckt sich in groben Zügen mit der Aussage eines der dabei anwesenden Matrosen der ADVENTURE GALLEY, Benjamin Franks. Kidd dämmerte nun, daß er vom Regen in die Traufe geraten war. Er hatte zwar einen unbeherrschten und jähzornigen Charakter, aber er war nicht gänzlich auf den Kopf gefallen. Mit ›Comodore‹ Warren ließ sich nicht spaßen, das stand fest; es galt also taktisch klug zu sein, gute Miene zum bösen Spiel zu machen und möglichst viel Zeit herauszuschinden Er tat so, als sei er einverstanden, bat sich aus, die Auswahl selbst zu treffen und schlug vor, solange im Konvoi zu segeln. Warren lächelte wieder, gab seinem 1. Offizier im Hinausgehen en passant die Anweisung, die Geschütze stets gefechtsbereit zu halten, und verabschiedete den etwas geknickten Kidd.

»Ungefähr ein oder zwei Tage später«, schreibt Franks, »begab sich Kidd (sic) abermals an Bord eines der Kriegsschiffe und kehrte nachts auf die ADVENTURE GALLEY zurück, kaum wiederzuerkennen vor Betrunkenheit« (»very much disguised with drink«). »In derselben Nacht entfernte er sich aus dem Geschwader, ohne die Männer zu übergeben, wie er versprochen hatte.«

Das gelang ihm nur durch den Umstand, daß in dieser Nacht gerade eine Flaute herrschte und er die ›Abenteuergaleere‹ im Schutz der Dunkelheit außer Sichtweite *rudern* lassen konnte. Anscheinend ermunterte ihn sein Alkoholrausch zu einem so gefährlichen Hasardspiel. Er schaffte es jedenfalls, sich glimpflich aus der Affäre zu ziehen.

Sie liefen die Südwestküste von Madagaskar an und gingen in dem Hafen Tuléar in der Nähe der St. Augustin Bay vor Anker, um erneut Wasser und Proviant aufzunehmen. Die Mitteilung Warrens, er habe viele seiner Leute durch Krankheit verloren, erwies sich als böses Omen.

»Nachdem wir uns einige Zeit in Talleer (sic) aufgehalten hatten, kam ein Segel in Sicht. Das Schiff steuerte auf St. Augustin Bay zu, worauf wir Anker lichteten und hinübersegelten, da die beiden Häfen nur eine kurze Strecke voneinander entfernt liegen. Wir fanden heraus, daß es sich um eine Sloop aus Barbados handelte, die gekommen war, um Negersklaven zu kaufen, und kehrten nach Talleer zurück. Am anderen Tag kam der Kapitän« (nach Kidds

Aussage ein Franzose) »der Sloop zu uns an Bord, uns seine Aufwartung zu machen, erweckte jedoch den Eindruck eines schwerkranken Mannes. Und wenige Tage später gab er Befehl, ebenfalls in Talleer anzulegen; an diesem Tag besuchte uns der Eigentümer und Supercargo« (ein Engländer namens Hatton). »Aber er befand sich kaum an Bord, als er auch schon zusammenbrach und starb.«

Unter einer ›sloop‹ versteht man ein kleineres einmastiges Segelschiff; diese gehörte besagtem Mr. Hatton, einem englischen Sklavenhändler. Sein Stellvertreter an Bord, von dem gleich die Rede sein wird, war ein Mr. John Batt. Der Segler kam natürlich für Kidd als ›Prise‹ nicht in Frage.

»Sein Nachfolger« (Batt) »verstand sich mit dem Kapitän der Sloop überhaupt nicht, und ständig gab es irgendwelche Meinungsverschiedenheiten und laute Streitereien. Unser Kapitän bemühte sich nach Kräften, sie miteinander auszusöhnen, aber ohne jeden Erfolg.« (Benjamin Franks)

Damals wußte man noch nicht genug über die Ansteckungsgefahr bestimmter Krankheiten – in diesem Fall handelte es sich wahrscheinlich um Cholera –, um zu erkennen, daß das Sklavenschiff aus Barbados ein Seuchenherd war. Die Mannschaften standen in gegenseitigem Kontakt, und viele Besatzungsmitglieder der ADVENTURE GALLEY infizierten sich bei dieser Gelegenheit. Die Inkubationszeitbombe tickte bereits, als sie am 4. Februar 1697 Taléar verließen. Die Sloop hängte sich zu allem Überfluß wie eine Klette an ihr Kielwasser, um in ihrem Schutz zu segeln, obwohl Kidd den lästigen französischen Kapitän »mehrmals aufforderte, abzudrehen und uns in Ruhe zu lassen, weil er es leid war, ihre dauernden Zankereien mit anhören zu müssen.«

Der größte und wichtigste Stützpunkt der Piraten von Madagaskar lag auf der Insel Ste. Marie an der Ostküste.

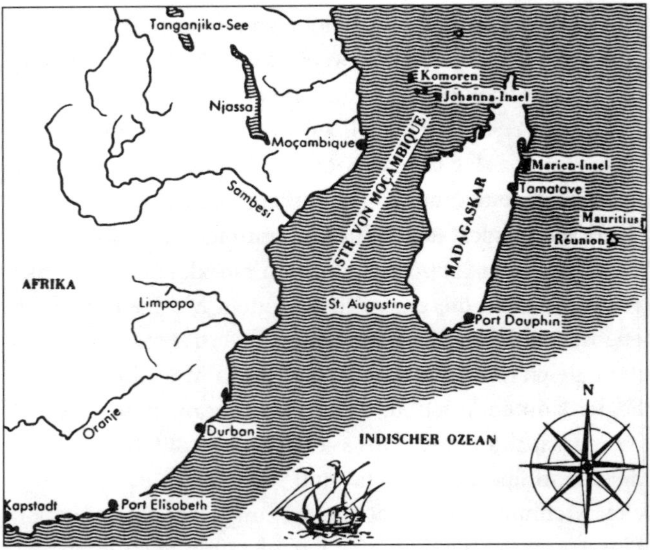

Das blieb auch bis Ende des 18. Jahrhunderts so. Dort hatten sie, der Legende nach auf Everys Geheiß, eine eigene Festung errichtet, 1500 Mann stark und mit 50 schwenkbaren Geschützen bestückt. Außerdem stand ein Flottenverband von siebzehn Schiffen bereit, einige mit bis zu 40 Kanonen an Bord. Obwohl das Eiland selbst für Geschwader der Royal Navy praktisch uneinnehmbar war, gab es sich nach außen hin idyllisch und friedfertig. Mit der schwarzen Urbevölkerung lebten die Seeräuber nach ein paar anfänglichen Scharmützeln in relativ friedlicher Koexistenz. Man konnte jederzeit ungehindert in einen der beiden kleineren Häfen einlaufen, Ladungen löschen, sich verproviantieren, bei Hehlern (vor allem dem schon erwähnten Adam Baldridge) Diebesgut loswerden oder sein Geld verhuren, verspielen oder versaufen. Das einzige, was man nicht durfte, war, diesen schillernden tropischen Frieden stören, an Messerstechereien Anstoß nehmen oder sich gar noch als Diener des Gesetzes aufspielen. Einem Kapitän mit ›Piratenfangkommission‹ Seiner Majestät Williams III., der hier Anstalten machte, ›hart durchzugreifen‹, hätte man, wie A. G. Course richtig bemerkt, todsicher einen ›warmen Empfang‹ bereitet.

Kidd war mit der Situation vertraut und fühlte sich nicht zum Märtyrer berufen. Statt dessen segelte er, die aufdringliche und verseuchte Sloop im Gefolge, erst einmal an der Westküste die Straße von Mosambik entlang mit Kurs auf die Komoreninseln. Seine nächste Station war Johanna Island (Anjouan), wo gerade drei Schiffe der ›East India Company‹ vor Anker lagen. Das größte, eine Brigg, war ebenfalls durch königliches Edikt zur Jagd auf Piraten berechtigt und hatte daher stolz den ›broad pennant‹, den Wimpel eines ›Commodore‹ der Navy, gehißt. Kidd fühlte so etwas wie Konkurrenzneid in sich aufkommen und meinte, daß ihm mit seiner speziellen Lizenz eine Vorrangstellung im Hafen gebühre, welche auch sichtbar sein müsse. Diese Dünkelhaftigkeit führte abermals zu einem unliebsamen Zwischenfall. Denn erstens erkannte Kidd anscheinend nicht, daß zumindest eines der Schiffe zu eben jenem Konvoi gehört hatte, dem er unlängst begegnet und wie beschrieben wieder entronnen war, und zweitens verlangte er in der gewohnten herrischen Art von dem Kommandanten der Brigg, ihm Reverenz zu erweisen und den Wimpel einzuholen. Der Kapitän schien bereits über das merkwürdige und verdächtige Gebahren dieses ›verrückten Schotten‹ unterrichtet. Auf jeden Fall empfand er dessen Ansinnen zu Recht als unverschämte Zumutung und weigerte sich, unterstützt von den beiden anderen Kapitänen, der Aufforderung Folge zu leisten.

Kidd sah bald ein, daß er wieder einmal einen schweren Fehler begangen hatte. Um die Scharte auszuwetzen, sandte er eine Einladung zum Dinner auf der ADVENTURE GALLEY an die drei erzürnten Herren. Sie ließen ihn jedoch wissen, daß sie nicht den geringsten Wert auf seine Gastfreundschaft legten und daß er sich hüten solle, ihren Schiffen zu nahe zu kommen, da sie gegenwärtig gerade Schießübungen auf Leute wie ihn veranstalteten.

Auf diesen freundlichen Bescheid hin zog er es vor, Johanna zu verlassen und die nahe gelegene, etwa eine Tagesreise entfernte Insel Mohilla anzusteuern. Die Sklavenfahrer aus Barbados waren nicht abzuschütteln und gingen ebenfalls dort vor Anker.

Die ADVENTURE GALLEY wurde ›kielgeholt‹, d. h. daß man sie durch Hebelwirkung der Untermasten, welche mit Taljen (Flaschenzügen am Strand) vertäut wurden, an einem möglichst steilen Ufer auf die Seite drehte, um den unteren Schiffsrumpf von Bewuchs, Muscheln, Algen und dergleichen zu befreien. Diese Prozedur war in bestimmten Abständen notwendig, da solche Ablagerungen die Fahrt erheblich verlangsamten.

Es dauerte nicht lange, bis auch unter Kidds Crew die Seuche ausbrach. Ein Teil der Besatzung begann plötzlich wegzusterben wie die Fliegen. Zwischen den ersten Symptomen und dem Tod lagen gewöhnlich nur drei Tage, was wiederum darauf hinweist, daß es sich um eine Choleraepidemie handelte; möglicherweise kam noch Skorbut hinzu. »Wir begruben eine Menge Leute, ich weiß nicht mehr wie viele«, schreibt Benjamin Franks; »innerhalb einer Woche starben ungefähr fünfzig Männer«, präzisiert Kidd in seinem Bericht über die Reise.

Ihr Aufenthalt auf Mohilla muß ein Alptraum gewesen sein. Schon die sengende Hitze in jenen Breiten ist um die Jahreszeit (es war Ende März) mörderisch. Als auch John

Batt, der Stellvertreter des Eigentümers der Sloop, der Krankheit erlag, plünderte man die Rumvorräte, die sie außer Zucker und Schießpulver geladen hatte. Die Gesunden betranken sich, um die Angst, die Sterbenden, um die Schmerzen zu betäuben. Und täglich mußten eiligst neue Gräber ausgehoben werden, da die Verwesung in solchem Klima rasch voranschritt. Ein tropischer bal macabre, den Kidd mit größter Besorgnis beobachtete.

Nach fünf Wochen gab er Befehl, zurück nach Johanna zu segeln. Inzwischen dürfte ihm klar geworden sein, daß die Fahrt ein katastrophaler Mißerfolg war und er seine vertraglichen Verpflichtungen gegenüber seinen Auftraggebern kaum würde erfüllen können, wenn nicht ein Wunder geschah. Aber er beschloß trotzdem, noch einen letzten Versuch zu wagen.

Die drei Schiffe der ›East India Company‹ hatten den Hafen bereits verlassen, so daß er unbesorgt in die Bucht einlaufen konnte – denn der ›Hafen‹ von Johanna war nicht viel mehr als ein geschützter Ankerplatz. In wenigen Tagen fielen abermals zwanzig seiner Leute der Epidemie zum Opfer. Er mußte die Crew schleunigst wieder auffüllen, so gut es eben ging.

Die Komoren waren zwar formell französische Kolonien, unterlagen jedoch keiner allzu strikten Kontrolle, da sie keine besondere strategische Bedeutung hatten. Allerdings ließ sich dort nicht einmal eine Handvoll englischer Matrosen auftreiben. Kidd heuerte also etwa fünfzig französische Seeleute an, den Umständen nach keine besonders vertrauenserweckenden Burschen. Die meisten waren ehemalige ›corsaires‹ oder Seeräuber. Die Mannschaft der ADVENTURE GALLEY, die französische Handelsschiffe kapern und Jagd auf Piraten machen sollte, bestand nun vorwiegend aus Franzosen und Expiraten. Der Kapitän bedurfte schon einer gehörigen Portion Galgenhumor, um über diese absurde Situation schmunzeln zu können.

Benjamin Franks, der mittlerweile selbst erkrankt war, muß dies alles wie durch einen Schleier gesehen haben: »Wir frischten unsere Trinkwasservorräte auf und nahmen eine Anzahl Franzosen an Bord; wie viele es genau waren, kann ich nicht sagen, da ich Fieber und Schüttelfrost bekam und man mich an Land brachte. Ich lag die ganze Zeit über am Strand, solange wir in Johanna Station machten.«

In den kommenden Wochen und Monaten befand sich Franks ›mehr tot als lebendig‹ unter Deck und wurde durch seine Kameraden über die weiteren Ereignisse auf dem laufenden gehalten – so behauptete er jedenfalls. Er wusch seine Hände in Unschuld. Eigentlich habe er überhaupt nur an der Fahrt teilgenommen, weil ihm Kidd in New York versprochen hätte, ihn nach Surat oder eine andere indische Stadt zu bringen, wo er seiner Hauptprofession – der eines Juweliers und Edelsteinhändlers – nachgehen wollte. Er sei also bloß ein ›Matrose auf Zeit‹ gewesen. Das mag stimmen oder nicht, Tatsache ist, daß er im November zusammen mit einem anderen Matrosen desertierte, als das Schiff in Carwar an der Westküste Hindustans anlegte. Denn Kidd wäre bald darauf dazu übergegangen, Piraterie zu betreiben, und er, Franks, habe sich rechtzeitig aus dem Staube gemacht, um nicht mitschuldig an seinen Verbrechen zu werden. Ein geschicktes Plädoyer, das ihm den Hals aus der Schlinge zog.

Ab welchem Zeitpunkt Kidd auf solche Abwege geriet, ist nicht exakt festzustellen. Von Johanna aus segelte die ADVENTURE GALLEY zunächst in nördlicher Richtung mit Kurs auf den Golf von Aden und das Rote Meer. Dort hoffte Kidd endlich auf ein paar Seeräuberschiffe zu stoßen. Vielleicht ließ sich die bisherige andauernde Pechsträhne doch noch durch einen glücklichen Beutezug beenden. Im Roten Meer sollte es ja von Freibeutern nur so wimmeln. Man mußte auf die indischen Kauffahrer achten, die von den Häfen Jeddah und Mocha kommend durch die Straße von Bab-el-Mandeb (an der berüchtigten Pirateninsel Perim vorbei) nach Surat oder Bombay zurückkehrten. Wo sie kreuzten, konnten auch die Seeräuber nicht weit sein, und wurden sie ausgeplündert, würde man danach eben die Piraten plündern. So einfach schien das. Aber die Rechnung ging nicht auf. Es kam alles ganz anders.

Im Juni oder Juli liefen sie Ras Mabber (Bender Beila), eine winzige Siedlung an der Ostküste der Somali-Halbinsel, 165 Meilen südlich vom Kap Guardafui an, um ihre Wasser- und Proviantvorräte aufzufüllen. Es sollte nur ein kurzer Aufenthalt werden; die ADVENTURE GALLEY ankerte vor der Küste, und Kidd sandte eines der Beiboote aus, um das Gewünschte herbeischaffen zu lassen. Aber die Eingeborenen erwiesen sich als widerspenstig und wollten nichts von ihrem kostbaren Trinkwasser abgeben. Darauf schickte der Kapitän zwei Boote mit 40 bewaffneten Männern an Land, die seiner Forderung mehr Nachdruck verleihen sollten. Bald hallten Schüsse herüber, und ein paar der Küstenbewohner wälzten sich in ihrem Blut. Der Rest ergriff die Flucht, außer sechs Schwarzen, die gefangengenommen und als Sklaven oder Geiseln mit aufs Schiff gebracht wurden. Vieren gelang es jedoch, in der Nacht ihre Fesseln zu lösen, über Bord zu springen und ans Ufer zu schwimmen. Die beiden anderen ließ man am nächsten Tag frei, nachdem sie gegen ›drei Kühe und zwei Schafe‹ ausgelöst worden waren. Die Beute bestand ferner aus zwei weiteren (geschlachteten) Rindern, mehreren

Fässern mit Trinkwasser und einigen Säcken mit Mais und Kichererbsen. Kidds Argumente hatten überzeugt.

Danach umrundeten sie Kap Guardafui und lavierten etwa zwei Wochen vor Perim an der Mündung zum Roten Meer in Erwartung eines Konvois der indischen Handelsflotte – und von Seeräuberschiffen. Diese Breiten hießen damals im Seemannsjargon ›the Babs‹ (ein Kürzel des Namens ›Bab-el-Mandeb‹).

Als längere Zeit kein größeres Segel auftauchte, kam eine gefährliche Krisenstimmung an Bord auf. Die Unzufriedenheit und Ungeduld der Crew lagen geradezu fühlbar in der Luft. Kidd spürte, daß ihm allmählich die Kontrolle zu entgleiten drohte. Dreimal ruderten auf seinen Befehl hin Abordnungen von Matrosen in der Pinasse zum Hafen von Mocha, um in Erfahrung zu bringen, wann die Kauffahrer endlich auslaufen würden. Seine Leute erspähten dort siebzehn Schiffe, die seeklar gemacht wurden, stellten sich aber anscheinend bei ihren Erkundigungsausflügen recht ungeschickt und auffällig an: in Mocha hielt man sie für Abgesandte von Piraten, die die Stärke der Flotte auskundschaften sollten, und war daher auf einen Angriff gefaßt. Mit diesem Verdacht lag man freilich gar nicht einmal so falsch, schien doch mittlerweile die Mannschaft der ADVENTURE GALLEY um jeden Preis entschlossen, Beute zu machen, gleichgültig, ob es sich um Freibeuter- oder um ›Maurenschiffe‹ handelte. Kidd stand bereits auf verlorenem Posten.

Die nun folgenden Ereignisse sind widersprüchlich dokumentiert, und es ist schwierig, sich nach den verschiedenen Aussagen ein gerechtes Urteil zu bilden. Als höchst belastend für Kidd mutet allerdings die Tatsache an, daß er in seinem eigenen Bericht über die Reise vom 7. Juli 1699 den Vorfall mit keinem Wort erwähnte, also wahrscheinlich bewußt unterschlug.

Als ›Nebenzeugen‹ traten die beiden schon erwähnten Mitglieder seiner Crew auf, Edward Buckmaster und Benjamin Franks, wobei zu berücksichtigen ist, daß letzterer, der noch immer krank unter Deck lag, kein Augenzeuge war, sondern nur durch seine Kameraden über das Geschehen unterrichtet wurde. Am zuverlässigsten dürfte eine Eintragung Kapitän Edward Barlows ins Logbuch der SEPTER, einer englischen Fregatte im Auftrag der ›East India Company‹, vom 15. August 1697 sein – dem Tag, an dem das Treffen stattfand. Barlow war zunächst 1. Offizier der SEPTER gewesen und hatte, als der Kapitän starb, das Kommando übernommen. Sie befanden sich auf der Rückreise nach England, erhielten jedoch zuvor noch Order, die indische Handelsflotte bis Surat zu eskortieren. Wie man sich erinnern wird, mußte die ›East India Company‹ auf Everys Anschläge hin indischen Kaufschiffen, die im Verband segelten, kostenlosen Geleitschutz stellen – eine der Bedingungen des Großmoguls, den Wirtschaftsverkehr mit England wiederaufzunehmen. Auch die Niederlande unterhielten bekanntlich Handelsbeziehungen zu Indien; es lag daher nahe, daß die befreundeten Nationen (William III. war immerhin gebürtiger Holländer) sich in diese Aufgabe teilten. So kam es, daß außerdem ein niederländisches Schiff zu dem Konvoi gehörte, das mit etwa 15 Kanonen bestückt war. Die Hauptverantwortung trug natürlich die SEPTER mit über 40 Geschützen.

Die Situation glich jener von vor ungefähr zwei Jahren, als ›Hennery Every‹ und seine Kumpane am gleichen Ort auf die Rückkehr der indischen Kauffahrer gewartet hatten – mit dem

Unterschied, daß sie damals auf der Pirateninsel Perim auf sie lauerten anstatt auf See, sich betranken und ihr Eintreffen verschliefen, die ›Moors‹ noch keine ernstzunehmende Eskorte besaßen und Everys Motive eindeutiger waren als die von Kapitän Kidd. Ob Kidd den Entschluß faßte, sich selbständig zu machen und auf Freibeuterkurs zu gehen, ob er sich gegen seine Crew nicht mehr durchsetzen konnte oder ob die ganze Angelegenheit einfach nur auf einem tragikomischen Mißverständnis beruhte – was bei seinem Temperament und seinen bisherigen Mißgeschicken kaum verwunderlich wäre –, man darf darüber nach Laune spekulieren.

»An einem Samstagabend im Monat August«, berichtet Benjamin Franks, »segelte die gesamte Maurenflotte an den ›Babs‹ vorüber« (durch die Straße von Bab-el-Mandeb). »Als die Schiffe in Sicht kamen, hißten unsere Männer den ›Jack‹.« Der ›Union Jack‹ war eine kleine Flagge, auf der sich die roten und weißen Kreuze Englands und Schottlands auf blauem Grund verbanden. Sie wurde gewöhnlich am Flaggenstock an der Spitze des Klüverbaums am Bug gesetzt. Edward Barlow widerspricht allerdings in seiner Logbucheintragung dieser Behauptung.

»Unser Kapitän«, fährt Franks fort, »ließ den Anker lichten und mitten in den Konvoi hineinsteuern. Am nächsten Morgen bei Tagesanbruch eröffnete ein Schiff aus der Flotte das Feuer auf uns, was die anderen alarmierte, von denen uns einige nun ebenfalls beschossen. Ein Segler, von dem der Kapitän sagte, er stamme aus Malabar« (die ›Pfefferküste‹ im Südwesten Indiens), »kam uns recht nahe, wie ich von den Seeleuten erfuhr; worauf unser Kapitän befahl, die ADVENTURE GALLEY hinüberzurudern, da fast Windstille herrschte. Die MALLABAR gab dann eine Breitseite auf uns ab, und auch der Kapitän ließ nun einige Geschütze auf sie abfeuern. Als aber wenig später auf dem anderen Schiff die englische Flagge gehißt wurde und er sah, daß sich uns außerdem ein holländischer Segler näherte, bot er alles auf, um zu entkommen.

Edward Buckmasters Aussage ist in diesem Zusammenhang relativ wertlos. Er gibt nur an, daß sie »auf dem 12. nördlichen Breitengrad« auf »einige Schiffe unter englischer, holländischer und maurischer (indischer) Flagge« gestoßen seien und – eine absurde Behauptung – sich ihnen einundzwanzig Tage lang angeschlossen hätten; und daß eins dieser Schiffe, das den Namen SEPTER (sic) trug, »ein oder zwei Kanonen« auf sie abgefeuert habe – sicher eine maßlose Untertreibung, da es ja zu einem längeren Feuergefecht kam.

Edward Barlow schildert die Begegnung ausführlich und detailliert wie folgt: »Als wir die kleine ›Bab‹-Insel« (Perim) »hinter uns gelassen hatten, sichteten wir zeitig am Morgen ein Schiff, das nicht zu unserer Flotte gehörte. Es war beinahe zur Mitte unserer Formation voneinander, so daß zwischen uns eine Lücke klaffte, durch welche ein Segler kreuzen konnte, ohne sich in Reichweite der Geschütze eines der Segler des Geschwaders zu befinden. Dieses Schiff zeigte keine Flagge und hatte nur Mars- und Brahmsegel gesetzt. Insgesamt verfügte es über mehr Segel als die meisten anderen Schiffe seiner Größe, nämlich ein Kreuz-Brahmsegel und eine Oberblinde« (Rahsegel am Bugspriet), »wodurch wir sogleich erkannten, um was für einen Typus es sich handelte. Und nachdem es sich uns bis knapp auf Schußweite genähert hatte, konnten wir es als Fregatte identifizieren, die, wie wir später hörten, in Deptford unter dem Namen ADVENTURE GALLEY vom Stapel gelaufen war. Sie führte 28 oder 30 Geschütze. An ihrem unteren Geschützdeck befanden sich Pforten für Riemen, mit denen sie sich bei Flauten fortbewegen ließ. Sie hatte wie gesagt keine Flagge gesetzt, sondern nur einen roten langen Wimpel ohne Kreuze.

Da wir gefechtsbereit waren und annahmen, der Kapitän der Fregatte würde uns für ein Maurenschiff halten, ließen wir ihn gern so nahe an uns herankommen, wie es ihm beliebte. Es herrschte kaum eine leichte Brise, und das holländische Geleitschiff war weit zurückgeblieben. So machte auch die ADVENTURE GALLEY wenig Fahrt. Als sie jedoch fast querab zu uns lag« (d. h. etwa parallel zur SEPTER), »hißten wir rasch unsere Flagge und feuerten erst einmal zwei oder drei wohlgezielte Kanonenschüsse auf sie ab. Dann ließen wir unsere Boote zu Wasser und nahmen die SEPTER in Schlepp, auf die Piraten zu wegen der Flaute. Inzwischen hatte uns eins der Maurenschiffe eingeholt, das nun von ihnen aus vier oder fünf Rohren beschossen wurde. Die Kugeln schlugen in den Schiffsrumpf ein und trafen auch ein paar der Segel. Als der Kapitän aber sah, daß wir uns nach Kräften auf ihn zubewegten, ließ er sämtliche verfügbaren Segel setzen und die Ruderbänke bemannen, um uns abzuhängen. So lief also die Fregatte rudernd und segelnd vor uns her, während wir hinterdreinfeuerten, was das Zeug hielt. Unsere Leute schrien ihr Drohungen und Verwünschungen nach, und der Kapitän verstand wohl, daß sie englisch sprachen. Ich denke, er nahm an, wir gehörten zur Royal Navy. Wir schossen noch eine Weile tüchtig aus allen Rohren und landeten gewiß einige Treffer.

Aber die Seeräuber hatten das schnellere Schiff und entfernten sich rasch, und als sie außer Schußweite waren, holten sie Ruder und Segel ein und warteten auf uns.

Wir steuerten unbeirrt weiterhin auf sie zu, und da der Wind ungünstig für ein Gefecht mit uns stand, wiederholte sich dieses Spiel von Annäherung und Flucht zweimal aufs neue; der Kapitän mußte jedoch schließlich einsehen, daß er es verloren hatte, ließ zum dritten Mal alle Segel setzen und nahm endgültig Reißaus.

Ein paar der Maurenschiffe hatten eine Menge Geld an Bord. Der Pirat würde die voraussegelnden Kauffahrer sicher bis auf die letzte Rupie ausgeplündert haben – es herrschten, wie ich schon sagte, große Abstände zwischen ihnen – wären wir nicht zu ihrem Schutz herbeigeeilt. Das holländische Schiff war ein eher schwerfälliger Segler und hätte ihnen bei der Flaute nicht beistehen können. Wir haben somit der Kompanie« (›East India Company‹) »in Surat einen guten Dienst erwiesen; denn wäre auch nur ein einziges Schiff der Handelsflotte den Piraten in die Hände gefallen, hätte man noch einmal alle Engländer in Surat gefangengenommen und in Ketten gelegt. Der Freibeuter, der seine Pläne durch unsere Eskorte durchkreuzt sah, nahm Kurs auf die indische Küste.

Die Mauren scheinen uns überaus dankbar dafür zu sein, daß wir sie vor ihm beschützt haben. Der Name des Piratenkapitäns lautet, wie wir später erfuhren, William Kid (sic).

Am nächsten Morgen, dem 16. August, war sein Schiff außer Sicht.«

Bei Kidds seltenem Talent, in jeden nur erdenkbaren Fettnapf zu treten, ist es auch bei dieser Geschichte nicht ausgeschlossen, daß es sich lediglich um eine unglückselige Verkettung von Zufällen und Mißverständnissen handelte – ›viel Lärm um Nichts‹. Barlow gibt selbst zu, daß die SEPTER ohne jede Vorwarnung zuerst feuerte; Kapitän und Besatzung gingen von vornherein davon aus, die ADVENTURE GALLEY müsse ein Seeräuberschiff sein. Hatte er den ›Union Jack‹ übersehen, den Kidd nach Benjamin Franks Aussage gesetzt haben sollte? Der »rote lange Wim-

Kapitän Kidd (von Howard Pyle)

pel ohne Kreuze«, den er erwähnt, war nicht etwa eine Piratenflagge, sondern galt bei der Navy normalerweise als Signal, daß sich der ›Commodore‹ eines Geschwaders an Bord befand – wieder eine von Kidds überheblichen, prätentiösen Selbstdarstellungen? Und wenn letzterer sich nur verteidigen wollte, warum schoß er dann auf den indischen Kauffahrer? Weil auch der plötzlich eine Salve auf ihn abgab? »Am nächsten Morgen«, hieß es bei Franks, »eröffnete ein Schiff aus der Flotte das Feuer auf uns, was die anderen alarmierte, von denen uns einige nun ebenfalls beschossen.« Eine Notwehrsituation, das Durchbrennen einer Sicherung in Kidds Hirn? Er hielt ja die SEPTER zunächst für einen indischen Segler aus Malabar. Hatte er es wirklich darauf angelegt, die ›Moors‹ auszuplündern?

Auch stimmt die Tatsache nachdenklich, daß Barlows Logbucheintragung einerseits auf den 15. August 1697 datiert ist, er aber andererseits zweimal davon spricht, daß sie »erst später« von Kidds Identität, dem Namen seines Schiffes und anderen Details »hörten« oder »erfuhren«. Dies legt doch den Schluß nahe, daß sein – überhaupt recht ausschmückender – Bericht im nachhinein ergänzt, stilistisch verbessert wurde. Einträge ins Logbuch sind in der Regel knapp und präzise gefaßt – man beschränkt sich meist nur auf ein paar Stichworte, Längen- und Breitengrade, Windrichtung, besondere Vorkommnisse etc. Und schon früh kam der Verdacht auf, Barlows Schilderung sei ›frisiert‹ gewesen, um Kidd bei seinem Prozeß zusätzlich zu belasten.

Am simpelsten und einleuchtendsten erscheint folgende Interpretation: Barlow war ein junger, aufstrebender und ehrgeiziger Seemann, der vielleicht etwas zu rasch vom 1. Offizier zum Kommandanten der SEPTER avancierte. Die Route von Mocha nach Surat galt nach den Beutezügen

Everys, Tews und vieler anderer Piraten als höchst gefährdet, und die Alleinverantwortung für die Sicherheit eines Konvois aus siebzehn Schiffen, von denen einige, wie er selbst schreibt, »eine Menge Geld an Bord hatten«, machte ihn zweifellos nervös. Kidds unverhofftes Auftauchen löste bei ihm eine Kurzschlußreaktion aus, die ihm vermutlich sogar den Blick auf den ›Union Jack‹ vernebelte. Daß jener dann seine erste Breitseite erwiderte, bestätigte ihn in seinem Dünkel, er habe es mit Seeräubern zu tun. Zwei Kapitänen mangelt es wohl hier an der nötigen Umsicht – ein Mangel, durch den sich vor allem Kidd auszeichnete, wie unzählige Beispiele belegen.

Das Logbuch der SEPTER war hauptsächlich ein Rechenschaftsbericht für die ›East India Company‹. Verständlich, daß Barlow einen so einschneidenden Vorfall breiter ausmalte, um sich als Held und Retter feiern zu lassen. Er hatte der »Kompanie« einen »guten Dienst erwiesen« und beschrieb auch gleich die Sanktionen, die in Surat über sie und alle ansässigen Engländer verhängt worden wären, hätte sein Mut und seine ›Besonnenheit‹ die Piraten nicht in die Flucht geschlagen. Eine Sondergratifikation oder ein Orden waren das mindeste, was er erwartete. Kein Wunder also, daß er die Logbucheintragung entsprechend aufpolierte.

Kidd befand sich dagegen in der bedenklichsten Lage, in die er je hineingeschliddert war. »Ich bin ein Teil von jener Kraft, die stets das Böse will und stets das Gute schafft«, sagt Mephisto – bei Kidd verhielt es sich gerade umgekehrt. Er wollte doch nichts weiter, als seine Mission, seinen Auftrag erfüllen: französische Schiffe kapern, Piraten fangen und vor Gericht bringen und dabei natürlich vor allem viel Geld verdienen. Der König selbst hatte ihn dazu ermächtigt! Aber andauernd kam irgend etwas dazwischen. »Man wäre gut, anstatt so roh, doch die Verhältnisse, sie sind nicht so.« Sie waren jetzt seit über einem Jahr unterwegs, und die ganze Reise über reihte sich eine Pleite an die andere. Der letzte Zwischenfall würde Folgen haben, das war so sicher wie das Amen in der Kirche; er hatte sich ausgerechnet mit einem ›East India man‹ angelegt, obwohl seine eigene Fahrt teilweise von der ›East India Company‹ (d. h. einem ihrer Londoner Direktoren, Edmund Harrison) mitfinanziert und im Grunde nur auf deren Betreiben hin ermöglicht worden war – und das mit einem so auffälligen Schiff wie der ADVENTURE GALLEY! Der Kapitän der SEPTER würde in Surat seine Vorgesetzten und die englischen Behörden alarmieren und eine genaue Beschreibung abgeben. Kidd schwante Fürchterliches. So hart am Rande der Legalität war er noch nie zuvor gestanden. Man stelle sich vor: der ›Pyrate Hunter Admiral‹ als Pirat von der Royal Navy verfolgt! Und es hat ganz den Anschein, daß er an diesem Punkt aufgab und auf die ›falsche Bahn‹ geriet, daß er ›seine Bibel vergrub‹, wie es in den Legenden über ihn heißt:

»I'd a Bible in my hand, when I sailed, when I sailed,
I'd a Bible in my hand, when I sailed.
I'd a Bible in my hand
By my father's great command,
And sunk it in the sand, when I sailed«, –

eine Anspielung auf seinen Vater, den calvinistischen Prediger.

Die ›Raubtiere‹ an Bord witterten diese Unsicherheit, dieses Schwanken. Und das Knurren der Bestien war unüberhörbar. Die überwiegende Mehrheit der Crew verstand nicht, warum ihr Kapitän in seiner Lage noch immer zwischen ›gesetzlichen‹ und ›ungesetzlichen‹ Prisen unterschied. Es fiel Kidd bis zuletzt schwer, sich zu entscheiden, aber seine Bereitschaft zu ›Kompromissen‹ wuchs, soweit sie sich vertuschen ließen.

Sein erster offener Akt der Piraterie war die Kaperung einer Brigantine namens MARY, die einem indischen Kaufmann gehörte, der Handel mit der ›East India Company‹ trieb. Sie segelte zu ihrem Schutz unter britischer Flagge, und auch ihr Kapitän, Thomas Parker, war Engländer. Die etwa dreißigköpfige Besatzung bestand hauptsächlich aus ›Laskaren‹, ostindischen Seeleuten; an Bord befanden sich ferner ein gewisser Mr. Franks (nicht zu verwechseln mit dem Franks aus Kidds Crew) sowie ein Portugiese aus Goa. Die Brigantine versuchte zu entkommen, aber es gelang Kidd, sie einzuholen. Seine Männer verhielten sich beim Entern nicht eben rücksichtsvoll. »Ich hörte einen Riesenlärm und fragte, was los sei«, schreibt Benjamin Franks. »Man sagte mir, daß unsere Leute die Mannschaft des kleinen Schiffes schlugen und mißhandelten. In der Nacht erfuhr ich, daß man einen Portugiesen zu uns an Bord gebracht habe. Ich erhob mich, schwach wie ich war, von meinem Krankenlager und begab mich an Deck, um mit ihm zu sprechen. Der Portugiese berichtete mir, daß sie aus Bombay kämen und er und der Kapitän gezwungen worden seien, mit uns zu segeln. Unser Kapitän hätte ihrer Ladung Reis, Rosinen, etwas Leintuch und auch Geld entnommen.«

Die Beute war in der Tat kaum der Rede wert. Sie bestand ferner aus Kaffee, Pfeffer und Myrrhe; der erwähnte Geldbetrag belief sich auf 100 Pfund in Gold. Kapitän Parker nahm man mit an Bord, damit er ihnen als Lotse an der indischen Küste diene; den Portugiesen dachte man als Dolmetscher zu verwenden.

Die ADVENTURE GALLEY lief den kleinen Hafen Karwar in der Nähe von Kalikut (Kozhikode) an der Westküste

William Kidd vergräbt seine Bibel (Stich aus dem 19. Jahrhundert)

Hindustans an, etwa 350 Meilen südlich von Bombay. Kalikut war im 13.–15. Jahrhundert der bedeutendste Hafen Vorderindiens gewesen und immer noch eine wichtige Handelsmetropole. Die ›East India Company‹ besaß in Karwar und Kalikut kleinere Niederlassungen und eine Faktorei.

Kidd hatte, wahrscheinlich durch Parker, »in Erfahrung gebracht«, daß drei reichbeladene indische Kaufschiffe vom Golf von Aden aus nach Kalikut unterwegs waren – behauptet Franks und unterstellt damit, daß er sie zu plündern beabsichtigte. Das ist gut möglich, aber es kam nicht dazu. Vielleicht wollte Kidd seine Männer mit diesem Versprechen auch nur besänftigen, denn es lag bereits etwas wie Meuterei in der Luft. Der Hauptgrund, in Karwar vor Anker zu gehen, bestand freilich darin, daß die Trinkwasservorräte zur Neige gingen und die ADVENTURE GALLEY bei dem Feuergefecht mit der SEPTER leicht beschädigt worden war und ausgebessert werden mußte.

»... nachdem wir angelegt hatten«, schreibt Franks, »bat ich den Kapitän inständig um einen kurzen Landurlaub, den er mir erst bewilligte, als ich ihm als Pfand einen kostbaren Hut aus Biberfell hinterließ, denn er wollte keinen an Land gehen lassen, dem er nicht gänzlich vertraute. Er befürchtete nämlich, viele würden ihn bei der erstbesten Gelegenheit austricksen und desertieren, da die meisten seiner Leute höchst unzufrieden mit ihm und der ganzen Fahrt schienen. Und ich bin fest davon überzeugt, daß sie sich wie ich aus dem Staube gemacht hätten, wenn es ihnen nur irgend möglich gewesen wäre; der Schiffszimmermann, sein Gehilfe und ein paar andere planen bereits, mit der Pinasse zu fliehen.«

Kidd zahlte einen hohen Preis für seinen »Beaver Hat«. Es war ein schwerwiegender taktischer Fehler, Kapitän Parker und den Portugiesen in Begleitung von drei Matrosen ›seines Vertrauens‹, darunter Benjamin Franks, an Land zu schicken, damit sie den Nachschub an Frischwasser und Bauholz zur Reparatur des Schiffes regelten – aber was blieb ihm unter den Umständen anderes übrig? Keiner der fünf Männer kehrte zurück. Sie waren kaum außer Sichtweite, als sie sich auch schon viel Glück wünschten und in unterschiedlichen Richtungen zerstreuten.

Franks gelangte bis Bombay, wo er etwa einen Monat später, am 20. Oktober 1697, vor Agenten der ›East India Company‹ die eidesstattliche Versicherung abgab, aus der öfters zitiert wurde. Der Portugiese und zwei Seeleute schifften sich nach Goa, der portugiesischen Kolonie an der Westküste Vorderindiens, ein und informierten den regierenden Vizekönig. Der zögerte nicht lange, sondern sandte sogleich zwei Kriegsschiffe aus, das eine mit 40, das andere mit 20 Kanonen bestückt, die den ›Piraten‹ Kidd zur Strecke bringen sollten. Parker, der Kapitän der MARY, suchte den Geschäftsführer der Faktorei der ›East India Company‹ in Karwar, Thomas Pattle, auf und erstattete ihm Bericht.

Auf Kidd fiel bereits der Schatten des Galgens, obwohl er sich bisher außer seinem ›Versehen‹ mit der SEPTER und der Kaperung der indischen Brigantine eigentlich nichts zu Schulden hatte kommen lassen. Aber man ging davon aus, daß dies nur der Auftakt zu einer Freibeutertour im großen Stil à la Every gewesen sei und setzte, vor allem in Goa, auf Präventivmaßnahmen. Jedenfalls galt der nichtsahnende Kidd von diesem Zeitpunkt an offiziell als Seeräuber und vogelfrei.

Mr. Pattle war ein schlauer, vorsichtiger und ein wenig ängstlicher Mann. Er wollte sich erst ein genaues Bild von der Lage verschaffen, bevor er irgendwelche Schritte einleitete. Also erteilte er umgehend zwei Kapitänen von ›East India men‹, die in Karwar stationiert waren, einem Portugiesen namens Perrôn und einem Engländer namens Mason, den Auftrag, möglichst unauffällig Erkundigungen über Kapitän Kidd, die ADVENTURE GALLEY, ihre Crew und deren Absichten einzuziehen.

Perrôn und Mason begaben sich daraufhin in den Hafen, so sie nicht lange nach Kidds Schiff zu suchen brauchten: Karwar war nur eine kleine Handelsstation und Anlegestelle vor Kalikut und eine ›Galley frigat‹ unübersehbar. Sie ließen sich in einem Boot übersetzen und baten den

Kapitän höflich, an Bord gehen zu dürfen, um ihm ihre Aufwartung zu machen, was ihnen großzügig gewährt wurde. Kidd war zweifellos inzwischen schon sehr beunruhigt über das lange Ausbleiben seiner Unterhändler. Während ihn Mason in ein Gespräch verwickelte, sah sich Perrôn unter der Besatzung um, rauchte wohl, über die Reling gebeugt und scheinbar auf das Treiben im Hafen konzentriert, ein *cigarro* und lauschte insgeheim ihren Gesprächen. Dabei fand er heraus, daß sie auf drei indische Handelsschiffe warteten, die sie zu plündern beabsichtigten. Er wußte, daß diese Schiffe tatsächlich in Kürze in Kalikut eintreffen mußten und daß sie Abdul Guffour gehörten, jenem mächtigen Kaufmann aus Surat, dessen FATEH MOHAMMET vor zwei Jahren von Everys Bande angegriffen, ausgeraubt und versenkt worden war. Es würde Ärger geben, soviel stand fest.

Außerdem fiel ihm auf, daß die Crew in zwei Lager geteilt schien und es ständig zu Reibereien zwischen den Seeleuten kam. Insgesamt herrschte eine äußerst angespannte, explosive und bedrohliche Atmosphäre an Bord.

Kidd zeigte Mason unterdessen, anmaßend wie immer, seine imposanten Freibriefe mit dem königlichen Großsiegel. Sie hätten vielleicht ›gewirkt‹, wären da nicht ein paar Matrosen gewesen, die Mason bei seiner Verabschiedung im Flüsterton fragten, ob er nicht das Kommando über die ADVENTURE GALLEY übernehmen wolle. Beiden Spionen machte der Besuch hinlänglich klar, daß es auf dem Schiff nicht mit rechten Dingen zuging und daß man auf der Hut sein müsse.

Auf diese Informationen hin, die Parkers Aussage und seine eigenen Befürchtungen bestätigten, fühlte sich Mr. Pattle sehr, sehr unbehaglich. Er war keineswegs zum Helden geboren und verspürte auch nicht die geringste

Lust auf eine Konfrontation. Wenn man die Burschen reizte, würden sie am Ende noch mit zwei, drei gezielten Breitseiten die ganze Stadt in Schutt und Asche legen, bei Gott, das war ihnen zuzutrauen. Die Situation überforderte ihn. Er verbrachte schlaflose Nächte. Einige Tage darauf erhielt er zu seiner großen Erleichterung die Nachricht, zwei portugiesische Kriegsschiffe seien bereits von Goa aus unterwegs, um sich das Gesindel zu greifen. Er rechnet sich flugs ihr Ankunftsdatum aus, wartete noch so lange ab, wie er seiner Aufregung zumuten konnte und entsandte dann noch einmal zwei Boten zu Kidd, die ihn vor der Gefahr ›warnen‹ und dazu bewegen sollten, schleunigst wieder auszulaufen. Dadurch wurde er die Piraten nicht nur auf honette Weise los, sondern sorgte zugleich dafür, daß sie ihren Häschern direkt in die Arme liefen. Sollten sie sich nur auf hoher See zusammenschießen: er, Pattle, war aus dem Schneider. Jetzt mußte er lediglich noch ein Schreiben an die ›East India Company‹ in Bombay aufsetzen, und er hatte seine Pflicht und Schuldigkeit erfüllt.

Über die folgenden Ereignisse berichtet Kidd am besten selbst:

»... die Gentlemen der englischen Faktorei in Carrwarr« (schottisch rollendes ›r‹!) »ließen mir eine Mitteilung zukommen, daß die Portugiesen zwei Kriegsschiffe ausgerüstet und ausgeschickt hätten, uns zu erwischen, und rieten mir, so schnell wie möglich in See zu gehen und mich vor ihnen in acht zu nehmen. Worauf ich unverzüglich die Anker lichten und Segel setzen ließ. Das muß so um den 22. September herum gewesen sein. Am nächsten Morgen bei Tagesanbruch sichteten wir die besagten beiden Kriegsschiffe, die bereits wegen uns auf der Lauer lagen. Sie riefen herüber, woher wir kämen, ich antwortete, aus London, und sie erwiderten, sie stammten aus Goa, worauf wir uns eine gute Reise wünschten und wieder auf Distanz gingen. Wir segelten weiterhin längs der Küste. Der Commodore der Kriegsschiffe wich uns die ganze Nacht über nicht von den Fersen und wartete nur auf eine günstige Gelegenheit, die GALLEY zu entern. Und am folgenden Morgen feuerte er ohne jede Vorwarnung sechs schwere Geschütze auf uns ab. Ein paar Kugeln durchschlugen den Schiffsrumpf und verwundeten vier meiner Männer. Darauf verpaßte auch ich ihm eine Salve. Der Schußwechsel dauerte den ganzen Tag lang, und elf aus meiner Crew erwischte es bös. Das andere portugiesische Kriegsschiff kreuzte in einiger Entfernung, konnte aber wegen der Windstille nicht näher herankommen, sonst hätte es uns ebenfalls angegriffen. Der Kampf war hart, und der besagte Commodore bekam von mir so nachdrücklich Bescheid, daß wohl schwerlich ein Portugiese je wieder ein Schiff unter britischer Flagge behelligen wird, jedenfalls nicht in diesen Gewässern.«

Ein wenig Übertreibung und Schönfärberei können nie schaden. Grundsätzlich muß man sich bei dieser prahlerischen Schilderung vor Augen halten, daß sich England und Portugal mitnichten im Kriegszustand befanden, sondern daß Kidd vom Vizekönig von Goa als Pirat verfolgt wurde. Der Bericht erweckt den Eindruck, daß Kidd das Schiff des ›Commodore‹ (eins seiner Lieblingswörter: er stellte sich ja bekanntlich selbst gern als solchen dar; aber es ist zweifelhaft, ob eine so kleine Einheit aus zwei ›men of war‹ überhaupt eines ›Commodore‹ bedurfte) durch mehrere gutplazierte Breitseiten quasi in seine Bestandteile zerlegt und schließlich beide Gegner in die Flucht geschlagen hätte. Davon kann nicht die Rede sein. Vielmehr verhielt es sich so, daß die kleinere und wendigere portugiesische Brigg, die mit 20 Kanonen bestückt war – die ADVENTURE GALLEY trug anderthalbmal soviel – ihn einholte und zu feuern begann, worauf er sie in der Tat so deftig bestrich, daß sie sich bald schwer angeschlagen zurückziehen mußte. Das war allerdings bei einer so unterschiedlichen Potenz kein Heldenstück. Mit dem weit größeren und schwereren Vollschiff, das 40 Geschütze und besagten »Commodore« (d. h. den Oberbefehlshaber über die Aktion) an Bord hatte, aber wegen der Flaute »nicht näher herankommen konnte«, würde er kein so leichtes Spiel gehabt haben. Und er ließ nach dem stundenlangen Gefecht abermals alle verfügbaren Segel setzen und auch die Ruder bemannen, um schleunigst den Rückzug anzutreten. Im Grunde war er es, der in die Flucht geschlagen wurde.

SIEBTES KAPITEL

Über den Mann mit dem blutigen Kübel, Kompromißbereitschaft und den Schatten des Galgens

Die arg in Mitleidenschaft gezogene ADVENTURE GALLEY mit ihren elf Verwundeten mußte nun dringend einen Hafen anlaufen, aber die Nachricht von den Umtrieben eines ›zweiten Kapitän Every‹ hatte sich in Windeseile an der Küste verbreitet. Nachdem er unzählige Male abgewiesen worden war, verlor Kidd die Geduld. Er ging vor Bhatkal, einem winzigen Hafen 200 Meilen nördlich von Kalikut, vor Anker und nahm sich mit Gewalt, was er brauchte. Die erbeuteten Lebensmittel deckten gerade den notwendigsten Bedarf. Eine Meuterei an Bord schien schon seit langem überfällig. Die Matrosen hatten fast zwei Jahre keine Heuer erhalten, sich abgeschuftet für nichts und wieder nichts und in völlig sinnlosen Scharmützeln Leib und Leben riskiert. Auf Johanna und Mohilla war die Hälfte der Besatzung an einer Seuche eingegangen, und mit den angeworbenen französischen Seeleuten gab es dauernd Streitereien. Die ganze, anfangs so vielversprechende Tour war ein einziger Reinfall. Nach diesem letzten Debakel hörte der Spaß auf.

Die Crew stellte Kidd in Bhatkal ein Ultimatum: entweder, der Kapervertrag würde zu ihren Gunsten geändert, oder man könne für nichts mehr garantieren. Der Kapitän heuchelte, in die Enge gedrängt, Verständnis und erklärte sich bereit, die ursprünglichen Abmachungen in ihrem Sinne zu ergänzen und ein paar neue Klauseln hinzuzufügen. Dabei baute er freilich auf die Beschränktheit und Unerfahrenheit seiner Leute in juristischen Angelegenheiten. Sie setzten also gemeinsam einen 15-Punkte-Vertrag auf, in welchem er ihnen gewisse Vergünstigungen einräumte, zum Beispiel eine drastische Erhöhung der Entschädigungssummen bei Verwundungen: in Paragraph 2 hieß es, daß jeder, der im Kampf einen Arm oder ein Bein verlor, 600 Achterstücke (ein ›piece of eight‹ entsprach etwa dem heutigen Dollar, aber die Kaufkraft war wesentlich höher) respektive sechs arbeitsfähige ›slaves‹ erhalten sollte. Unter ›Sklaven‹ verstand man die Gefangenen, die auf einem gekaperten Schiff gemacht wurden, egal welcher Hautfarbe. Da erst kürzlich elf Matrosen bei dem Gefecht mit dem portugiesischen Kriegsschiff zu Krüppeln geschossen worden waren, erschien diese Neuregelung natürlich als überaus großzügig. Auch die regulären Beuteanteile von Prisen, französischen Handels- und Seeräuberschiffen, wurden um etliche Prozent heraufgesetzt. Kidd versäumte es allerdings nicht, ebenso einige Klauseln zu seinem persönlichen Vorteil mit einzubauen. Auch seine Anteile erhöhten sich entsprechend, und Paragraph 4 sah vor, daß er und der Steuermann jeden Meuterer oder Deserteur in der Weise aburteilen und bestrafen konnten, wie es ihnen von Fall zu Fall angemessen erschien. Die finanziellen Zugeständnisse hatten ihren Preis, nämlich die durch erweiterte Befugnisse des Kapitäns bei der Ahndung von Straftaten – z.B. Feigheit, Betrunkenheit, Ungehorsam und Meuterei – verschärfte Disziplin an Bord. Es handelte sich freilich nur um eine interne Abmachung, die offiziell nicht viel mehr galt, als ein Wechsel auf die ›Bank of Aldgate Pump‹, die ›Schmuh- und Behumsbank‹.

Mit dieser List erreichte Kidd jedoch nur einen kurzen Aufschub. Die Probleme blieben die gleichen. Im übrigen hatte er wohl nicht bedacht, daß sein ›Dressurakt‹ die Raubtiere zwar vorübergehend besänftigte, das vergünstigte Prämiensystem sie hingegen nur noch beutegieriger machte. Und sie differenzierten längst nicht mehr zwischen ›legaler‹ und ›illegaler‹ Beute. Was hatten sie schon zu verlieren? Das unterschied sie eben von ihrem Kapitän, den immer noch Skrupel plagten. In New York warteten seine Frau und seine unmündigen Kinder auf ihn. Und ein mühsam erworbenes Vermögen, das mit einer immens hohen Kaution belastet war. Daß die Reise ein solches Desaster wurde, konnte niemand voraussehen, geschweige denn ihm zum Vorwurf machen. Er sah sich als Opfer der Umstände, nie als Pirat. Schön, er war in der Wahl seiner Mittel nicht gerade zimperlich, und Irrtümer sind menschlich. Im Hinterkopf hatte er stets irgendeine Ausrede parat: der Zwischenfall mit der SEPTER – ein Mißverständnis; die Kaperung der MARY – Beschlagnahme von Proviant in einer Ausnahmesituation; das Gefecht mit den portugiesischen Kriegsschiffen – reine Notwehr; diverse Ausschreitungen an den Küsten von Somaliland und Indien – Affekthandlungen seiner durch Entbehrungen aufgereizten Männer, die kurzfristig außer Kontrolle gerieten. Für alles gab es eine Entschuldigung, und außerdem fühlte er sich durch die königlichen Lizenzen unantastbar und zu gewissen Freiheiten berechtigt.

Natürlich reizten auch ihn ›krumme Touren‹, aber angenommen, man ließ zwischendurch einmal ›fünfe gerade sein‹, mußte es sich um ein Maurenschiff handeln, und es durfte keine Zeugen geben. Das wäre ein Kavaliersdelikt, das man vor seinem Gewissen vertreten konnte, einträglich und gegen Heiden gerichtet. Eine Extraprise, diskret auf die Seite gebracht, ein indischer Kauffahrer, den man ausplünderte und versenkte, mochte angehen. Ein verzeihlicher Kompromiß. Soweit war er schon. Aber ein Angriff auf ein englisches oder holländisches Schiff oder gar auf einen ›East India Man‹? Niemals. Viel zu riskant. Seine Crew dachte anders darüber.

Nachdem sie Bhatkal verlassen hatten, nahmen sie südlichen Kurs und begegneten einer solchen Fregatte der ›East India Company‹. Zu Kidds Bestürzung ging seine Besatzung auf Gefechtsstation, ohne seine Befehle abzuwarten. Das brachte ihn verständlicherweise in Rage. Er gab dem 1. Steuermann strikte Anweisung, den Kurs zu halten, polterte über Deck und schrie, er werde jedem das Fell über die Ohren ziehen und an den Rahen aufknüpfen lassen, der sich ihm widersetze oder sich Eigenmächtigkeiten herausnehme. Das wirkte, und der ›East India Man‹ zog unbehelligt vorüber.

Von da an befand sich Kidd auf seinem eigenen Schiff in Lebensgefahr. Die Matrosen erfüllten verbissen und mechanisch ihre Pflichten, aber ihre Blicke verhießen, wie es in den Abenteuerromanen so schön heißt, »nichts Gutes«. Die Stimmung wurde unerträglich gespannt und zehrte an den Nerven aller. Am 30. Oktober kam es zum ersten folgenschweren Eklat.

Es war ein besonders heißer Tag, die Sonne brannte unbarmherzig auf das Oberdeck nieder und schien jedes Eisen und Metall zum Glühen zu bringen. Kidd machte gerade seine gewohnte Runde, als er auf William Moore, den Geschützmeister, traf. Moore schärfte einen Meißel an einem Schleifstein und sah dabei seinem Kapitän auf eine so unverschämt provokante Weise ins Gesicht, daß dieser stehenblieb und die Stirn runzelte. Ob es nicht allmählich an der Zeit sei, frage ihn Moore, das Kommando einem Fähigeren zu übertragen? Diese Anrede traf Kidd wie ein Peitschenhieb. Das sah nach Meuterei aus; drei oder vier Matrosen waren in der Nähe und hatten die Frage mit angehört. Der Jähzorn stieg in ihm hoch, heißer noch als die Sonne, die auf sie herabschien. »Du dreckiger Hund«, stieß er hervor. »Wenn ich ein dreckiger Hund bin«, gab Moore zurück, »so hast du mich dazu gemacht; du hast mich ins Verderben getrieben und noch viele andere dazu.« »So, hab' ich das, du Hund?« brüllte Kidd, ergriff einen hölzernen Eimer mit Eisenreifen und schlug ihn ihm mit voller Wucht über den Schädel. (Der Wortlaut ist nicht fiktiv, sondern von Zeugen bei Kidds Prozeß genau überliefert: Kidd: »Ye lousy dog!« Moore: »If I am a lousy dog, you have made me so; you have brought me to ruin, and many more.« Kidd: »Have I ruined you, ye dog?«)

Moore brach blutüberströmt zusammen und starb am anderen Morgen, ohne das Bewußtsein wiedererlangt zu haben. In den recht umständlich formulierten Gerichtsakten heißt es: »Kapitän Kidd hat ... angeregt und verführt durch die Versuchungen des Teufels auf hoher See mit einem hölzernen Eimer, der von eisernen Ringen zusammengehalten wurde und acht Pence wert war, einen tätlichen Angriff gegen William Moore unternommen ... Diesen Eimer hielt er, der besagte William Kidd, damals und an jener Stelle in seiner rechten Hand und schlug den vorbenannten William Moore mit aller Kraft, mit Vorbedacht, aus freiem Willen und in böser Absicht ein kleines Stück oberhalb des rechten Ohres damals und dort auf hoher See innerhalb des Bereichs der Rechtsprechung der Admiralität von England. Dabei fügte er besagtem William Moore eine tödliche Verletzung zu, an welcher dieser dahinsank und starb« (zit. bei Mitchell).

Mit einem hölzernen Eimer schlägt William Kidd dem Geschützmeister William Moore den Schädel ein

»I murdered William Moore, as I sailed as I sailed,
I murdered William Moore, as I sailed,
I murdered William Moore
And left him in his gore,
Not many leagues from shore, as I sailed, as I sailed,
Not many leagues from shore, as I sailed.

Because a word he spoke, when I sailed,
when I sailed,
Because a word he spoke, when I sailed,
Because a word he spoke,
I with a bucket broke
His skull at one sad stroke, while I sailed.

I struck with a good will, when I sailed,
when I sailed,
I struck with a good will, when I sailed;
I struck with a good will,
And did a gunner kill
As being cruel still, when I sailed.«

Daß ihn seine Crew nach diesem Mord nicht in Stücke riß, hatte Kidd wohl nur jenem fast abergläubischen Vorbehalt zu verdanken, der seit Jahrhunderten jedem Matrosen in Fleisch und Blut übergegangen war: niemals die Hand gegen den Kapitän zu erheben.

Die Hemmschwelle war immer noch zu groß – man erinnere sich in diesem Zusammenhang an die anfangs zitierte Passage aus ›Die Meuterei auf der Bounty‹ –; und dann geschah die Tat im Affekt, aus dem Moment heraus, sogar für Kidd überraschend. Es trat eine atemlose Stille ein, ein Vakuum – und danach nahm alles wieder seinen Gang wie zuvor.

Natürlich trug der Vorfall nicht gerade dazu bei, ihn bei der Mannschaft beliebter zu machen. An der Tatsache, daß er ›auf seinem eigenen Schiff in Lebensgefahr schwebte‹, hatte sich nichts geändert, im Gegenteil. Nur muß man bedenken, daß die Crew in sich selbst uneinig und zerstritten war, es noch den Steuermann und ein paar ›Getreue‹ aus der ursprünglichen Besatzung gab, die sich loyal verhielten, und eine Menge anderer, die einzig darauf hofften, die Fahrt würde sich irgendwann lohnender gestalten – egal unter welchem Kapitän. Eine offene Meuterei bedarf in der Regel gewisser Vorbereitungen, geheimer Absprachen und einer Vertraulichkeit und Einigkeit, die eben nicht bestand. Der Kommandant galt als oberste Instanz, als oberster Richter an Bord. Er hätte Moore genausogut

wegen Insubordination und aufrührerischer Reden zum Tode verurteilen können, aber eine Exekution wäre kaum günstiger aufgenommen worden.

Trotzdem mußte sich Kidd von nun an vorsehen. ›Unfälle‹ auf hoher See passieren schnell. Zum Beispiel konnte ihm von einem der Masten zufällig etwas auf den Kopf fallen, oder er erstickte nachts unter seinem Kissen, oder ein Windstoß warf ihn über Bord. Und wenn er sich ein zweites Mal hinreißen ließ, durfte er nicht ohne weiteres darauf vertrauen, daß es abermals so glimpflich für ihn ausginge. Seine Position war alles andere als beneidenswert.

Die Lage spitzte sich weiter zu, als sie im November vor Kap Komorin, der Südspitze Indiens, der LOYAL CAPTAIN begegneten, einem kleineren englischen Handelsschiff, das unter dem Kommando eines Kapitän How nach Surat segelte. In diesen Gewässern war es damals nicht unüblich, daß Kauffahrer zum Schutz gegen Piraten und ›privateers‹ auch mitunter ›Tarnflaggen‹ setzten, und Kidd schöpfte anscheinend Verdacht. Er nahm die Verfolgung auf und ging mit der ADVENTURE GALLEY längsseits. An Bord stellte sich jedoch heraus, daß sein Argwohn unbegründet gewesen war. How zeigte ihm einen gültigen Paß, aus dem hervorging, daß die LOYAL CAPTAIN aus Madras stammte und in Handelsbeziehungen mit der ›East India Company‹ stand. Das Schiff war also für ihn tabu. Die förmliche Verbeugung dann, das Dreispitzlüften und der unbehagliche Gedanke an die Reaktion seiner Crew, wenn er Befehl geben würde, die Leinen zu lösen und den Segler ungeschoren zu lassen, Teufel auch, in was für eine Klemme hatte er sich da wieder hineinmanövriert – » ... aber es gab zwei Holländer an Bord, die meinen Leuten anvertrauten, daß auch einige Griechen und Armenier als Passagiere auf dem Schiff mitreisten und wertvolle Edelsteine und andere Reichtümer bei sich trugen. Darauf fingen die Männer an, aufsässig zu werden, und einige liefen in die Waffenkammer und holten sich Pistolen. Sie schworen, die LOYAL CAPTAIN zu kapern, und zwei Drittel der Mannschaft stimmten dafür.

Ich sagte ihnen, daß die Feuerwaffen zur Ausrüstung der GALLEY gehörten, meine Legitimation einzig darin bestehe, Feinde des Königs und Seeräuber aufzubringen, und ich nicht hergekommen sei, Engländer und ehrbare Kaufleute auszurauben. Und daß, falls sie so etwas versuchen sollten, sie bei mir an Bord nichts mehr verloren hätten. Meuterer würden weder ein Boot noch Proviant, Waffen oder sonst irgend etwas von mir erhalten; sie müßten sich von nun an als Vogelfreie betrachten und gewärtig sein, daß ich sie mit der GALLEY bis Bombay verfolgte, meinetwegen bis ans Ende der Welt.

Der Kauffahrer trug zwar keine Geschütze, aber die Besatzung sah entschlossen aus und durchaus willens, sich zu verteidigen. Mit all diesen Argumenten und Drohungen konnte ich sie kaum von ihrem verbrecherischen Vorhaben abhalten; zuletzt behielt ich jedoch die Oberhand und ließ das Schiff nach langem Hin und Her und unter vernehmlichem Murren meiner Leute seine Reise fortsetzen. Kapitän How wird meine Ausführungen bestätigen, falls er noch lebt.«

Kidds Bericht ist *cum grano salis* zu nehmen, wie üblich, aber in der Essenz stimmt seine Geschichte. Man kann sich vorstellen, daß die Geduld seiner Crew nach dieser erneuten Machtprobe überstrapaziert war. Es wurde Zeit für einen weiteren ›Kompromiß‹, wenn Kidd mit heiler Haut davonkommen wollte. Denn mittlerweile waren die Matrosen, trotz aller internen Meinungsverschiedenheiten, doch zu einer gewissen Einigkeit gelangt: sie richtete sich, mit einer Zweidrittelmehrheit, gegen ihn, den Kapitän. Und sie reichte aus, ihn an einen der Masten zu spießen. Auch die Lebensmittel- und Trinkwasservorräte begannen wieder knapp zu werden, und an der Ungastlichkeit der von ihnen gewarnten Küstenbewohner hatte sich nichts geändert. Der Kompromiß hieß THANKFUL und war ein kleines Kaufschiff, das sie am 12. November vor Kalikut kaperten. Es stand unter dem Kommando eines Kapitän Perrink, den sie als Geisel nahmen, um vom Agenten der ›East India Company‹ in Kalikut Proviant zu erpressen. Man hatte ihnen nämlich das Einlaufen in den dortigen Hafen verwehrt. Kidd ließ notgedrungen die Zügel schleifen und überlegte sich fieberhaft eine Rechtfertigung für ein solches Vorgehen. Es gab keine, und so klafft bei seiner späteren ›eidesstattlichen Versicherung‹ an dieser Stelle eine Lücke.

Dann schien sich kurzfristig das Blatt zu seinen Gunsten zu wenden. Am 18. oder 19. des Monats fiel ihm tatsächlich zum ersten Mal seit der Überfahrt von Plymouth nach New York eine rechtmäßige Prise in die Hände, die ROUPARELLE, ein Schiff von 200 Tonnen. Es gehörte der französischen Ostindienkompanie in Surat und hatte einen indischen Kapitän und eine vierzigköpfige indische Besatzung. Ferner befanden sich drei Holländer an Bord, ein Lotse, ein Bootsmann und ein Kanonier. Der Name des Lotsen war Michael Dekkher. Die ROUPARELLE segelte unter ›maurischer‹ Flagge; Kidd dürfte daher zunächst unschlüssig gewesen sein, ob er sie kapern sollte oder nicht, zumal sie unweit der Küste, vor Karwar, kreuzte.

Jedenfalls ging er mit der ADVENTURE GALLEY wieder längsseits und verlangte routinemäßig, Einsicht in die Schiffspapiere und den Paß zu nehmen. Der Kapitän, der Bootsmann und der Kanonier behaupteten steif und fest, dies sei ein ›Maurenschiff‹. Zu Kidds Überraschung schaltete sich Dekkher in die Verhandlungen ein und schwor ›sacremente‹, er hätte es mit einer legalen Prise zu tun, bat auch, sich seiner Mannschaft anschließen zu dürfen. Auf diesen Verrat hin blieb dem Kapitän nichts anderes übrig, als mit dem französischen Paß herauszurücken, wollte er nicht auf unschöne Art dazu ermuntert werden. Dekkher wurde erlaubt, die Fronten zu wechseln und die ROUPARELLE zur Plünderung freigegeben. Die Beute bestand immerhin außer der Ladung, Zucker und Baumwolle, aus zwei wertvollen Araberhengsten, die wahrscheinlich für den Großmogul oder einen seiner Wesire bestimmt waren. Hier lag bereits einer der Gründe, warum Kidd aus seinem Fang nur Scherereien erwuchsen. Das Schicksal hatte sich so sehr gegen ihn verschworen, daß selbst sein vermeintliches Glück seinen Untergang beschleunigte.

Am 20. September 1697 war der Friedensvertrag von Ryswyk unterzeichnet worden, der den Krieg zwischen England und Frankreich beendete. Die ROUPARELLE galt also schon eigentlich nicht mehr als ›rechtmäßige Prise‹, obwohl man sich wie erwähnt auf eine Karenzzeit von sechs Monaten für »Kaperungen jenseits des Äquators« geeinigt hatte, gerechnet ab dem jeweiligen Friedensschluß. Kidd konnte natürlich nicht wissen, daß sein Freibrief inzwischen obsolet und nur noch bedingt gültig war. Allerdings hätte man ihm prinzipiell juristisch nichts anhaben können – wäre es ihm nur gelungen, vor Gericht den Nachweis zu erbringen, daß es sich um ein französisches Schiff handelte. Das Logbuch der ADVENTURE GALLEY war bei einer Meuterei verlorengegangen, und der bewußte Paß – sowie ein anderer, von dem noch zu sprechen sein wird – wurden bei dem Prozeß unterschlagen. Er hatte keinerlei Beweismittel zur Hand. So legten seine Richter auch die ›Beschlagnahmung‹ der ROUPARELLE als Piraterie aus, denn sie nahmen an, daß ihr wirklicher Name MAIDEN gewesen sei und sie einer indischen Handelsgesellschaft gehört habe. Ironischerweise tauchten die beiden Pässe wieder auf, nachdem Kidds Leichnam längst in Ketten hing – zu spät, ihn wenigstens teilweise zu entlasten. Wahrscheinlich wurden sie absichtlich zurückgehalten: der Sündenbock für alle nie gefaßten Piraten durfte keine Chance bekommen.

Im übrigen reichten seine ›Kompromisse‹ völlig aus, ihn zehnfach an den Galgen zu bringen. Auf den Lakkadiven, der indischen Koralleninselgruppe im Arabischen Meer westlich von Kalikut, wo die GALLEY (mit der ROUPARELLE im Schlepp) danach vor Anker ging, führten er und seine Crew sich wie eine Horde Barbaren auf. Das Schiff leckte bedenklich und mußte dringend kielgeholt und ausgebessert werden. Da es inzwischen zu riskant war, einen der Küstenhäfen anzulaufen, suchten sie sich eben eine kleine, etwas abgelegene Insel aus, auf der man den Eingeborenen schon einheizen würde, wenn sie nicht parierten. Der Dompteur schien den Raubtieren Gelegenheit geben zu wollen, sich einmal nach Herzenslust auszutoben. In einem Brief der ›East India Company‹ aus Bombay vom 27. Dezember 1697 (zit. bei A. G. Course) hieß es: »Auf den Lakkadiven begingen der Pirat Kidd und seine Leute die schlimmsten Greueltaten, vergewaltigten und plünderten, ermordeten Männer, Frauen und Kinder und brannten Häuser und Dörfer nieder.«

Man kann ihn sich lebhaft vorstellen, diesen tragikomischen, selbstherrlichen, in zwei Jahren rasch gealterten Mann, wie er mit seiner zerschusselten Perücke, seinem schäbigen Dreispitz, den vergilbten Spitzen am Kragen und Manschetten und seinem abgetragenen Justaucorps an Land ging, ›kam, sah und siegte‹; Kidd, der Konquistador, Kidd, der die Heiden das Fürchten lehrte, Kidd mit seinen königlichen Großsiegeln, seiner ganzen angemaßten Macht, seinem kolonialistischen Gehabe; Kidd, der den Käfig öffnete und die Bestien freiließ – und der doch spürte, wie ihm alles in den Händen zerrann wie Sandkörner.

Ein Matrose, der für das Trinkwasser zuständig war, entfernte sich eines Tages zu weit von seinen Gefährten. Die Inselbewohner fingen ihn ab und erschlugen ihn aus Rache für die ihnen angetanen Verbrechen. Kidd ließ großspurig ein Exempel statuieren, einen Eingeborenen ergreifen, ihn zur Abschreckung an einen Baum fesseln und von Gewehrsalven zerfetzen. O ja, er wußte sich Respekt zu verschaffen. Nur sah man ihn jetzt häufiger »very disguised with drink«; er trank, um die Skrupel zu betäuben, den faden Nachgeschmack dieser verfluchten Reise loszuwerden und die düsteren Vorahnungen, die ihn quälten. Kidd, ›der Verdammte der Inseln‹.

Die ADVENTURE GALLEY glich mittlerweile ihrem Kapitän; sie war ein halbes Wrack und kaum mehr seetüchtig. Als sie im Januar 1698 wieder auslief, hatte man sie notdürftig zurechtgezimmert, aber es stand bereits fest, daß man sich demnächst nach einem neuen Schiff umsehen mußte. Die wesentlich kleinere ROUPARELLE eignete sich nicht für ihre Zwecke; sie sollte nach St. Mary's auf Madagaskar überführt und dort verkauft werden.

Unterwegs begegneten sie, am 20. Januar, einem portugiesischen Kauffahrer. Kidd glaubte wohl, nach dem Scharmützel mit den beiden Kriegsschiffen aus Goa eine Prise gutzuhaben und gab Befehl zum Angriff. Der Wind stand günstig, und seine Männer wollten schon zum Entern übergehen, als unvermutet zwei holländische Fregatten auftauchten und Kurs auf sie nahmen, worauf sie die Unternehmung abbrachen und schleunigst das Weite suchten.

Dann, am 1. Februar, zog Kidd endlich das Große Los. Vor der Malabarküste im Südwesten Vorderindiens stieß er auf die QUEDAH MERCHANT (von ›Kedah‹ auf dem Malaiischen Archipel). In einigen Berichten wird sie auch CARA MERCHANT genannt. Es handelte sich um ein riesiges Handelsschiff von 400–500 Tonnen, bestückt mit zehn Geschützen, das aus Bengalen stammte; der Zielhafen war Suwali (Surat). Und es hatte die französische Flagge gesetzt.

Viel Widersprüchliches ist über diesen Segler geschrieben und vermutet worden. Schon bei Kidds Prozeß kam es zu einer Kontroverse über seine Eigentümer. Die ›East India Company‹ beschwerte sich so wütend bei der britischen Admiralität über die Kaperung, die »eindeutig Piraterie« gewesen sei, daß in der Tat der Verdacht naheliegt, sie selbst hätte das Schiff ausgerüstet und zur Tarnung unter falscher Flagge segeln lassen, wie Hugh F. Rankin in ›The Golden Age of Piracy‹ vorschlägt.

Dabei wäre freilich zu berücksichtigen, daß sich *zwei* Ostindienkompanien in verschiedenen Teilen des Landes etabliert hatten, eine englische und eine französische, die sich auch in Kriegszeiten miteinander arrangierten und manchmal sogar ihre Begleiteskorten austauschten.

A. G. Course nimmt als gegeben an, die QUEDAH MERCHANT habe zur indischen Handelsflotte gehört – auch das würde die Aufregung der ›East India Company‹ (und vor allem des Großmoguls) erklären. Ferner herrschte Unklarheit darüber, ob der Kapitän ein Armenier, ein Franzose – wie Kidd angibt – oder ein Engländer namens Wright gewesen sei.

Inzwischen ist erwiesen, daß das Schiff unter einem französischen Paß lief, der am 14. Januar 1698 in Hugli (Chandernagore) von dem greisen François Martin ausgestellt und unterzeichnet worden war, dem Begründer der französischen Interessen, Niederlassungen und Handelskompanien in Indien. Kidd befand sich also – abgesehen vom Frieden von Ryswyk – theoretisch durchaus im Recht, die QUEDAH MERCHANT als Prise zu nehmen. Kompliziert wurde die Angelegenheit allerdings dadurch, daß sie hauptsächlich indische Waren beförderte und sich außerdem noch armenische und amerikanische Auftraggeber in den Besitz der Ladung teilten – Seide, Musselin, Zucker, Eisen und vor allem Gold, Silber und Juwelen in einem Schätzwert von mindestens 40000 Pfund – aber man darf ruhig das Doppelte dieser Summe veranschlagen. »Anfang Februar«, schreibt Kidd, »traf ich an der Malabarküste auf einen bengalischen Kauffahrer, der Kurs auf Surat genommen hatte ... als Köder ließ ich die französische Flagge setzten ... und befahl dem Kommandanten, zu uns an Bord zu kommen. Ein Franzmann, ein Angestellter der französischen Faktorei und Kanonier des besagten Schiffes, stellte sich daraufhin als Kapitän vor; aber er befand sich kaum an Deck, als ich auch schon Anweisung gab, statt der welschen die englischen Farben zu hissen, worauf er völlig überrascht ausrief ›Ihr seid ja alle Engländer!‹ und nach mir, dem Commodore, fragte. Als wir uns dann gegenüberstanden, händigte er mir den französischen Paß mit den Worten aus ›Da haben Sie einen guten Fang gemacht‹.«

Die List, sich unter falscher Flagge an das Opfer heranzupirschen, war kein Zufall, sondern eher eine pragmatische Erwägung: die abgewirtschaftete ADVENTURE GALLEY hätte einem neuerlichen Schußwechsel nicht allzulange standhalten können. Acht Männer mußten sich bereits stündlich im Schichtwechsel an den Pumpen ablösen, und der Schiffsrumpf wurde von Tauen umspannt, »to keep her together«. Kidd spielte va banque und gewann.

Die Übernahme war ein seltenes Bravourstück – ein Wrack gegen einen Dreimaster von fast doppelter Tonnage – und verlief gänzlich unblutig. Den Paß in Händen, stolzierte Kidd an Bord seiner imposanten Eroberung und sah sich um. Ein solides, wenn auch etwas schwerfälliges Schiff, mag er zuerst gedacht haben, das für Kapertouren nicht in Frage kam; aber es würde sicherlich auf St. Mary's ebenfalls einen guten Preis erzielen. Dann, bei der Bestandsaufnahme der Ladung, zeigte sich, daß er über alle Erwartungen hinaus ins Schwarze getroffen hatte. Nach ersten Schätzungen reichte die Beute aus, die ganze Reise zu amortisieren.

Zwei amerikanische Geschäftsleute – der eine war der Supercargo – traten nun auf ihn zu und boten ihm an, ihre Anteile an Frachtgut zurückzukaufen. Er wollte eine Ziffer hören. Sie offerierten ihm 3000 Pfund in bar. Kidd lächelte mitleidig und ließ die bestürzten Herren stehen.

Zuletzt schien doch noch alles zufriedenstellend zu verlaufen. Sein Selbstbewußtsein trieb frische Blüten, wie aus einer verdorrten Pflanze. Er rekrutierte eine Prisenbesatzung, ließ die ADVENTURE GALLEY und die ROUPARELLE in irgendeiner geschützten Bucht zurück und lief mit der QUEDAH MERCHANT verschiedene Häfen an der indischen Küste an, wo er die Hauptmasse der Ladung losschlug. Das nahm etwa zwei Wochen in Anspruch. Natürlich gab er sich dabei, wie vor ihm Every, als ehrbarer Handelsmann. Die Ware wurde ihm und seinen Leuten, bei den niedrigen Preisen, die sie verlangten, buchstäblich aus den Händen gerissen. Der Verkauf erbrachte insgesamt ca. 10000 Pfund – ohne das Gold, das Silber und die Juwelen, die vorläufig unangetastet blieben. Jedes Mitglied der Crew erhielt einen ›Vorschuß‹ von 200 Pfund; Kidd sicherte sich 8000 Pfund, wobei er einerseits auf den in Bhatkal geschlossenen Vertrag verwies, nach dem ihm 40% jeder Beute zustanden, andererseits auf seine Verpflichtungen gegenüber seinen Auftraggebern und der Krone. Die Raubtiere wurden plötzlich wieder fügsam. Selbst die Affäre mit dem ›blutigen Kübel‹, der Mord an William Moore schien vergessen. Vorläufig.

In den indischen Häfen wiederholte sich das Spielchen, das Every einst auf St. Thomas getrieben hatte: Kidd deckte sich mit Proviant ein, vergaß aber zu bezahlen. Er brauchte jetzt keine Rücksicht mehr auf seinen ›guten Ruf‹ zu nehmen; Indien war abgehakt. Es ging zurück nach Madagaskar.

Inzwischen lagen dem Großmogul diverse Berichte und Beschwerden über die gefährlichen Umtriebe eines »gewissen Kapitän Kid« (sic) vor. Er reagierte wie gewohnt mit Sanktionen, und diesmal auch gegen die Franzosen und Holländer. Halb Europa wurde wegen der Machenschaften eines einzelnen Freibeuters zur Rechenschaft gezogen und zur Kasse gebeten. Seine Hoheit war tief gekränkt. Um ihn versöhnlich zu stimmen, mußten die drei Nationen eine ›Wiedergutmachung‹ von 14 lakhs Rupien aufbringen – umgerechnet immerhin etwa 140 000 Pfund. Ein unverhältnismäßig hoher Betrag; zwar summierten sich die Verluste indischer Handelsgesellschaften durch Kidds Kaperungen beträchtlich, aber sie beliefen sich selbst bei großzügiger Schätzung auf nicht mehr als 100 000 Pfund, hielten sich also, verglichen mit Everys Raubzügen, in Grenzen: die Brigantine MARY, das kleine Kaufschiff THANKFUL, Anteile der Ladungen der ROUPARELLE (zwei Araberhengste) und der QUEDAH MERCHANT sowie die erbeuteten Vorräte an Proviant und Waren in Bhatkal und auf den Lakkadiven – abgesehen natürlich von den dort begangenen Ausschreitungen, Zerstörungen und Verbrechen. Solche Aufrechnungen wären jedoch von dem erzürnten Herrscher als Beleidigung aufgefaßt worden. Asset Khan ließ außerdem keinen Zweifel daran, daß er auch fürderhin für jeden durch Europäer in seinem Machtbereich verübten Akt von Piraterie Reparationen fordern würde.

England, Frankreich und Holland einigten sich daraufhin, in Zukunft gemeinsam gegen Seeräuber vorzugehen. Dieser Allianz stand nach dem Frieden von Ryswyk nichts mehr entgegen. Niederländische Kriegsschiffe bewachten von nun an die Mündung zum Roten Meer und eskortierten die indische Handelsflotte von den Märkten Jeddah und Mocha nach Surat; die Engländer sicherten die Malabarküste und den südlichen Teil des Arabischen Meeres; die Franzosen kontrollierten den Persischen Golf.

Doch Kidd, der Verursacher der ganzen Aufregung, war dem engmaschigen Netz längst entschlüpft. Er hatte seine Crew auf die ADVENTURE GALLEY und die beiden Prisen verteilt und nahm, nun wirklich ›Commodore‹ eines kleinen Geschwaders, Kurs auf die Pirateninsel St. Mary's an der Ostküste Madagaskars. Dort sollte abgerechnet, die GALLEY instand gesetzt, der Rest der Ladungen und die übrigen ›slaves‹ (die gefangengenommenen Seeleute, die sich nicht selbst freikaufen konnten) sowie die ROUPARELLE und die QUEDAH MERCHANT verkauft werden und die Beuteverteilung stattfinden, bevor sie heimwärts segelten. In New York würde Kidd dann über Lord Bellomont sämtliche Gläubiger abfinden, sich als erfolgreicher ›privateer‹ feiern lassen und ›glücklich und in Freuden leben bis ans Ende seiner Tage‹.

Ein Kindertraum. Erstens waren bereits Briefe der ›East India Company‹ an die britische Admiralität unterwegs, die ihn in den giftigsten und schwefligsten Farben schilderten und wie Bomben in London einschlagen sollten, und zweitens hatten die meisten seiner Leute in der Tat die Absicht, mit ihm ›abzurechnen‹ – nur anders, als er sich vorstellte.

Sein Schiff war trotz desolaten Zustandes noch immer der schnellste Segler von den dreien; die ROUPARELLE, die nach dem Monat ihrer Kaperung auf den Namen NOVEMBER umgetauft worden war, hielt nur deshalb mit, weil der lecke und von Tauen zusammengehaltene Kasten keine volle Fahrt machen konnte und Kidd sie als ›Rettungsboot‹ in der Nähe haben wollte, falls die ADVENTURE GALLEY sank. Das stand jederzeit zu befürchten, und die Passage dürfte kaum eine Vergnügungsreise gewesen sein, obwohl sich nun die ›maurischen Sklaven‹ an den Pumpen abwechseln mußten.

Die ›Meerschnecke‹ QUEDAH MERCHANT hingegen erwies sich als so langsam, daß man übereinkam, vorauszufahren und sie nachkommen zu lassen. »With much ado«, mit ›Ach und Krach‹ erreichte die Vorhut am 1. April 1698 den Hafen von St. Mary's.

Dort lag zur Zeit gerade die stattliche Fregatte MOCHA vor Anker, ein ehemaliger ›East India Man‹ – bis sich die Crew unter Anführung eines gewissen James Gillam dazu entschlossen hatte, dem Kapitän eines Nachts die Kehle durchzuschneiden und seinen Leichnam über Bord zu werfen. Allerdings war es nicht Gillam, der das Kommando übernahm. Die MOCHA (sie hieß vordem RESOLUTION; der neue Name zeigt ihren Kurs an) stand unter dem Oberbefehl eines Mr. Robert Culliford. Kidd mußte sich unbedingt an diesen Herren erinnern. Es war der nämliche, der in einer schönen Juninacht des Jahres 1690 mit seinem Kaperschiff, der BLESSED WILLIAM, und der Hälfte seiner Mannschaft auf und davon gesegelt war. Und hatte Kidd nicht damals tausend Eide geschworen, den Burschen über alle Weltmeere zu hetzen und ihn seiner gerechten Strafe zuzuführen? Hier bot sich endlich eine Gelegenheit dazu. Über die nun folgenden Ereignisse äußerten sich die Zeugen bei Kidds Prozeß verwirrend unterschiedlich. Der Angeklagte: »Als wir in besagtem Hafen ankamen, ankerte dort ein Piratenschiff, das die MOKKAFREGATTE genannt wurde. Kapitän war ein Robert Culliford, der bei meinem Eintreffen fluchtartig selbiges Schiff verließ und sich mit seinen Leuten in den umliegenden Wäldern versteckte. Ich feuerte meine Männer an, ihnen nachzulaufen und sie zu ergreifen, und gab Befehl, das Schiff zu beschlagnahmen, wozu mich ja mein Auftrag berechtigte; aber die meuterischen Kerle erwiderten mir, sie würden lieber zwei Kugeln in meinen als eine in seinen Schädel jagen, und kurz darauf desertierten 97 Matrosen aus meiner Crew und begaben sich an Bord der MOKKAFREGATTE. Sie sandten Kundschafter in die Wälder aus, die nach den flüchtigen Piraten Ausschau halten sollten. Bald brachten sie besagten Culliford und seine Schar zurück, und gemeinsam verblieben sie noch vier oder fünf Tage lang im Hafen.«

Inzwischen war auch die QUEDAH MERCHANT in St. Mary's angelangt, denn: »Während dieser Zeit kamen die Meuterer mehrmals und oft in großer Zahl an Bord der besagten GALLEY und ihrer größeren Prise und nahmen alles mit, was ihnen irgendwie brauchbar erschien: schwere Geschütze, Kanonenkugeln, Schießpulver, Pistolen und Waffen, Segel, Anker und Taue, sogar den Feldscherkasten« (d. h. die Instrumente des Schiffsarztes). Dabei drohten sie jedesmal, mich zu ermorden, und ich brachte mich jedesmal rechtzeitig in Sicherheit. In einer Nacht wollten sie ihren Plan in die Tat umsetzen. Aber ich schloß mich in meiner Kabine ein und verbarrikadierte die Tür mit Waren aus dem Laderaum; und da ich überdies gut bewaffnet war und über 40 geladene Pistolen verfügte, zogen sie sich wieder zurück. Ihre Unverfrorenheit kannte jedoch

Die Meuterei (von H. Pyle)

keine Grenzen. Nachdem sie alles geplündert hatten, was nicht niet- und nagelfest war, gingen sie zu dem vier Meilen entfernten Haus von Edward Welch hinüber« (Mr. Welch, ein Neuengländer, besaß eine Farm in der Nähe, betätigte sich als Hehler und verteidigte seinen Besitz mit sechs Geschützen und einer kleinen Armee von Negersklaven – Anm. d. Übers.), »wo ich meine Seemannskiste deponiert hatte, brachen diese auf und stahlen 10 Unzen Gold, wertvolles Silbergeschirr, 370 Achterstücke, mein Logbuch sowie eine große Anzahl von Papieren, die mir und meinen Auftraggebern gehörten.

Um den 15. Juni herum lief die MOKKAFREGATTE aus, mit 130 Mann Besatzung und vierzig Kanonen, auf Freibeuterkurs, gegen alle Nationen. Mir verblieben nur dreizehn Matrosen; und da auch die Mauren, die die Pumpen bedienten und die GALLEY über Wasser hielten, von ihnen verschleppt worden waren, sank das Schiff im Hafen. So ging ich mit der restlichen Crew an Bord der QUEDAH MERCHANT, wo wir fünf Monate lang auf günstigen Wind warten mußten.«

Etwas ist faul an dieser Geschichte. Es lohnt sich, auf sämtliche Details einzugehen; am bemerkenswertesten dürfte die Tatsache sein, daß Kidd immer noch mit einer Riesenbeute nach Neuengland zurückkehrte. Wenn die Meuterer ›reinen Tisch machten‹, wie er behauptet, wieso vergriffen sie sich dann nicht an den Schätzen, die im Rumpf der QUEDAH MERCHANT lagerten? Hatte Kidd sie sicherheitshalber irgendwo vergraben lassen? Wohl kaum, denn die Meuterei brach ja nach seiner Schilderung plötzlich und unerwartet aus. Im übrigen hätten sich die Deserteure auch in diesem Fall sicher zu helfen gewußt; man brauchte nur ein paar der loyalen Matrosen ein wenig in die Zange zu nehmen und sie so lange zu foltern, bis sie das Versteck preisgaben – die übliche Methode, solche Probleme zu lösen.

Ferner stimmen Kidds Daten nachdenklich. Er gibt an, daß die ADVENTURE GALLEY und die ROUPARELLE

(NOVEMBER) am 1. April in St. Mary's eingetroffen seien und daß Culliford und die Piraten bei seinem Auftauchen die Flucht ergriffen hätten. Nach der Meuterei wären die Rebellen, zusammen mit der Crew der MOCHA, »noch vier oder fünf Tage im Hafen verblieben«. Weiter unten heißt es dann, die MOCHA sei am 15. Juni auf »Freibeuterkurs« gegangen. Dazwischen liegen über anderthalb Monate, nicht »vier oder fünf Tage«. Ankerte die MOKKAFREGATTE vielleicht in einer verschwiegenen Bucht und lief nur ab und zu den Hafen an, um Vorräte aufzunehmen? Die Widersprüche sind eklatant. Vor dem zitierten Auszug aus seinem Bericht schreibt er noch, »die ›meuterischen Männer‹ hätten um den 6. Mai herum« die kleinere Prise, also die ROUPARELLE, ausgeplündert und versenkt. »Sie drohten mir und meinen Leuten, daß sie, falls wir uns ihnen nicht anschlössen, auch die GALLEY verbrennen und versenken würden, damit wir nicht mehr nach Hause segeln und gegen sie aussagen könnten.« Wie nun das? Ließ ihn sein Zeitgefühl im Stich? Fest steht nur, daß es tatsächlich eine Meuterei an Bord gab, daß die ROUPARELLE – aus welchen Gründen immer – versenkt wurde, daß ein Großteil von Kidds Besatzung zu Culliford überlief und daß die ADVENTURE GALLEY auf St. Mary's sank. Um das in den Schiffsrumpf verarbeitete Eisen zu bergen, hatte man sie allerdings zuvor in Brand gesetzt – eine ebenso zwielichtige Affäre wie der Untergang von Everys FANCY. Auch die näheren Umstände der ›Meuterei‹ bleiben rätselhaft.

Der Schotte Duncan Campbell, ein Postmeister aus Boston, der mit Kidd von früher her befreundet war und einige Tage vor dessen Verhaftung mit ihm zusammentraf, schrieb am 19. Juni 1699 ein ›Gedächtnisprotokoll‹ über die Gespräche, die sie miteinander führten. Campbell wird von einem Zeitgenossen als »munterer Bursche« beschrieben, »der sich stets à la mode herausputzt, sehr ehrgeizig ist und jeden nur möglichen Vorteil ergreift. Seine Geschäfte florieren. Letztens hörte ich (und hoffe um seinetwillen, daß etwas Wahres daran ist), daß er von einer sehr vermögenden jungen Dame geheiratet wurde.« Sein ›Gedächtnisprotokoll‹ setzte er auf Anfrage Lord Bellomonts auf. Über dessen Wahrheitsgehalt muß sich der Leser selbst Klarheit verschaffen, aber es bildet doch eine nützliche Ergänzung zu Kidds Aussage. Die Begegnung mit Culliford wird darin wie folgt beschrieben:

»... bevor sie nach Madagaskar kamen, wurde die GALLEY unter dem Kommando des besagten Kidd so leck, daß sie sich kaum noch über Wasser hielt, worauf ihre Crew, nachdem sie die Geschütze und andere Gegenstände an Bord der Prise (der ROUPARELLE?) gebracht hatten, besagte GALLEY in Brand steckten. Kapitän Kidd teilte mir ferner mit, daß, als er und seine Mannschaft in Madagaskar angekommen waren, einige aus seiner Crew ihn baten, ein Schiff namens MOCO (sic) – das seeklar in einer nahe gelegenen Bucht vor Anker lag und dessen Besatzung aus ›privateers‹ bestand – aufzubringen, um damit eine Kapertour ins Rote Meer zu unternehmen. Kidd hätte darauf erwidert, er sei gerne bereit, die MOCO mit ihrer Hilfe zu beschlagnahmen (er hielt sie für eine rechtmäßige Prise, da sie zuvor Eigentum des Königs von England gewesen war), er aber danach nicht mit ihnen ins Rote Meer segeln wolle. Worauf ihn neunzig seiner Männer verließen und sich dieses Schiffes bemächtigten. Und sie liefen bald darauf aus und nahmen oben erwähnten Kurs, nachdem sie den Kapitän der MOCO, einen gewissen Culliver (sic), überredet hatten, sich ihnen anzuschließen.«

Auch in dieser Aussage sind Widersprüchlichkeiten enthalten, zum Beispiel, was das Schicksal der ADVENTURE GALLEY betrifft: ging sie nun schon auf der Fahrt nach Madagaskar oder erst im Hafen von St. Mary's in Flammen auf? Culliford schloß sich außerdem nicht den Meuterern, sondern sie sich seiner Führung an. Vor dem Versuch einer Rekonstruktion und Erklärung der Ereignisse sollte noch ein dritter Zeuge gehört werden, ein gewisser O' Gradey, ein Mitglied von Kidds Crew, der etwas sehr Merkwürdiges zu Protokoll gab: »... Auf dem Achterdeck ließen Kidd und Culliford ein Faß Bomboo zubereiten, wie sie dieses Getränk auf Madagaskar nennen (es besteht aus Wasser, Limonensaft und Zucker), und stießen auf ihre Gesundheit an; Kapitän Kidd brachte einen Trinkspruch aus: ›Mein Freund, bevor ich dir irgendwelchen Schaden zufüge, soll meine Seele eher im Höllenfeuer schmoren‹, und er rief alle Qualen der Verdammnis auf sein Haupt herab, wenn er dieses Gelübde jemals brechen würde. Er nahm den Becher und sagte, dies solle sein letzter sein, wenn er ihm (besagten Culliford) nicht soviel Gutes täte, wie in seinen Kräften stand.«

Obwohl es sich bei ›Bomboo‹ anscheinend um ein alkoholfreies Getränk handelte, machte gerade diese Reminiszenz auf die Geschworenen bei Kidds Prozeß den denkbar schlechtesten Eindruck. Was sollte man von einer solchen Verbrüderung halten, die mit der ›eidesstattlichen Versicherung‹ des Angeklagten in keinerlei Einklang zu bringen war? Die einstigen Todfeinde gaben überraschend ihr Debüt als ›steddy freinds‹. Der Kapitän und sein meuterischer Obersteuermann prosteten sich zu!

Wenn man das Puzzle zusammensetzt, gelangt man etwa zu folgendem Tableau: Die ADVENTURE GALLEY und die ROUPARELLE trafen tatsächlich um den 1. April 1698 im

Hafen von St. Mary's ein. Kidds Mannschaft wartete zwei oder drei Wochen auf die QUEDAH MERCHANT, auf welcher der Großteil der Beute verstaut war. Als sie schließlich eintraf, erhielt jeder aus der Crew seinen vereinbarten Anteil. Pro Kopf dürfte dabei keine allzu hohe Summe herausgesprungen sein, wenn man bedenkt, daß der Gesamterlös abzüglich 40%, die Kidd für sich, seine Auftraggeber und die Krone beanspruchte, unter ca. 110 Männern aufgeteilt werden mußte. Eine Rechenaufgabe: Der Ertrag der fast zweijährigen Reise belief sich, vorsichtig geschätzt, auf 80000 Pfund. Abzüglich 40% wären das 48000 Pfund; jeder aus Kidds Crew hatte bereits 200 Pfund als Vorschuß erhalten – blieben also, bei gerechter Verteilung, abermals knapp 240 Pfund pro Mann. Das war zwar für damalige Verhältnisse viel Geld, entsprach aber mitnichten den Erwartungen der Besatzung, die sich sagenhaften Reichtum von der Fahrt versprochen hatte.

Kaum einer wollte mit einem solchen Almosen nach Hause zurückkehren. Kidd schien jedoch fest entschlossen, Kurs auf Neuengland zu nehmen, um Bellomont zufriedenzustellen. Ein Teil seiner Leute begann sich nun für die im Hafen liegende MOCHA zu interessieren. Sie plädierten beim Kapitän dafür, das Schiff zu übernehmen, noch einmal ins Rote Meer zu segeln und die Kapertour fortzusetzen. Der wußte nur zu gut, daß für sie eine ›Kapertour‹ gleichbedeutend mit Freibeuterei sein würde, und trug kein Verlangen danach, sich die Finger noch mehr zu verbrennen. Er war froh, überhaupt so glimpflich davongekommen zu sein. Der Unmut seiner Männer wuchs von Tag zu Tag. Kidd ahnte bereits, daß es diesmal seinen Kopf kosten konnte, wenn es zu einer Meuterei kam. Zum ersten Mal fühlte er lähmende Angst in sich aufsteigen. Er setzte auf Diplomatie und versuchte, sich gegen seine Überzeugung mit seinem Erzfeind Culliford zu arrangieren. Daß dieser mit seinen Piraten vor ihm »in die Wälder geflüchtet sei«, war höchstwahrscheinlich eine reine Schutzbehauptung. Sie diente dem Zweck, zu demonstrieren, daß er wenigstens die Absicht gehabt hätte, etwas gegen Seeräuber zu unternehmen; denn die Reise hatte sich ja als absoluter Fehlschlag erwiesen, was seine ›Piratenfangkommission‹ betraf. Von den in dieser Lizenz aufgelisteten Freibeutern waren allerdings die meisten nicht mehr am Leben: Thomas Tew wurde bekanntlich von einer Kugel getroffen, als er mit Every die FATEH MOHAMMET angriff; Thomas Wake starb, nach der Aussage von Adam Baldridge, im April 1696, vermutlich an Skorbut; William Maze hatte seinen Wirkungskreis wieder auf die neuenglische Küste verlegt; John Ireland blieb seit 1697 verschollen, und man hat nie wieder etwas von ihm gehört; der ›Erzpirat‹ Every schließlich war längst irgendwo in England oder Schottland untergetaucht.

Kidds Versuch, Culliford auf seine Seite zu ziehen, schlug fehl. Sein ehemaliger Obersteuermann nahm ihm, trotz der Verbrüderung mit ›Bomboo‹, abermals einen Großteil seiner Mannschaft ab und ging auf Piratenkurs ins Rote Meer. Zu den Deserteuren gehörte auch Edward Buckmaster, jener Matrose, aus dessen Verhörprotokoll schon zitiert wurde.

Die Meuterei spielte sich vielleicht gar nicht so dramatisch ab, wie Kidd sie schilderte. Hätten seine Leute wirklich vorgehabt, ihm das Lebenslicht auszublasen, so wäre ihnen das wohl auch gelungen. Schon wegen seiner 40%, die sie ihn großzügigerweise behalten ließen. Wahrscheinlich wollten sie den ›ollen Stinkstiefel‹ vor ihrer Abreise noch einmal gehörig in Angst und Schrecken versetzen. Im Grunde war es eine eher peinliche Affäre.

Also überspitzte er die Vorgänge ein wenig, um zumindest als ›tapferer Kapitän‹ zu gelten, der sich mit »40 geladenen Pistolen« gegen eine Übermacht verteidigte. Warum sollten sie außerdem seine Seemannskiste aufbrechen, um einen verhältnismäßig geringfügigen Betrag daraus zu stehlen, wenn sie nur an Bord der QUEDAH MERCHANT gehen mußten, wo über 30000 Pfund für sie bereitlagen? Zumal sie Gefahr liefen, von Kidds Freund Edward Welch, bei dem er seine Besitztümer deponiert hatte und dessen Farm einer kleinen Festung glich, womöglich mit einigen Geschützsalven empfangen zu werden? Könnte es nicht vielmehr so gewesen sein, daß Kidd das Logbuch – das etliche Eintragungen enthielt, die ihn im nachhinein belasten konnten – selbst verschwinden ließ? Seine ›Narrative‹, die er am 7. Juli 1699 zu seiner Verteidigung aufsetzte, weist ja empfindliche Lücken auf.

Natürlich nahm ihm seine Crew alles fort, was »nicht niet- und nagelfest« war und ihnen »irgendwie brauchbar erschien«. Warum auch nicht? Da er ohnehin beabsichtigte, nach Neuengland zurückzukehren, hatte er sicher keine Verwendung mehr für die meisten Geschütze, die Munition, das Schießpulver, den Feldscherkasten ect. Sollte er doch zusehen, wie er zurechtkam!

»Oh, a ship she was rigged and ready for sea,
Windy weather! Stormy weather!
And all of her sailors were fishes to be,
Blow ye winds, westerly, gentle sou'westerly,
Blow ye winds westerly – steady she goes.«

Die ROUPARELLE war wohl tatsächlich von ihnen verbrannt und versenkt worden, um Druck auf ihn auszuüben, sich ihnen anzuschließen. Die ADVENTURE GALLEY fiel inzwischen buchstäblich auseinander und würde die Rückreise niemals überstanden haben. Kidd legte höchstpersönlich Feuer an sie, um wenigstens das wertvolle Eisen zu retten, das man in New York oder Boston wieder verkaufen konnte. Es bedeutete fast noch ein Glück für ihn, daß 97 aus seiner Mannschaft auf der MOCHA davonsegelten – sie hätten sich sonst zweifellos der QUEDAH MERCHANT bemächtigt und ihn entweder mitgenommen oder abgekehlt. Wie es aussah, war er noch einmal glimpflich davongekommen.

Es ist eine Ironie des Schicksals, daß Cullifords Freibeutertour überaus erfolgreich verlief. Aus der Aussage eines gewissen Theophilus Turner, einem Mitglied der Crew, geht hervor, daß die Piraten an der indischen Küste vor Surat einen türkischen Kauffahrer, der mit enormen Schätzen beladen war, enterten und aufbrachten. Turner schreibt, allein der Wert der Waren hätte an die 30000 Pfund betragen, und für jeden Matrosen seien aus der Gesamtbeute 7000–8000 Pfund abgefallen – kein Wunder, da sie sich doch selbständig gemacht hatten und keinem Souverän mehr einen Penny Zinsen schuldeten. Und es gibt keinerlei Hinweise darüber, daß je einer aus der Mannschaft vor Gericht gestellt worden und am Galgen geendet wäre.

Kidd mußte unterdessen, schachmatt gesetzt und in entsprechender Stimmung, eine einigermaßen taugliche Mannschaft für die QUEDAH MERCHANT rekrutieren. Das dauerte seine Zeit, da insgesamt nur dreizehn Seeleute der ehemaligen Besatzung mit ihm auf St. Mary's verblieben waren. In seiner Notlage sah er sich gezwungen, auch einige ›Passagiere‹ an Bord zu nehmen, also keine ausgebildeten Matrosen, die ihm ihre Dienste anboten, um so die Kosten für die Überfahrt nach Neuengland zu sparen, sowie mehrere Schwarze, denen er das Blaue vom Himmel herunter versprach, damit sie für ihn arbeiteten, die er aber, erst einmal in New York angekommen, als Sklaven verkaufen wollte. Als sich das Schiff trotz aller Widerstände wieder seeklar befand, kam zum Überfluß noch eine anhaltende Flaute hinzu, die sie fünf Monate lang im Hafen festhielt. Kaum ein Seefahrer hat in seinem Leben wohl je soviel Pech gehabt wie der arme, sture, selbstgefällige und vom Schicksal hereingelegte Kapitän William Kidd.

Achtes Kapitel

Über Kapitän Kidd im Netz von Parlamentsintrigen, wie ihn ein kleiner Ganove betrog und ein großer Politiker an der Nase herumführte

Im August 1698 trafen die ersten Beschwerdebriefe der ›East India Company‹ bei der britischen Admiralität in London ein. Sie lösten einen »der delikatesten politischen Skandale des Jahrhunderts« (Mitchell) aus. Die Tories beeilten sich, Tausende von Flugblättern zu drucken, auf denen das Whig-Kabinett als eine »society of pyrates« beschimpft wurde; sogar der König war äußerst ungehalten über die Neuigkeiten. Das Parlament lieferte sich hitzige Debatten. Der ›verabscheuungswürdige Seeräuber Kidd‹ bildete das Tagesgespräch in London. Da man den Erzpiraten Every nie gefaßt hatte, konzentrierte sich nun die ganze aufgestaute Empörung über die schlimmen Umtriebe der ›Read Sea men‹ auf eine einzige Person, den nichtsahnenden, vor seinem Gewissen ›anständig‹ gebliebenen Kidd, und es gab kaum einen einflußreichen englischen Politiker, der nicht lautstark nach geeigneten Maßnahmen gerufen hätte, dieses gemeingefährliche Subjekt baldmöglichst dingfest zu machen. Bellomonts Gouverneursstuhl in New York begann bedenklich zu wackeln. Und für manch einen der an der Finanzierung des großangekündigten Unternehmens Beteiligten bedeutete dies das Ende seiner Karriere, zum Beispiel für Edmund Harrison, der bald darauf von seinem Posten als Direktor der Londoner ›East India Company‹ abberufen wurde.

Am 23. November 1698 – im gleichen Monat, in dem der Nordostmonsun die QUEDAH MERCHANT aufs offene Meer hinaus- und Kidd seinem Verderben entgegentrug – erging an die Gouverneure aller amerikanischen Kolonien ein offizielles Rundschreiben von Konteradmiral Benbow, das strikte Order enthielt, »Kapitän Kidd und seine Komplizen bei ihrem Auftauchen sofort zu verhaften« und sein Schiff »wie sämtliche darauf befindliche Güter« sicherzustellen. Die britische Admiralität sandte sogar ein Flottengeschwader der Royal Navy nach ihm aus. Francis Nicholson, der Gouverneur von Virginia, versetzte das ganze Land in Alarmbereitschaft und gab dem Kapitän des Küstenwachschiffs, der H. M. S. ESSEX PRIZE, Anweisung, Tag und Nacht die Augen offenzuhalten. Auch die Gouverneure auf den Bahamas, von Jamaica und einiger Karibikinseln wurden entsprechend instruiert. Die Fahndung lief an.

Im Dezember erließ William III. eine Generalamnestie für alle Piraten im Roten Meer: Jeder Seeräuber, der sich freiwillig den Behörden stellte, sollte begnadigt werden und straffrei ausgehen. Mit diesem Schritt hoffte er, die Probleme auf einfache Art aus der Welt zu schaffen; ausdrücklich ausgenommen von diesem Pardon waren nur Every und Kidd.

Richard Coote, der Earl of Bellomont, hatte nach langen Verzögerungen am 2. April 1698 die Regierungsgeschäfte von Massachusetts und New York übernommen, befand sich also erst seit einem halben Jahr im Amt. Die Nachrichten von den Verbrechen seines Schützlings, der nun plötzlich zum Staatsfeind Nr. 1 erklärt worden war, mußten ihn besonders schwer treffen. Er, der den skandalösen Benjamin Fletcher abgelöst hatte, konnte nichts weniger gebrauchen als einen neuerlichen Skandal – es sah aber ganz so aus, als ob der Mahlstrom auch ihn mit in die Tiefe reißen würde. Vorläufig blieb ihm nichts anderes übrig, als die Milizen, Polizeiorgane und Küstenwachen der von ihm verwalteten Kolonien zu erhöhter Wachsamkeit zu ermahnen, wie sein Kollege Nicholson, und – Nägel zu beißen.

Anfang April 1699 ging die QUEDAH MERCHANT vor Anguilla, einer der Kleinen Antillen, vor Anker, um Wasser und Proviant aufzunehmen. Kidd schickte zu diesem Zweck ein paar seiner Leute in einem der Beiboote an Land. Dort lösten sie zu ihrer Bestürzung eine kleinere Panik aus. Als sich die Aufregung etwas gelegt hatte, erfuhren sie von den Einwohnern, daß sie und ihr Kapitän für Piraten erklärt worden seien und daß die Royal Navy auf allen Weltmeeren nach ihnen suche. Nun war es an ihnen, in Panik zu geraten. Bleich ruderten sie an Bord zurück und überbrachten Kidd die Hiobsbotschaft. Bei seiner Neigung zu Flüchen und Schwüren kann man sich die Reaktion lebhaft vorstellen. Vor allem seine Männer standen regelrecht unter Schock. »Sie waren so entgeistert«, schreibt Kidd, »daß sie das Schiff am liebsten auf einer Klippe auflaufen lassen oder an einer Sandbank auf Grund gesetzt hätten, aus lauter Angst, ich würde sie in irgendeinen englischen Hafen bringen.«

Das Ausmaß der Katastrophe wurde ihm spätestens in dem Augenblick bewußt, als erneut eine Meuterei an Bord ausbrach. Obwohl es ihm gelang, seine völlig demoralisierte Crew noch einmal zu beschwichtigen, gab es dabei zwei Todesopfer und einige Verwundete. Ungefähr zehn aus der ohnehin spärlichen Besatzung desertierten und blieben auf Anguilla in der Hoffnung, sich durch Flucht der Galgen zu entziehen.

Als nächstes steuerte Kidd die portugiesische Insel St. Thomas (östlich von Puerto Rico) an, ausgerechnet jenen Hafen, wo man sich noch gut an Everys Wechsel auf die ›Bank of Aldgate Pump‹ erinnerte. Er ging selbst an

Land und fand alsbald seine Befürchtungen bestätigt. Kein Zweifel, er, der trotz aller Anfechtungen stets anständig gebliebene Kaperfahrer und ›Commodore‹, er, der mit Seuchen, widrigen Umständen jeder Art, portugiesischen Kriegsschiffen, aufständischen Eingeborenen und Meutereien fertiggeworden war, galt inzwischen als der meistgesuchte Freibeuter seiner Zeit. Holy Cow! By all Devils! Darauf mußte er erst einmal einen trinken. Auch er fühlte jetzt allmählich Panik in sich aufsteigen, die enger werdende Hanfschlinge um den Hals, den Knack im Genick.

In seiner Not wandte er sich an den dänischen Gouverneur der Insel, Johan Lorentz, und bot ihm eine stattliche Bestechung von 45 000 Achterstücken, wenn er ihm und seinen Leuten Asyl gewähre. Für diese Summe fand sich Lorentz bereit, ihn unter seine Fittiche zu nehmen, machte den Entschluß jedoch sogleich wieder rückgängig, als Kidd unklugerweise die Bedingung stellte, ihn niemals einem Kriegsschiff der Royal Navy auszuliefern. Er ›roch Lunte‹, wie es im Piratenjargon heißt, und seine anfängliche Freundlichkeit wandelte sich in eisige Abweisung. Als pflichtbewußter Beamter setzte er eine Proklamation auf, die allen Händlern auf St. Thomas bei Strafe verbot, die QUEDAH MERCHANT mit Proviant auszustatten, worauf Kidd unverrichteter Dinge wieder auslief. Bald darauf, am 26. Juli, erhielt Lorentz ein Schreiben von Gouverneur Bellomont aus New York, das ihn eindringlich vor dem Piraten »Will Kidd« warnte.

Dem stand das Wasser mittlerweile bis zum Hals, nachdem während seiner ungeschickten Verhandlungen mit Lorentz abermals fünf Seeleute desertiert waren, darunter Samuel Bradley, der Bruder seiner Frau, der bis zuletzt bei ihm ausgehalten hatte. Mit der übrigen, knapp vierzigköpfigen Mannschaft ließ sich das 500-Tonnenschiff kaum mehr vernünftig navigieren. Es war jedenfalls ausgeschlossen, es unter diesen Bedingungen wie geplant nach Neuengland zu überführen.

Fürs erste nahm er Kurs auf Mona, die Insel zwischen Santo Domingo und Puerto Rico. Unterwegs stießen sie auf ein einmastiges Handelsschiff, die Sloop ANTONIO, die einem gewissen Henry Bolton gehörte, einem reichlich halbseidenen Geschäftsmann, der später wie Kidd wegen Piraterie im Londoner Newgate-Gefängnis landete. Man signalisierte ihm beizudrehen, und nach einigem Hin und Her kam Bolton an Bord der MERCHANT. Da standen sich nun zwei ausgefuchste Gauner gegenüber, von unterschiedlichem Status zwar, aber doch von ähnlicher Gerissenheit. Kidd unterschätzte diesen unrasierten Burschen mit seinem Teerzopf und seinem schäbigen Rock, der ihn anblinzelte, als könne er kein Wässerlein trüben. Er fragte ihn ohne Umschweife, welchen Preis er für die Sloop verlangte; dringende Geschäfte zögen ihn nach New York, und da sein Schiff beschädigt und ein Teil seiner Mannschaft ausgefallen sei, benötige er einen geeigneten kleineren Segler, um die Ware termingerecht abzuliefern. Bolton schüttelte mit dem Kopf und grinste entschuldigend: Er könne die Sloop nicht einfach verkaufen, da er noch einen Partner hätte, einen Mr. Samuel Wood, mit dem er sich erst absprechen müsse. Die Chancen für einen solchen Handel stünden jedoch gering – ob er ihm nicht ein anderes Schiff von gleicher Größe besorgen solle? Das ginge auf jeden Fall schneller. Kidd war einverstanden und spielte mit ein paar Goldstücken, um den Appetit des anderen anzuregen. Er bräuchte außerdem noch Abnehmer für die Stoffe, die er geladen habe und die er vor seiner Rückreise noch verkaufen wolle, günstigst, Seide, Kaliko (weißer Baumwollstoff) und Musselin, beste Ware – vielleicht könne Bolton als Vermittler für ihn tätig werden, es würde sein Schaden nicht sein. Der versprach sich umzuschauen. Sie trafen eine Verabredung auf Mona. Bolton sollte sich auf der niederländischen Insel Curaçao – wo er, wie er sagte, gute Verbindungen habe – um Interessenten kümmern und ein Segelschiff auftreiben, außerdem neue Segel für die QUEDAH MERCHANT. Zum Abschluß zeigte ihm Kidd seine beiden Lizenzen, »eine Kommission mit dem königlichen Großsiegel, unterzeichnet von William Rex, und eine andere, ebenfalls mit dem Großsiegel versehen, unterzeichnet von den Lords der Admiralität; was sie genau besagten, ist mir entfallen.«

Die MERCHANT ging in Mona vor Anker, und Kidd wartete – acht Tage lang –, bis er die Geduld und die Nerven verlor und Befehl zum Auslaufen gab. Aber er kam nicht weit. Beim ersten etwas wilderen Seegang bei Windstärke 8 zeigte sich, daß seine kleine, zum größten Teil aus untauglichen Seeleuten bestehende Crew das Schiff nicht mehr im Griff hatte. Bevor es auflief oder strandete hielt er es für besser, wieder umzukehren. Es schien endgültig aus zu sein, Endstation Mona.

›Marooned‹. Irgendwann im Mai 1699 saß Kidd auf einem Sandhügel dieser verfluchten Insel, den Kopf auf seine Hände gestützt, die Arme auf seinen Knien, blickte aufs Meer und grübelte nach. Sicher würde es noch einen Ausweg geben. Er war ein reicher Mann. Er konnte sich alles kaufen, was er wollte, selbst die Freiheit. Wenn er jemals wieder nach Neuengland gelangte, würde man ihn dort wie einen König empfangen. ›I like to be in America.‹ Mit seinem Gold war er jederzeit willkommen. Alles hat seinen Preis, und jedermann. Nirgendwo konnte man besser untertauchen. Was sollte ihm schon passieren – schlimmstenfalls? Der Galgen, meldete sich immer wieder eine innere Stimme, die sich nicht verdrängen ließ: der Galgen, der Galgen, der Galgen. Und der Schimpf eines ewig schlechten Angedenkens. In Ketten zu verfaulen, zur Warnung an alle. Das war es, was ihn erwartete.

Er mußte um jeden Preis nach New York gelangen. Erstens durften in den britischen Kolonien in Nordamerika Piraten nicht zum Tode verurteilt werden und zweitens würde er Lord Bellomont davon überzeugen, daß man ihn, Kidd, zu Unrecht der Piraterie anklagte. Schließlich besaß er immer noch die beiden französischen Schiffspässe, die seine Unschuld eindeutig bewiesen. Auf die Meuterer sollten sie Jagd machen, nicht auf ihn, den grundehrlichen Kapitän, der stets nur das Beste gewollt hatte. Sie hatten die Verbrechen begangen, die man ihm zur Last legte. Das Ganze war nichts weiter als ein Mißverständnis, das es auszuräumen galt. Und wenn es trotzdem Schwierigkeiten gab – selbst ein Mann wie Bellomont war käuflich, und er verfügte über einflußreiche Freunde, die ihn nicht im Stich lassen würden.

Da lag nun seine große Prise in irgendeiner Bucht am Ende der Welt vor Anker, mit einem Vermögen im Schiffsbauch, aber gelähmt, gestrandet, ohne Segel und ohne Crew. Er saß auf dieser verfluchten Insel fest, während die Royal Navy überall nach ihm suchte. Eines nicht allzufernen Tages würden sie auch hier vorüberkommen, ihn finden und nach London bringen – und dann war sein Kopf schon halb in der Schlinge. Eine verteufelte Situation, so zur Untätigkeit, zum Warten verdammt zu sein! Wenn sich nicht bald ein anderer Segler fand, hatte er ausgespielt.

Aus solchen Gedanken wurde er durch die Rufe seiner Leute gerissen, die einige sich nähernde Schiffe gesichtet hatten. Es war Bolton, der eine regelrechte kleine Handelsflotte mitbrachte, die MARY GOLD, die SPEY, die ELENORA, ferner einen niederländischen und einen französischen Kauffahrer und seine eigene Sloop ANTONIO. Kidd schien von seinen schlimmsten Sorgen erlöst zu sein. Die Segler legten an, und Bolton ging mit den ›Interessenten‹ aus Curaçao an Land. Er entschuldigte sich für die Verspätung, aber sie wären in ein Unwetter geraten, das sie abgetrieben hätte. Dafür habe er eine gute Neuigkeit: Sein Partner Wood sei einverstanden, ihm die ANTONIO abzutreten – zu einem angemessenen Preis natürlich. Boltons Forderungen waren unverschämt hoch. Kidd blieb jedoch nichts anderes übrig, als jede Summe zu akzeptieren.

Die Händler deckten sich zu Schleuderpreisen aus der Prisenladung ein und feilschten um jeden Penny. Sie kauften einen Teil der erwähnten Seiden-, Kaliko- und Musselinstoffe sowie mehrere Fässer Wein und machten dabei einen so guten Schnitt, wie nie zuvor in ihrem Leben. Der Erlös betrug immerhin noch einmal 5000 Pfund.

Die wertvollsten Güter, Gold, Silber und Juwelen und soviel Waren, wie die Tragfähigkeit der Sloop zuließ, wurden auf der ANTONIO verstaut. Dennoch fand nur ein knappes Drittel der Beute darauf Platz. Bolton hatte Proviant, Frischwasser und Segel für die QUEDAH MERCHANT besorgt. Er wisse, teilte er Kidd mit, eine günstige Stelle, eine verschwiegene Bucht, St. Katharina an der Südostküste von Hispaniola (Haiti), wo man das Schiff so lange auf Grund setzen könne, bis die Eigentümer es mitsamt der restlichen Ladung abholen kämen. Dann wäre freilich eine größere Entschädigung für seine Mühen fällig.

Es ist kaum zu fassen, daß Kidd auf diesen allzu durchsichtigen Vorschlag einging. Vielleicht durchschaute er Boltons Absichten oder hegte zumindest einen Verdacht, aber in seiner Lage hatte er keine andere Wahl. Sie segelten also gemeinsam zu dem bezeichneten Ort; die Prise wurde »in einer abgelegenen Flußmündung« auf Grund gesetzt, und Kidd stellte etwa die Hälfte der ihm verbliebenen Besatzung zur Bewachung ab – vor allem diejenigen, die ihm bei seiner bevorstehenden Fahrt wenig nützen konnten, die Alten, Schwachen und Kranken. Boltons ›Wachmannschaft‹, die jener großzügigerweise zur Verstärkung abordnete, bestand aus der ehemaligen Crew der ANTONIO, fünfzehn oder sechzehn Männern. Kidd sagte ihm, daß es bis zu seiner Rückkehr höchstens drei Monate dauern könne und daß England ihn für seine Treue reichlich belohnen werde – oder etwas ähnlich Bombastisches; verwies auch abermals auf seine königlichen Kommissionen, die Bolton wenig imponierten. Dann empfahl er sich und ging mit zwölf Matrosen in See.

Es läßt sich unschwer ausmalen, was geschah, nachdem er außer Sichtweite war. St. Katharina auf Haiti wurde in den folgenden Tagen und Wochen zu einem beliebten Umschlagplatz für heiße Ware. Die beiden ›Wachmannschaften‹ verkauften alles bis zu den Nägeln in den Planken, »was ihnen pro Mann 300 bis 400 Pfund einbrachte« (Mitchell), um sich dann eiligst aus dem Staube zu machen. Bolton behauptete später, er habe sein möglichstes getan, die Plünderung zu verhindern, sich jedoch gegen Kidds Leute nicht durchzusetzen vermocht, da er »außer einem Negerjungen« ganz allein gewesen sei. Das war natürlich eine glatte Lüge. Kidds Aussage über die »fünfzehn bis sechzehn Seeleute aus der Crew der ANTONIO« ist eine der wenigen glaubwürdigen Stellen seines Berichtes. Und Bolton sollte ein Jahr später für diese und andere Betrügereien hängen.

Im Juni 1699 erreichte Kidd die Küste Neuenglands und nahm Kurs auf die Delaware Bay. Er lief ausgerechnet ›Hore Kills‹ an, die berüchtigte Seeräuberkolonie in der Nähe von

Lewes. Zu seinen Gefährten gehörte jener James Gillam, der vor Jahren die Meuterei auf der RESOLUTION (die dann auf den Namen MOCHA umgetauft wurde) angezettelt und, so heißt es, ihrem Kapitän Edgecomb eigenhändig die Kehle durchgeschnitten hatte. Warum er Culliford verließ und sich dem Versager Kidd anschloß, ist nicht bekannt; wahrscheinlich wollte er ebenfalls auf dem schnellsten Wege nach Nordamerika. Sie waren auch kaum angelangt, als Gillam, vollbepackt mit Gold, Silber und Juwelen, von Bord ging, um sich auf eigene Faust durchzuschlagen. Dieser Mann war nicht gerade eine Empfehlung für den auf die Wiederherstellung seines guten Rufes bedachten Kidd – um so weniger, als er die Ungeschicklichkeit besaß, sich einige Wochen später in Charleston von Nicholsons und Bellomonts Schergen festnehmen zu lassen.

Auf das Rundschreiben von Konteradmiral Benbow hin, das den Gouverneuren der Kolonien »Will Kidd« wärmstens ans Herz legte, herrschte an fast sämtlichen Küsten Neuenglands eine geradezu argusäugige Wachsamkeit gegenüber jedem verdächtigen Schiff, das sich näherte. Die Zeiten hatten sich geändert. Die über 30 Jahre anhaltende Hochkonjunktur der Piraterie in Nordamerika, die zwischen 1695 und 1699 ihren Höhepunkt erreicht hatte, erlebte momentan eine – vorübergehende – Flaute. William III. fand nach dem Friedensschluß mit Frankreich etwas mehr Muße, sich um seine verirrten Schäfchen in der Neuen Welt zu kümmern. Vor allem ärgerten ihn die dauernden Verstöße gegen das 1696 verabschiedete ›Navigationsgesetz‹ (Navigation Act), das den englischen Kolonien jeglichen Handel mit anderen Nationen außer dem Mutterland verbot. Einige besonders korrupte Gouverneure waren von ihrem Posten abberufen und durch verläßlichere ersetzt worden, wie z. B. Fletcher; erst kürzlich hatte auch William Markham, »lieutenant governor of Pennsylvania«, einer der berüchtigsten ›Piratenmakler‹, seinen Hut nehmen müssen. In Virginia regierte der erwähnte Francis Nicholson, der seit jeher energisch gegen Seeräuber vorging, in New York, Boston und Massachusetts der pflichtbewußte Lord Bellomont. Trotz dieses ›Reformkurses‹ blühten die Geschäfte mit Freibeutern nach wie vor, nur weniger offen als früher. Man mußte wesentlich vorsichtiger sein.

Die ANTONIO war etwas zu nahe der virginischen Küste entlanggekreuzt, als daß sie nicht aufgefallen wäre. Als Nicholson die Meldung erhielt, sandte er das Küstenwachschiff H. M. S. ESSEX PRIZE nach ihr aus. Aber als die Fregatte in der Delaware Bay ankam, befand sich Kidd bereits auf dem Weg nach Long Island.

Er ging ungefähr in Höhe von Sandy Hook vor Anker und nahm Kontakt zu einem seiner früheren Bekannten auf, dem Anwalt James Emot. Dieser sollte, als Unterhändler, Lord Bellomont in Boston von Kidds Ankunft unterrichten, dessen Unschuld beteuern und ihn um einen Gnadenerlaß ersuchen. Die nun folgenden Ereignisse sind von Bellomont selbst in drei Briefen an das britische Wirtschaftsministerium (Board of Trade) und die Admiralität dokumentiert. Auszüge:

»... Es dürfte Eure Lordschaften freuen, von mir zu erfahren, daß ich vergangenen Dienstag Kapitän Kidd und fünf oder sechs seiner Leute im Gefängnis dieser Stadt interniert habe. Nachdem er mit seinem Schiff länger als vierzehn Tage an der Küste vor New York gekreuzt hatte, schickte er nach einem Mr. Emot, einem New Yorker Anwalt, er möge sich unverzüglich zu einem Ort namens Oyster Bay auf Nassau (Long) Island begeben, wo er, Kidd, auf ihn warte. Von dort brachte er Emot nach Rhode Island und ließ ihn mit dem Auftrag an Land gehen, mich aufzusuchen. Er sprach am 13. Juni spät in der Nacht an meiner Haustür vor und sagte, er komme von Kapitän Kidd, welcher sich auf einer Sloop irgendwo an der Küste befinde, wo genau, wollte er nicht verraten; Kidd sei jedoch bereit, in den Hafen einzulaufen, sofern ich ihn begnadigen würde. Ich war zuerst ein wenig unschlüssig, wie ich ausgerechnet mit Emot, einem gerissenen Jakobiten, der eng mit Fletcher befreundet und mein erklärter Feind war, über eine solche Sache verhandeln sollte. Als das Gespräch auf Kidds Begnadigung kam, sagte ich ihm, es sei wohl richtig, daß der König mir das Recht eingeräumt hätte, Piraten zu begnadigen, daß ich es indessen meinem guten Ruf schulde, mit diesem Recht äußerst behutsam umzugehen und ich es mir deshalb zur Regel gemacht habe, niemals einen Seeräuber freizusprechen. Emot teilte mir mit, daß Kidd das große, in Indien gekaperte Maurenschiff (das, wie ich inzwischen hörte, den Namen QUEDAH (sic) MERCHANT trug) in einer Bucht an der Küste von Hispaniola zurückgelassen hätte mit einer Ladung im Wert von 30000 Pfund; daß er eine Sloop gekauft hätte, mit welcher er hergekommen sei, seine Vorschläge zu unterbreiten; und daß besagte Sloop mehrere Ballen ostindischer Stoffe, sechzig Pfund Goldstaub und -barren, etwa 50 Kilo Silber neben diversen anderen Gütern geladen habe. Emot behauptete ferner, Kidd sei so unschuldig wie ein neugeborenes Kind; seine Crew hätte ihn gezwungen, an einigen ihrer Raubzüge teilzunehmen und ihn in seiner Kabine auf der ADVENTURE GALLEY eingesperrt, während sie zwei oder drei Schiffe ausplünderten. Dies könne Kidd durch viele Zeugen beweisen. Schön und gut, gab ich Emot zur Antwort, wenn es sich tatsächlich so verhielte und Kidd seine Angaben beweisen würde, dürfe er unbesorgt in den Hafen einlaufen; versprach auch, mich zu bemühen, des Königs Pardon für ihn zu erwirken. Dann schrieb ich einen Brief an Kidd, in dem ich ihn einlud, zu mir zu kommen, und noch einmal bekräftigte, daß seine Begnadigung kein Problem sei, wenn er so unschuldig wäre wie Mr. Emot sagte. Diesen Brief ließ ich ihm durch Mr. Campbell überbringen, einen Bürger dieser Stadt, wie Kidd ein Schotte und von früher mit ihm bekannt. ... Emot händigte mir noch zwei französische Pässe aus, die Kidd an Bord der von ihm (oder, wie er vorgibt, gegen seinen Willen von seinen Leuten) aufgebrachten zwei Maurenschiffe an sich nahm ...

Drei oder vier Tage danach kehrte Campbell mit einem Brief von Kidd zu mir zurück, in dem jener mich, unter vielen Beteuerungen seiner Unschuld, darüber in Kenntnis setzte, daß er nunmehr in den Bostoner Hafen einzulaufen gedenke. Mein Wort habe ihn beruhigt. – Ich darf nicht versäumen, Eure Lordschaften davon zu unterrichten, daß Campbell meiner Frau eine Anzahl kleinerer Juwelen mitbrachte, wovon ich nicht wissen sollte; aber sie zeigte sie mir sogleich und fragte mich, ob es recht wäre, sie zu behalten. Ich bat sie, die Steine vorläufig an einem sicheren Ort aufzubewahren ...«

Mit solchen ›Aufmerksamkeiten‹ war Kidd überhaupt sehr großzügig, während er über Emot und (Duncan) Campbell mit Lord Bellomont verhandelte. Um sich restlos abzusichern, nahm er außerdem Verbindung mit verschiedenen einflußreichen Herren in New York auf, darunter seinen früheren ›steddy freinds‹ James Graham, dem Justizminister, und Robert Livingston, dem ›Staatssekretär für Indische Angelegenheiten‹. Bei ihnen zeigte er sich nicht kleinlich, und ihre Gattinnen erhielten ebenfalls ›funkelnde Mitbringsel‹. Die Herren versprachen, sich für ihn zu verwenden; die ganze Angelegenheit sei lediglich ein juristisches Problem und würde wohl rasch zu bereinigen sein. Kidd wiegte sich beinahe schon in Sicherheit. Seine eigene Frau Sarah, die er benachrichtigen und heimlich zu sich an Bord bringen ließ, wurde mit Edelsteinen regelrecht überhäuft. »Alles wird gutgehen, meine Liebe; vertrau' nur auf Gott und die Vorsehung – in spätestens anderthalb Monaten werde ich rehabilitiert sein.«

Gewisse Zweifel blieben ihm trotzdem noch. New York war nicht mehr das, was es einmal war: ein Tummelplatz für Seeräuber aller Nationen, eine Stadt ohne Sperrstunde, ein lärmender Schmelztiegel von Prostitution, Glücksspiel und Hehlerei, wie damals unter Fletcher. Bellomont hatte gründlich aufgeräumt. Die anständigen Bürger konnten wieder ruhig schlafen. Der Broadway – freilich immer noch mehr oder weniger eine Dorfstraße, auf der Gänse, Enten und herrenlose Schweine herumliefen – hatte ein paar neue Laternen erhalten und Nachtwächter und Büttel. Auf den Straßen sah man mehr gediegene Herrschaften und sittsame Damen als je zuvor. Der Typus des braungebrannten, ohrringetragenden ›Red Sea man‹, der hier seine Beute durchbrachte und Goldstücke in die Luft warf, schien nahezu ausgestorben.

Auch der Bostoner Hafen wirkte wie verwandelt. Geordneter. Man sah dort fast ausschließlich britische Schiffe – früher konnte man kaum die Übersicht behalten unter all den bunten und obskuren Flaggen. Es hatte sich einiges getan in seiner Abwesenheit. Aber seinerzeit war es doch lustiger gewesen und abwechslungsreicher.

Er dachte sich, daß es wohl klüger wäre, wenigstens einen kleinen Teil von seinen Schätzen vorsichtshalber an einem versteckten Ort unterzubringen, solange sich noch alles in der Schwebe befand; vielleicht hatte ihm auch seine geschäftstüchtige Frau in weiser Voraussicht dazu geraten. Jedenfalls fiel seine Wahl auf die drei Meilen nördlich von Long Island gelegene Isle of Wight, besser bekannt unter dem Namen ›Gardiner's Island‹ – nach Lionel Gardiner, dem ersten englischen Siedler im Territorium von New York. Die Insel wurde seit zwei Generationen von dessen Familie und Nachkommen verwaltet, gegenwärtig von dem Enkel John Gardiner.

Dieser Herr beobachtete an einem Juniabend eine verdächtige, »mit sechs Geschützen bestückte Sloop«, die an der Küste vor Anker ging. Am nächsten Tag lag sie noch an der gleichen Stelle, und ebenso am übernächsten. Es ist gut möglich, daß Kidd damit beschäftigt war, jene berühmte Schatztruhe zu vergraben, von der so viele Legenden berichten, oder sogar mehrere Schatztruhen; daß er allerdings ›die beiden Matrosen, die ihm dabei halfen‹, erschlug, um seine Mitwisser zu beseitigen, dürfte nur eine Schauermär sein. Dennoch spricht einiges dafür, daß bis heute ein Vermögen in der Erde von Gardiner's Island ruht. »Durch einen puren Zufall erfuhr ich«, schreibt Bellomont in einem seiner Briefe, »daß Kidd zu Freunden gesagt hätte, auf der Insel läge ein stattlicher Teil seines Goldes vergraben.« Am zweiten Tag konnte es Mr. Gardiner vor Neugierde nicht mehr aushalten und begab sich, mit einer Flinte bewaffnet, zu der Anlegestelle. Kidd begrüßte ihn mit überschwenglicher Freundlichkeit, stellte sich vor, zeigte seine königlichen Freibriefe und erkundigte sich nach seinem werten Befinden und dem seiner Familie. Dann sagte er, er sei auf dem Wege zum Gouverneur, den kenne er sicher, Lord Bellomont, jaja. Ob er so liebenswürdig sein würde, ihm eine Gefälligkeit zu erweisen und eine Zeitlang auf drei seiner Negersklaven, zwei Jungen und ein Mädchen, aufzupassen; ferner eine hölzerne Truhe, eine Goldschatulle und diverse Kleinigkeiten für ihn in Verwahrung zu nehmen? Der verdutzte Gardiner versprach's, und Kidd schenkte ihm ›zwei Ballen Musselin und Bengal‹ (ein gestreifter Seidenstoff) für seine Gattin mit den besten Empfehlungen. Nun traten auch zwei Matrosen aus der Crew, ›Cooke und Parrat‹, auf ihn zu und baten ihn, zwei mit Silber gefüllte Taschen für sie aufzubewahren. Gardiner stellte für alles Quittungen aus. Ach, und noch etwas, sagte Kidd, ich habe schon viel von dem vorzüglichen Apfelschnaps gehört, den Sie selbst brauen; wäre es zuviel verlangt, wenn Sie mir von ihren Leuten ein oder zwei Fäßchen davon an Bord bringen ließen? Auch dieser Wunsch wurde erfüllt. »Worauf«, endete Gardiner seine Zeugenaussage, »sie Anker lichteten und Kurs auf Boston nahmen.«

In Lord Bellomonts brieflichem Bericht heißt es weiter:

»... Eure Lordschaften werden richtig verstanden haben, daß das Versprechen, das ich Kapitän Kidd in dem erwähnten Brief gab – daß er freundlich aufgenommen werden und ich mich um eine Begnadigung Seiner Majestät bemühen würde –, an eine Bedingung geknüpft war, nämlich die, daß er tatsächlich so unschuldig sei, wie er behauptete. Inzwischen fand ich jedoch Grund genug, ihn wegen der vielen Lügen und Widersprüchlichkeiten, die er mir auftischte, für sehr schuldig zu halten ...

Kidd kam hier« (im Bostoner Hafen) »am 1. Juli um sieben Uhr abends an; er wollte mich sogleich sprechen, was ich aber in Abwesenheit von Zeugen ablehnte. Von Anfang an wirkte er alles andere als unschuldig auf mich, und dieser Eindruck verstärkte sich noch, als er, sein Freund Livingston (der eigens hierher gereist war, als er von Kidds Absicht erfuhr, den Hafen anzulaufen) und besagter Campbell begannen, miteinander zu konspirieren und einiges von der Ladung auf die Seite zu bringen; ferner gab Kidd mir und dem Magistrat während der drei oder vier Verhöre, die wir mit ihm führten, merkwürdig ausweichende Antworten und erlaubte sich auch ein paar höchst unpassende Scherze.

Mr. Livingston kam zu mir und forderte mich in sehr bestimmten Tonfall auf, ihm die Verbindlichkeiten zurückzuerstatten, die er für Kidds Reise aufgebracht hatte. Er sagte, Kidd habe alle nur erdenklichen Eide geschworen, daß er, im Falle ich Mr. Livingston die Auszahlung verweigerte, er weder die große Prise« (die QUEDAH MERCHANT) »nach Neuengland überführen noch ihr Versteck preisgeben werde, sondern Mr. Livingston persönlich aus der Ladung der Sloop abfinden würde. Dies schien mir nun, von beiden, eine solche Impertinenz, daß ich es für an der Zeit hielt, Schritte einzuleiten und Kidds Verhaftung anzuordnen. Letzten Dienstag hörte ich, daß er meiner Frau 1000 Pfund in Goldstaub und -barren zukommen lassen wollte; ich kam jedoch dieser ›netten Geste‹ zuvor und gab Anweisung, ihn noch am gleichen Tage zu arretieren, nachdem ich dem Magistrat die diesbezügliche Order der Admiralität vorgelegt hatte.«

Die Festnahme spielte sich recht dramatisch ab:

»... an jenem Tag, an dem ihn der Konstabler verhaftete« (am 6. Juli), »befand er sich gerade an der Tür meines Hauses; er stürzte in die Empfangshalle und rannte auf mich zu, der ich auf der Treppe stand, der Konstabler hinter ihm her.«

Es war von vornherein Bellomonts Strategie gewesen, den Piraten, an dessen Unschuld er niemals geglaubt hatte, mit allen Mitteln hinter Schloß und Riegel zu bringen. Daß Kidd sich in den ausgelegten Netzen verfing, lag am Köder – der förmlichen Zusicherung einer Begnadigung – und Bellomonts diplomatischem Taktieren. Dies wird besonders aus einer Passage deutlich:

»... Ich war gezwungen, die Ergreifung Kidds und seiner Komplizen sowie die Sicherstellung ihrer Beute unter größter Geheimhaltung ins Werk zu setzen: seine Landsleute, Mr. Graham und Livingston, hätten ihn sonst sicher gewarnt, sich rechtzeitig aus dem Staube zu machen, und wären für diese Warnung gut bezahlt worden. Drei Monate, bevor ich von New York nach Boston übersiedelte, hatte ich bereits eine Anweisung des britischen Justizministeriums und von Staatssekretär Vernon erhalten, Kidd bei seinem Auftauchen unverzüglich in Gewahrsam zu nehmen; ich sprach jedoch mit keiner Menschenseele darüber, und wenn ich jemanden äußern hörte, die Gouverneure der umliegenden Provinzen seien behördlicherseits instruiert worden, Kidd zu verhaften, so lachte ich, als ob ich solchen Gerüchten keinen Glauben schenke.

Ich hoffe, daß sie ihn hier nicht entwischen lassen, wie Bradish, einen berüchtigten Seeräuber. Vor ungefähr zwei Wochen gelang Bradish und noch einem anderen Piraten die Flucht aus dem hiesigen Stadtgefängnis, und ich vermute, ja bin sogar fest davon überzeugt, daß sie zuvor den Wärter bestochen hatten.

Nach den Gesetzen dieses Landes darf über einen Piraten nicht die Todesstrafe verhängt werden; ich bitte daher Eure Lordschaften, mir mitzuteilen, wie weiterhin mit Bradishs Crew, Kidd und seinen Kumpanen zu verfahren sei ... Wenn ich nur einen verläßlichen Friedensrichter, einen Kronanwalt in New York, zwei oder drei Kriegsschiffe mit ausgebildeten Mannschaften und regelmäßiger Heuer zur Verfügung hätte, würde ich das ganze Piratenunwesen in Nordamerika von der Wurzel her ausrotten; aber wie ich Euren Lordschaften wieder und wieder versichert habe, sehe ich mich außerstande, dies allein und ohne jede Hilfe zu bewerkstelligen.«

Wie man sieht, nahm Bellomont seine Aufgabe sehr ernst – um so mehr, da er selbst maßgeblich an der Genehmigung und Finanzierung von Kidds Reise beteiligt gewesen war und der Skandal auch seinem Ruf schadete.

Zunächst einmal mußten Vorkehrungen getroffen werden, die Kidds Ausbruch aus dem Bostoner Stadtgefängnis verhinderten. Dies stand nämlich bei seinen einflußreichen Hintermännern, seiner Freigiebigkeit mit Schmiergeldern und dem bestechlichen Wachpersonal direkt zu befürchten. Kidd wurde ›angeschmiedet‹, und das Bild, das ihn in seiner Kerkerzelle zeigt, ist keineswegs eine übertriebene Darstellung.

»Er hat«, feixt Bellomont, »zweifellos eine Menge Gold erbeutet, das wohl geeignet ist, Männer ohne Ehrbegriffe in Versuchung zu führen; ich habe ihn deshalb, um die Macht simplen Eisens gegenüber der Allmacht des Goldes zu erproben, in zehn Kilo schweres Eisen schließen lassen.«

Als nächstes wurde der frühere Gefängniswärter, mit dessen Hilfe der Pirat Bradish und einer seiner Komplizen entkommen war, ausgewechselt und, da er sich beim Verhör ebenfalls in Widersprüche verwickelte, im gleichen Gefängnis interniert.

»Zwei Gentlemen des Magistrats, zwei ehrbare Kaufleute und der Zolleinnehmer haben die Aufsicht über die Schiffsladung übernommen und sind im Begriff, Listen über sämtliche auf der Sloop verstauten Waren und Gegenstände anzufertigen; ich werde die Aufstellungen Euren Lordschaften mit dem nächsten Schiff übersenden, das von hier nach England ausläuft.«

In seinem wilden Amtseifer stellte Bellomont auch Nachforschungen nach Kidds ›Geschenken‹, Bestechungsgeldern und sonstigen in Aufbewahrung gegebenen oder irgendwo deponierten Wertsachen an. Als erstes wurde er bei Duncan Campbell fündig, dem Postmeister der Stadt, in dessen kleiner Pension Mr. und Mrs. Kidd zuletzt logiert hatten. Mrs. Kidd wartete dort, umgeben von ihren Kindern, noch immer voller Sorge auf die Rückkehr ihres Gatten, Bellomonts Scher-

William Kidd in Ketten

gen und einige Herren vom Magistrat beschlagnahmten trotz ihrer lautstarken Proteste alles, was ihnen wertvoll erschien, und die Ausbeute war nicht übel: ›eine Tasche mit Gold im Wert von 1000 Pfund, eine Tasche mit Silbergeld (Achterstücke) sowie kostbares Tafelgeschirr, dessen Wert erst noch geschätzt werden muß‹. Bei Mrs. Campbell wurde eine goldene Halskette konfisziert, von der sie sich nur unter Tränen trennen konnte. Ihr Mann hatte die ihm von Kidd zugesteckten 100 Achterstücke rechtzeitig in Sicherheit gebracht. Darby Mullins, einer der mitgefangenen Matrosen (etwa zwanzig waren mit zwei Schiffen geflohen), wurde einer kleinen ›Katzenwäsche‹ unterzogen und spuckte, außer ein paar Zähnen, bald die Mitteilung aus, man solle doch einmal bei Mr. John Gardiner auf Gardiner's Island nachfragen. Bellomont schickte umgehend einen Boten, der den abermals verdutzten Herren »im Namen des Königs« aufforderte, das ›Diebesgut‹ herauszugeben. Gardiner, den Bellomont als »sehr soliden Mann« bezeichnet, wollte sich keinem falschen Verdacht aussetzen, segelte persönlich mit einer Sloop nach Boston und händigte dem Magistrat »Gold, Silber und Juwelen im Wert von 4500 Pfund« aus – ein lohnender Fang also. An Graham und Livingston, die Bellomont nicht ausstehen konnte und in deren Taschen ebenfalls bereits größere Summen gewandert waren, war wegen ihrer exponierten Stellung nicht heranzukommen; außerdem leugneten sie, jemals etwas von Kidd empfangen zu haben. Dafür ließ der Ire Bellomont in seinen Briefen kaum eine Gelegenheit aus, die beiden Schotten anzuschwärzen. Sie distanzierten sich nun von ihrem ›steddy freind‹ und machten zu seiner Rettung keinen Finger krumm.

Am 16. Juli setzte Mrs. Kidd eine Bittschrift an Bellomont auf, die wegen ihrer Einfalt und der Tatsache, daß die Dame anscheinend mehr an Geld als an ihrem eingekerkerten Gemahl interessiert war, lohnt, zitiert zu werden: »An Seine Echszellens den Grafen von Bellomont, Käppten, Generahl und Governör Seiner Majestät Provinzen in Massaschuhsets Bay, New Yorke etc in Amerika und der dazuhörigen Tärritorien, und Fieze Admiral derselben, die Petittion von Sarah Keede der Frau von Käppten Wm. Keede, untertähnigst anzuzeigen, daß am sechsten Tag dieses Julihs einige Herren vom Magistraht und Polizeibeamte dieser Stadt zur Unterkunft Eurer Antrachstellerin kamen, im Hause von Duncan Campbell und einen silbernen Krug, eine Silberkanne, eine silberne Suppenschüssel, Löffel, Gabeln und anderes Tafelgeschirr und zwohundertsechzich Achternstücken beschlachnahmten, Eurer Antrachstellerin einzjes Geschirr und Vermögen, das sie aus New York mitgebracht hatte und das ihr schon viele Jahre gehörte, wie sie beschwörn kann; und dann haben die aus meinem Koffer auch noch fünfundzwanzich englische Kronen genommen, die aber Eigentum des Dienstmechens Eurer Antrachstellerin gewesen sind.

In Anbetracht all dessen und der verzweifelten Lage und Mittellosichkeit Eurer Antrachstellerin erlaube ich mir untertähnigst anzufragen, ob Eure Echszellens mir das Geschirr und das Geld nicht zurückerstatten möchten.

Sarah S K Keede.«

Bellomont zeigte sich großzügig und erfüllte ihren Wunsch. Immerhin belief sich der Gesamtwert der Ladung und des sichergestellten Vermögens nach seiner Schätzung auf mindestens 14 000 Pfund. Das aufgelistete Inventar war in der Tat beeindruckend: 1111 Unzen Gold (in Barren und Goldstaub); 2353 Unzen Silber, 67 Rubine, 2 Smaragde, ›1 großer Magneteisenstein‹; 4 goldgefaßte Diamanten; ein Säckchen Edelsteine von 5 Unzen Gewicht und ein weiteres mit unpolierten Steinen von zwölfeinhalb Unzen, neben wertvollen

Seiden-, Musselin- und ›Bengal‹-Stoffen im Wert von noch einmal 3000 Pfund. Es ist vielleicht – als Einschub – interessant zu erwähnen, was aus der Beute wurde, die Kidd an den Galgen brachte. Im Jahre 1704 setzten die Vorsteher des neugegründeten Greenwich Hospitals bei London eine Petition an den König auf, in der sie um die Bereitstellung von 6500 Pfund »aus den von der Admiralität beschlagnahmten Effekten des Piraten Kidd« baten – exakt der Betrag, den die Versteigerung der Edelsteine und Schmuckstücke an der königlichen Börse erbracht hatte –, damit die Gesellschaft das ›Queen's House‹ in Greenwich als Amtssitz des Direktors erwerben könne. Eigentümer war pikanterweise Colonel Sydney, ein Neffe des Earl of Romney, der zu den Finanziers von Kidds Reise gehört hatte. Dieses Gebäude (es wurde von dem berühmten Architekten Inigo Jones erbaut und wird als sein ›Meisterwerk‹ angesehen) bildet heute das Herzstück des ›National Maritime Museum‹ – Kidds Vermächtnis an Großbritannien.

Wenige Tage nach Kidds Verhaftung ließ Bellomont die inzwischen leergeräumte Sloop ANTONIO mit einer neuen Crew bemannen, ernannte zwei seiner Kommissare zu Befehlshabern und gab ihnen den Auftrag, in die Karibik zu segeln und nach der QUEDAH MERCHANT Ausschau zu halten. An der bezeichneten Stelle an der Südostküste von Haiti fanden sie jedoch nur noch ein verbranntes Wrack vor. Während sie auf dieser Mission unterwegs waren, erhielt Bellomont Briefe von englischen Kaufleuten aus Curaçao, die ihn über die Vorgänge in St. Katharina unterrichteten. In ihnen wurde auch öfters der Name Henry Bolton genannt. »Ich hoffe«, schrieb Bellomont am 26. Juni an die britische Admiralität, »daß Eure Lordschaften nicht zögern werden, Colonel Yeomans, dem Gouverneur von Antigua, Order zu erteilen, einen hohen Preis auf Boltons Kopf auszusetzen. Dieser Bolton muß ein ausgemachter Schurke sein: kein Zweifel, daß er genau darüber Bescheid wußte, auf welch niederträchtige Art und Weise Kidd an dieses Schiff und seine Ladung herangekommen war.«

Bolton hatte – nach der Aussage eines John Ruggles, dem 2. Maat der PRIMROSE aus Boston – in einer Hafenkneipe mit Goldstücken nur so um sich geworfen und damit geprahlt, 16 000 Pfund an der QUEDAH MERCHANT verdient zu haben, also mehr, als die von Bellomont sichergestellte Beute. Diese Schätze liegen vermutlich heute noch an irgendeinem abgelegenen Ort auf den Westindischen Inseln vergraben, denn Bolton fand kaum Gelegenheit, sich seines Reichtums zu erfreuen: Er wurde in betrunkenem Zustand in Charles Town auf Nevis, einer britischen Insel der Kleinen Antillen, aufgegriffen und fast gleichzeitig mit Kidd in Newgate eingeliefert. Sie waren, ohne voneinander zu wissen, im selben Gefängnistrakt untergebracht und endeten auch, in kurzem Abstand, am Galgen.

Vorläufig schmachtete Kidd noch, angekettet wie ein Hund, in einer klammen Bostoner Kerkerzelle und machte auf Besucher, darunter Bellomont, einen ›verwirrten‹ Eindruck. Seine Frau hatte, nicht minder wortgewaltig und grammatikalisch keineswegs sicherer, eine zweite Bittschrift an »Seine Echszellens« verfaßt, in der sie um Erlaubnis bat, ihren Gemahl besuchen zu dürfen, um ihm »Trohst« (»relife«) zuzusprechen. Für seine Erbauung war also gesorgt. Am Neujahrstag hielt ihm sogar Ehrwürden Cotton Mather, anstatt wie sonst Hexen abzuurteilen (er brachte es in seinem Leben auf eine ansehnliche Ziffer aufgehängter ›Dienstboten des Teufels‹), eine Predigt über das Thema »Er hat unrecht Gut erworben, muß es in der Mitte seines Lebens aufgeben und wird am Ende seiner Tage ein Narr sein«.

Neuntes Kapitel

Über den Skandal, den Kidd in London auslöste, das Newgate-Flair, einen Prozeß, bei dem es nicht mit rechten Dingen zuging, und ein Mißgeschick auf dem Exekutionsdock

In London war, besonders im Parlament, inzwischen tatsächlich der Teufel los. Die Tories scheuten keine Mühe, Kapital aus der Affäre zu schlagen. Der Fall Kidd war für sie ein gefundenes Fressen: die führenden Köpfe der Whigs, die erlauchten ›peers‹ der Nation, der Earl of Romney, der Herzog von Shrewsbury, Lord Chancellor Somers, selbst der Marineminister Lord Orford, Edward Russell, sie alle hatten eine Freibeutertour mitfinanziert! »The incident was a politician's dream« (Neville Williams). Eine Flut von Flugblättern sorgte dafür, daß sich auch der ›Mann auf der Straße‹ seine – den Tories genehme – Meinung bildete. In der ganzen Stadt hörte man von nichts anderem mehr als von Kapitän Kidd und den korrupten Whigs, die schamlos Piraterie begünstigten. Ein kleiner Parlamentsabgeordneter des Unterhauses, ein gewisser Howe, entrüstete sich: »Wir können keine größeren Schiffsladungen bis in die entlegensten Winkel der Erde entsenden, ohne daß unsere hochgelobte Regierung allsogleich eine Verbrecherbande hinterherschickt.« Besonders Sir John Somers, der oberste Richter, Lordkanzler und Siegelbewahrer Großbritanniens, stand unter Beschuß. Unfaßbar: »Des Königs Gewissen« (»the king's conscience«), der zweithöchste Mann im Staat – an Rang etwa unserem Bundespräsidenten vergleichbar –, hatte 1200 Pfund aus seinem Privatvermögen in eine so zwielichtige Unternehmung investiert! Der oberste Richter finanzierte eine Freibeutertour! Man ging sogar so weit, ihn anzuklagen, er hätte für Kidds Kommissionen das königliche Großsiegel mißbraucht und es ohne die Absegnung Williams III. benutzt. Der Sprecher des Unterhauses, Robert Harley, stellte einen Mißtrauensantrag gegen ihn und forderte seinen sofortigen Rücktritt.

Im September 1699 lief die Fregatte H. M. S. ROCHESTER aus, die nach Boston segelte und Kidd und die anderen Piraten nach England bringen sollte. Sie geriet jedoch in einen schweren Sturm und mußte in den Hafen von Plymouth zurückkehren. Die Tories glaubten nicht an einen ›Zufall‹. Für sie lag der Fall klar: Hier war offensichtlich Schiebung im Spiel; die ›peers‹ befürchteten, Kidd würde bei seiner Vernehmung die Karten auf den Tisch legen und ihre Mitschuld aufdecken, und wollten daher um jeden Preis verhindern, daß er vor dem Parlament aussagte. Der Verdacht war unbegründet, aber die Wogen der Empörung schlugen so hoch, daß das Justizministerium eine offizielle Untersuchung anordnete. Die Befragung des Kapitäns und der Crew der ROCHESTER ergab eindeutig, daß sie in der Tat ein Sturm – und nicht etwa Bestechungsgelder – zur Umkehr genötigt hatte. Dennoch wurde der Auftrag, Kidd abzuholen, an einen anderen Kapitän vergeben. Außerdem nahm noch ein hoher Beamter der britischen Admiralität an der Reise auf der H. M. S. ADVICE teil, die am 16. Februar 1700 im Hafen von Boston anlegte.

Man brachte Kidd, der bereits acht Monate im Gefängnis verbracht hatte und der, nach Augenzeugen, totenblaß war und unter einem nervösen Zittern litt, in Ketten an Bord der ›man of war‹, wo er sich in bester Gesellschaft befand: Mit ihm zusammen wurden 28 der übelsten Seeräuber verschifft, darunter der Halsabschneider Gillam, der wieder eingefangene Bradish, der berüchtigte Witherley und sechs Matrosen aus Kidds ehemaliger Crew, Palmer, Bradenham, Mullins, O'Gradey, Cooke und Parrat. Es muß eine schweigsame und bedrückende Fahrt gewesen sein; sie alle segelten ihrem Tod entgegen. Der Kapitän registrierte mit Besorgnis, daß Kidd einen kranken und apathischen Eindruck machte; auf keinen Fall durfte ihm etwas zustoßen, bevor er von der Admiralität und vom Parlament verhört worden war. Man behandelte ihn daher wie ein rohes Ei. Es wurde ihm gestattet, von Zeit zu Zeit ohne Ketten auf Deck auf und ab zu gehen, unter strengster Bewachung, versteht sich. Als sie in England ankamen, nahm man ihn wie einen Staatsbesuch in Empfang. Den letzten Teil der Reise verbrachte er als einziger ›Passagier‹ auf einem Prunkschiff des Königs, das ihn auf der Themse nach London beförderte. William III. bekundete inzwischen lebhaftes Interesse für seinen Fall. Am 14. April wurde er zum ersten Mal von einem Sonderausschuß der Admiralität vernommen und danach ins Staatsgefängnis Newgate eingeliefert.

Der Bau stammte noch aus dem Mittelalter und befand sich an der Stelle eines der Tore der früheren Stadtmauer, des ›New Gate‹, daher der Name. Es war ein alptraumhaftes, düsteres, endlos verschachteltes Gebäude, wie man es aus Bildern von Piranesi kennt, in verschiedene, mehrstöckige Trakte eingeteilt und hierarchisch, d. h. nach Verbrechen und Strafmaß der Insassen, gegliedert. Den weitaus größten Raum nahmen die Zellen der Schuldner ein; sie bildeten, in zweimal drei Stockwerken, Männer und Frauen separat, das Herz von Newgate. Die sanitären Bedingungen waren fürchterlich, und entsprechend herrschte dort eine stickige, ungute Luft, das ›Newgate flair‹. Der einzige Raum, in dem sich etwas freier atmen ließ, war die Kapelle, in der jeden Sonntag zwei Gottesdienste stattfanden. Für viele bedeutete sie allerdings die letzte Station vor dem Galgen.

Die Kerker der Schwerverbrecher, zu denen auch Kidd zählte, lagen an der Nordseite, ebenfalls auf drei Stockwerke verteilt. Ihre Maße betrugen neun mal neun Fuß (etwa drei Quadratmeter), und jeder hatte ein winziges, doppelt vergittertes Fenster, durch das tagsüber nur wenig Licht hereindrang. Die Türen waren zwanzig Zentimeter dick. An Einrichtung gab es lediglich ein hölzernes, roh gezimmertes Bett ohne Stroh oder Laken und zwei Blechnäpfe, der eine fürs Essen, der andere für dessen Ausscheidung. »Es wurde öfters beobachtet«, schreibt Wilkinson in seinem ›Newgate Calendar‹, »daß Gefangene, die während ihres Prozesses gefaßt oder kühn erschienen und ihren Urteilsspruch ungerührt entgegennahmen, von Entsetzen gepackt wurden und Tränen vergossen, wenn man sie in diese dunklen und erdrückenden Kammern führte.«

In einer solchen Zelle verbrachte Kidd fast ein ganzes Jahr. Nach neun Tagen bat er um Feder, Tinte und Papier und setzte eine Petition an die Admiralität auf, ihm wenigstens die schweren Eisen abzunehmen, an die er gekettet war und die ihn am Schlafen hinderten. Ferner ersuchte er um Aushändigung seiner Papiere, vor allem der beiden französischen Schiffspässe, ohne die er sich unmöglich verteidigen könne.

Man erlöste ihn von den Ketten, hielt jedoch die insgesamt »24 Schriftstücke«, die Bellomont nach England gesandt hatte, weiterhin unter Verschluß. Kidd sah nun in ihm den Drahtzieher seines Verderbens. Tage und Nächte zogen bleiern vorüber, Wochen und Monate, und als die Verhandlung endlich am 8. Mai 1701 eröffnet wurde, war er geistig und körperlich zerrüttet, ein gebrochener Mann.

Einen Monat davor mußte er vor einigen ausgewählten Abgeordneten des Unterhauses erscheinen, aber die Tories, die sensationelle Enthüllungen über die ›von Anbeginn abgesprochene Beteiligung der Peers von England an seinen Seeräubereien‹ erwarteten, enttäuschte sein Plädoyer:

»... Meine lange Gefangenschaft oder der Prozeß, dem ich entgegensehe, betrüben mich nicht so sehr, wie die Tatsache, daß ich außerstande bin, dem ehrenwerten Unterhause Befriedigenderes mitzuteilen als dies: ich habe niemals gegen die Gesetze verstoßen, und wenn, so war es die Schuld anderer, die es besser wußten und mich zum Werkzeug ihres Ehrgeizes und ihrer Habsucht machten – und die nun vielleicht mein baldiges Ende betreiben. Ich habe mich um den Auftrag, den ich übernahm, nicht gerissen, sondern wurde teils dazu verführt, teils auch unter Druck gesetzt, und zwar von Lord Bellomont und einem Robert Livingston aus New York, der die Idee zu dem Projekt hatte, es vorantrieb und letztlich die Hauptverantwortung dafür trägt. Es liegt an ihm, dem Hause einen vollständigen Bericht über die Transaktion meiner Auftraggeber zu liefern. Er war der Mann, der in ihre Gemächer eingelassen wurde, der ihre vertraulichen Instruktionen empfing, welche er stets für sich behielt, mir aber immer wieder in ihrem Namen sagte, ich bräuchte mich nicht unbedingt wortgetreu an die in den Kommissionen getroffenen Vereinbarungen zu halten. Dennoch habe ich in keinem einzigen Fall meine Kompetenzen überschritten und nur Schiffe gekapert, die mit französischen Pässen segelten. Diese Pässe habe ich nach Neuengland mitgebracht und verließ mich darauf, daß sie mich rechtfertigen würden. Aber Lord Bellomont hat sie mitsamt meiner Ladung beschlagnahmt, und obwohl er mir fest versprach, sie nach England zu schicken, hat er doch einen Teil der Papiere und besagte Pässe ganz bewußt zurückgehalten – mich somit aller Mittel zu meiner Verteidigung beraubend. Dies ist so hundsföttisch und unehrenhaft an mir gehandelt, wie ich es keinem Engländer wünschen möchte, ganz gleich, unter welchen Umständen; und ich werde Seine Majestät ersuchen, mein Verfahren so lange hinauszuzögern, bis ich wieder im Besitz der Pässe bin und Livingston vor Eurem Hause vernommen und mir gegenübergestellt werden kann.

Wenn ich mich ohne diese Pässe auf den Prozeß einlassen würde, so hieße dies, meinen eigenen Untergang heraufzubeschwören. Denn ich mag noch so viele Eide darauf leisten, daß die von mir gekaperten Schiffe legitime Prisen waren, es wäre ja doch alles vergebens, solange ich keine Beweise dafür in Händen halte. Als ich das letztemal vor der Großen Ratsversammlung eures ehrenwerten Hauses zu erscheinen hatte, befand ich mich in keiner ausgeglichenen Gemütsverfassung und wirkte wohl etwas verwirrt, da ich aus Mangel an Bildung und von der langen Haft mitgenommen den an mich gestellten Fragen kaum zu folgen vermochte. All dies machte es mir bisher schwer, meinen Fall in angemessener Form zu vertreten ...«

Kidd hatte sich seine Verteidigung anscheinend lange überlegt, und er sah sich wohl wirklich als das Opfer übler Machenschaften. Die Tories interessierten sich jedoch nicht so sehr für Lord Bellomont und Colonel Livingston; ihnen ging es vielmehr um Lordkanzler Somers, den Earl of Romney und die anderen Peers auf ihrer Abschlußliste. Kidds Andeutungen waren ihnen zu vage. Da sie sonst nichts ›Befriedigendes‹ aus ihm herausbekamen, ließen sie ihn fallen wie eine heiße Kartoffel.

David Mitchell nimmt in seinem Buch ›Pirates‹ an, daß er vielleicht »eine Pension oder ein einträgliches Amt« bekommen haben würde, wenn man die von ihm gewünsch-

William Kidd vor Gericht in London im Mai 1701

ten Informationen erhalten hätte, und daß Kidd »wußte, daß das relativ bequeme Leben in Newgate (!) davon abhing, daß er gegenüber seinen Auftraggebern ›loyal‹ blieb.« Das ist äußerst unwahrscheinlich. Erstens war das Leben in Newgate keineswegs ›relativ bequem‹ (auch nicht nach der Renovierung von 1780, als ein Brand die ›Londoner Bastille‹ zerstört hatte), sondern die Hölle; und zweitens wurden die erwähnten französischen Schiffspapiere nicht etwa von Bellomont, sondern von der Admiralität zurückgehalten – was darauf hindeutet, daß man Kidd keine Chance lassen wollte. Man brauchte ihn als ›scapegoat‹ für Every, Tew und die anderen nie gefaßten Seeräuber; das Gesindel, das mit ihm nach England verschifft worden war, bestand nur aus relativ kleinen Fischen. Bei ihm hatte man es dagegen mit einem der meistgesuchtesten Piratenkapitäne seiner Zeit zu tun, den die ganze Härte des Gesetzes treffen sollte – nicht zuletzt, um gegenüber der ›East India Company‹ und dem indischen Großmogul ein Zeichen zu setzen. Eine geringe Strafe oder gar ein Freispruch kamen nicht in Frage. Es gab für ihn keinen Ausweg, mit oder ohne Pässe.

Daß sein Prozeß unfair und geradezu eine Farce war, hat viele Historiker zu der Annahme verleitet, er sei ein unschuldiges Justizopfer gewesen, das in den Strudel von Parlamentsintrigen geriet. Auch das ist eine Fehldeutung, wie die Beschreibung seiner merkwürdigen Kapertour bewiesen haben dürfte. Sicher handelte es sich bei Kidd nicht um einen Freibeuter großen Stils à la Henry Every oder Edward Teach. Seinem Fall haftet eher etwas Tragikomisches an; er hatte ›Gelegenheiten‹ ergriffen, ›Kompromisse‹ geschlossen, vor allen Dingen eine Menge Pech gehabt; er

Die Richter (Gemälde von William Hogarth)

war immer haarscharf auf der Grenzlinie zwischen Recht und Unrecht entlanggesteuert und zuletzt allzuweit abgedriftet, und er wurde außerdem immer wieder hereingelegt von seinen Finanziers, von seiner Crew, von Gouverneur Bellomont, von der Admiralität, von Whigs und Tories und schließlich von seinen Richtern. Das Gericht trat an drei aufeinanderfolgenden Verhandlungstagen, am 8., 9. und 10. Mai 1701, im Old Bailey zusammen. Es wurden sechs verschiedene Anklagen verlesen, die in vier Hauptgruppen eingeteilt waren, oder vier getrennte Verfahren: 1. der Mord an Geschützmeister William Moore; 2. die widerrechtliche Kaperung der QUEDAH MERCHANT; 3. die widerrechtliche Kaperung der ROUPARELLE (MAIDEN) und 4. diverse andere ›im Roten Meer‹ begangene Pirateren und Verbrechen. Es ist bemerkenswert, daß das Todesurteil ausgerechnet auf Grund der ›Affäre mit dem blutigen Kübel‹ verhängt wurde. Kidd besaß als Kapitän zur See absolute Befehlsgewalt, also auch Macht über Leben und Tod seiner Männer. Er konnte einen Meuterer oder jemanden, den er dafür hielt, jederzeit an den Rahen aufknüpfen oder mit der Neunschwänzigen in Ruhestand peitschen lassen, ohne vorher die Genehmigung der Admiralität einholen zu müssen. Daß er Moore im Jähzorn selbst erschlagen hatte und ihn nicht nach dem umständlichen Reglement der Marine exekutieren ließ, war im Grunde nur ein Verstoß gegen die Etikette, nichts weiter. Normalerweise wären ein Disziplinarverfahren und der Verlust seines Kapitänspatents das Schlimmste gewesen, was er zu befürchten gehabt hätte.

Dummerweise war er bei seinem Prozeß ›nicht ganz auf der Höhe‹. Als man ihn über diesen ersten Punkt ins Kreuzverhör nahm, verwickelte er sich in Widersprüche.

Einige der bei der Sitzung Anwesende hielten ihn für betrunken, und vielleicht war er das auch. Ab und zu brach er in unmotiviertes Gelächter aus, besonders als es um die Frage ging, ob er Moore einen »saucy fellow« oder einen »lousy dog« genannt habe. Ein Abgeordneter der Tories verlor die Geduld und rief laut in den Gerichtssaal hinein: »Oh, was für ein Kerl! Ich dachte, er wäre nur ein Schuft, aber nun stellt sich zu allem Überdruß heraus, daß er außerdem noch ein Vollidiot ist.«

Das schien Kidd zu ernüchtern. Er saß fortan nur noch schweigsam und apathisch auf seiner Anklagebank. Man muß dabei freilich bedenken, daß ihm nach damaliger Rechtsprechung kein Verteidiger zustand und er auch kein längeres Plädoyer in eigener Sache halten durfte, sondern lediglich auf die ihm gestellten Fragen zu antworten hatte. Als Kronzeugen traten zwei Mitglieder seiner Crew auf, Joseph Palmer und der Schiffsarzt der ADVENTURE GALLEY, Robert Bradenham. Da ihnen statt des Galgens die Deportation nach Virginia oder ein noch geringeres Strafmaß versprochen worden war, belasteten sie ihren ehemaligen Kapitän schwerer, als es notwendig gewesen wäre und übertrieben wohl auch manche Einzelheiten maßlos. Wiederholte Zwischenrufe Kidds wurden nicht beachtet. Womöglich war ihm bereits alles egal, und er nahm den ganzen Prozeß als das, was er war: eine Farce.

Nur bei dem zweiten Anklagepunkt, der ›widerrechtlichen Kaperung der QUEDAH MERCHANT, wurde er noch einmal etwas lebhafter. Er stieß die wildesten Flüche aus, schimpfte auf Lord Bellomont und verlangte, man solle ihm endlich die beiden Schiffspässe aushändigen; auch schlug er den Richtern vor, ihn unter Bewachung auf einem Kriegsschiff nach Haiti segeln zu lassen, dort würde er ihnen die Prise schon zeigen – eine rechtmäßige Prise, bei allen Teufeln – und das viele Geld in ihrem Laderaum, 100 000 Pfund, wenn nicht mehr. Aber die Geschworenen wußten längst, was inzwischen mit der QUEDAH MERCHANT geschehen war (ein gewisser Henry Bolton wartete in Newgate darauf, daß man ihm den Garaus mache) und übergingen Kidds Einwürfe. Eine Gegenüberstellung der beiden Gauner wäre freilich interessanter gewesen.

Die Beweisaufnahme wurde bereits am zweiten Verhandlungstag abgeschlossen und das Todesurteil verkündet. Das Schlußwort des Angeklagten: »Es ist ein sehr harter Schuldspruch. Ich bin der Unschuldigste von allen, nur haben Meineidige gegen mich Zeugnis abgelegt.« Von Kidds restlicher Crew entgingen alle, außer einem, Darby Mullins, dem Strang.

Am Tag darauf kam der Gefängnisprediger von Newgate, Reverend Paul Lorrain, in Kidds Todeszelle und versuchte ihn noch einmal mit den üblichen Drohungen ›ewiger Qualen und Verdammnis‹, ein volles Geständnis zu entlocken. Umsonst; der Kandidat schwieg hartnäckig und starrte gegen die Wand.

Dann, am 23. Mai, führte man ihn auf den Gefängnishof und ließ ihn einen »schwarz drapierten Armsünderkarren« besteigen. Halb London war auf den Beinen, den ›Erzpiraten‹ zu begaffen, als der Wagen, von Militär eskortiert, über die Straßen zum Exekutionsdock in Wapping ratterte. Dem Zug voran ging ein »Deputy Marshal, der das Emblem des Admiralitätsgerichts, ein silbernes Ruder, über der Schulter trug« (Mitchell).

»From Newgate now in carts we must go, we must go,
From Newgate now in carts wie must go;
From Newgate now in carts,
With sad and heavy hearts,
To have our due deserts we must go.

Some thousands they will flock when we die, when wie die,
Some thousands they will flock when we die;
Some thousands they will flock
To Execution Dock,
Where we must stand the shock and we must die.«

Gerüst und Galgen waren *infra fluxum et refluxum maris* errichtet worden, also in gleicher Höhe wie die Gezeitenmarkierungen von Ebbe und Flut; bei Flut streiften die Füße des Delinquenten die Wasseroberfläche. Das Hängen wurde erst in der zweiten Hälfte des neunzehnten Jahrhunderts ›wissenschaftlich perfektioniert und humanisiert‹; bis dahin hing es vom Überlebenswillen des Verurteilten ab, wie lange er zappeln und schaukeln wollte. Zuweilen verkürzten der Scharfrichter oder nahe Anverwandte den Todeskampf, indem sie kräftig an den Beinen des Gehängten zogen. Eine solche Erleichterung war Kidd nicht vergönnt. Es heißt, daß er wieder sturzbetrunken gewesen sei und auf dem Podest bedenklich hin und her schwankte. Wer weiß, vielleicht sagte ihm der Henker sogar »Passen Sie auf, Sir, daß Sie sich nicht den Hals brechen.«

Sein Pech verließ ihn bis zur letzten Stunde nicht. Er schwebte schon zwischen Himmel und Erde, als der Strick riß und er zu Boden stürzte. Der Prediger nützte diese ›Gunst des Himmels‹ für ein paar weitere ernsthafte Ermahnungen. Kidd muß erleichtert gewesen sein, als es beim zweiten Mal klappte und ihn nach einem letzten grellen Lichtblitz im Hirn endlich Nacht umfing.

Am nächsten Tag nahm man seinen Leichnam ab, bestrich ihn mit Teer und hängte ihn in Ketten am Tally Point auf, gut sichtbar für jeden und zur Abschreckung für alle, die in Versuchung gerieten, auf seinen Spuren zu wandeln. Er baumelte dort ein gutes Jahr oder auch zwei, während sich die ersten Legenden um ihn zu bilden begannen.

Kapitän Kidd, aufgehängt in Ketten

MARCEL SCHWOB

Der Kapitän Kid. Ein Freibeuter

Man ist nicht einig über den Grund, warum diesem Seeräuber gerade der Name Kid, das ist Zicklein, beigelegt wurde. Die Urkunde, womit Wilhelm III., König von England, ihm die Vollmacht über die Galeere, genannt die KÜHNE ABENTEUERIN, anvertraute, im Jahr 1695, beginnt mit den Worten: »Unserm getreuen, viellieben Kapitän William Kid, Befehlshaber undsoweiter, Gruß!« Sicher ist, daß er diese Bezeichnung seither als seinen Decknamen führte. Die einen behaupten, weil er die Gewohnheit hatte, schmuck und fein, wie er sich trug, immer, selbst im Kampf und auf Deck, nur in köstlichen Handschuhen und Ziegenleder zu erscheinen, mit Aufschlägen aus flandrischen Spitzen; die andern versichern, weil er bei seinen ärgsten Schlächtereien ausrief: »Ich, der ich sanft und gut bin wie ein neugebornes Zicklein«; noch andere erklären es damit, daß er in äußerst geschmeidigen Säcken aus dem Leder junger Ziegen Gold und Juwelen aufbewahrte, und dieses Verfahren sei ihm eingefallen, als er eines Tages ein mit Quecksilber beladenes Schiff kaperte und mit der Ladung tausend Ledertaschen füllte, die heute noch am Abhang eines kleinen Hügels auf der Insel Barbados vergraben liegen. Es genügt zu wissen, daß seine schwarzseidene Flagge mit einem Totenkopf und mit einem Ziegenkopf bestickt war und daß sein Petschaft dasselbe Wappen eingeschnitten trug. Wer die zahllosen Schätze sucht, die er an den Küsten der Weltteile Asien und Amerika verborgen hat, läßt eine kleine schwarze Ziege vor sich hertrotten: in der Nähe des Ortes, wo der Kapitän seine Beute vergraben hat, soll sie losblöken; aber keiner hat Erfolg gehabt. Selbst der Schwarzbart, der von einem alten Matrosen

Kids, Gabriel Loff, seine Kenntnisse herhatte, fand in den Dünen, auf denen heute der Festungsbau Providence steht, bloß verstreute, durch den Sand sickernde Tropfen Quecksilber. Und all diese Nachforschungen sind vergebens, denn der Kapitän Kid selbst hat geäußert, seine Verstecke würden ewig unbekannt bleiben, wegen des »Manns mit dem blutigen Kübel«. Kid wurde wirklich von diesem Mann sein ganzes Leben lang umspukt, und Kids Schätze werden von ihm seit seinem Tode umgeistert und bewacht.

Lord Bellamont, der Statthalter von Barbados, gereizt durch die überaus erfolgreichen Beutezüge der Seeräuber im Westindischen Inselmeere, rüstete die KÜHNE ABENTEUERIN aus und erhielt vom König für den Kapitän Kid den Kaperbrief mit dem Oberbefehl. Seit langem schon war Kid eifersüchtig auf den berühmten Ireland, der sogar die Geleitschiffe überfiel; er versprach dem Lord Bellamont, er werde Irelands Schaluppe erobern und ihn mitsamt seiner Mannschaft ins Schlepptau nehmen, um sie alle zusammen der Bestrafung zuzuführen. Die KÜHNE ABENTEUERIN war mit dreißig Kanonen bestückt und zählte hundertfünfzig Mann Besatzung. Zuerst legte Kid in Madeira an und versorgte sich dort mit Wein; dann in Buenos Aires, um eine Ladung Salz zu löschen; endlich in Santiago, wo er seine Ausrüstung vervollständigte. Und von Santiago segelte er mit seiner Galeere nach dem Eingang des Roten Meeres, wo in der Gegend der Piratenküste eine kleine Insel liegt, die der Schlüssel von Bab heißt.

Hier versammelte der Kapitän Kid seine Mannschaft und ließ sie die schwarze Flagge mit dem Totenkopf entfalten. Sie schwuren alle auf das Beil den Gesetzen der Freibeuter unbedingten Gehorsam. Jeder hatte das Recht auf Abstimmung und gleichen Anspruch auf frische Vorräte und auf Branntwein. Karten- und Würfelspiel waren verboten. Die Lichter und Kerzen mußten um acht Uhr abends ausgeblasen sein. Wenn einer von der Mannschaft später trinken wollte, trank er auf der Schiffsbrücke, in der Nacht, unter freiem Himmel. Die Genossenschaft durfte weder Frauen noch junge Leute aufnehmen. Wer sie, etwa in einer Verkleidung, einführte, war mit dem Tode zu bestrafen. Die Kanonen, Pistolen und Messer mußten gut gehalten und häufig geputzt werden. Die Streitereien waren auf dem Lande auszufechten, mit Säbel oder Pistole. Der Kapitän und der Bootsmann sollten zwei Anteile haben; der Maat, der Hochbootsmann und der Geschützmeister eineinhalb; die andern Führer einundeinviertel. Am Sonnabend sollte nicht aufgespielt werden.

Das erste Schiff, dem sie begegneten, war holländischer Herkunft, von Schipper Mitchel befehligt. Kid hißte die französische Flagge und begann die Jagd. Das Schiff zeigte sogleich die französischen Farben; worauf der Freibeuter es französisch anrief. Schipper Mitchel hatte einen Franzosen an Bord, der darauf antwortete. Kid fragte ihn, ob er einen Geleitbrief habe. Der Franzose bejahte. »Bei Gott«, versetzte Kid, »kraft Eures Geleitbriefes sollt Ihr die oberste Stelle auf unserm Schiff einnehmen.« Und er ließ ihn unverzüglich an der Rahe aufknüpfen. Dann ließ er die Holländer kommen, einen nach dem andern. Er fragte sie aus, stellte sich, als hätte er keine Ahnung vom Flämischen, und befahl bei jedem Gefangenen: »Ein Franzose – das Brett!« Man befestigte am Vorderteil des Schiffes ein hinausragendes Brett. Alle Holländer liefen darüber, nackt, dem Hochbootsmann und seiner Messerspitze ausgesetzt, und mußten ins Meer springen.

In diesem Augenblick erhob der Geschützmeister des Kapitäns Kid, namens Moor, die Stimme. »Kapitän«, schrie er, »warum tötet Ihr diese Menschen?« Moor war betrunken. Der Kapitän wandte sich um und hieb ihm einen Kübel, den er ergriffen hatte, auf den Kopf. Moore fiel mit gespaltenem Schädel zu Boden. Kapitän Kid befahl, den mit Haaren und geronnenem Blut besudelten Kübel zu reinigen. Keiner von der Mannschaft wollte fernerhin auch nur den Besen hineintauchen. Man ließ den Kübel an der Verschanzung hängen.

Von diesem Tage an wurde der Kapitän Kid von dem Mann mit dem Kübel heimgesucht. Als er das maurische Schiff QUEDA erbeutete samt allen Hindu und Armeniern, die darauf waren, und mit zehntausend Pfund Gold, saß bei der Verteilung des Raubes der Mann mit dem blutigen Kübel auf den Dukaten. Kid sah ihn deutlich, er schwor darauf. Er stieg in seine Kajüte hinunter und trank eine Tasse Bombu. Dann, nach seiner Rückkehr auf die Brücke, ließ er den alten Kübel ins Meer werfen. Als das reiche Handelsschiff MOCCO geentert war, wußte man nicht, wie man dem Kapitän seinen Anteil an dem Goldstaub zumessen sollte. »Mit einem Kübel«, sagte eine Stimme hinter Kids Schultern. Er fuhr mit seinem Messer durch die Luft und trocknete sich den Schaum von den Lippen. Dann befahl er, daß die Armenier gehenkt würden. Die Schiffsmannschaft hatte anscheinend nichts gehört. Nach dem Angriff auf die SCHWALBE streckte er sich, sowie die Beute verteilt war, auf seiner Pritsche aus. Beim Erwachen fühlte er sich in Schweiß gebadet und rief nach einem Matrosen, er solle ihm Wasser zum Waschen holen. Der Mann brachte ihm Wasser in einem Kupferbecken. Kid starrte ihn an und heulte auf. »Benimmt sich so ein wohledler Ritter des Glücks? Elender! du bringst mir einen Kübel voll Blut.« Der Matrose floh. Kid ließ ihn ausbooten, allein und verlassen, mit einem Gewehr, einem Beutel Pulver und einer Flasche Wasser. Er hatte nur den einen Grund, seine Schätze an verschiedenen einsamen Orten im Sand zu verscharren: die feste Überzeugung, der ermordete Geschützmeister wolle Nacht für Nacht die Goldkammer mit seinem Kübel leeren und die Reichtümer ins Meer versenken.

Kid gab sich auf der Höhe von New York gefangen. Lord Bellamont schickte ihn nach London. Er wurde zum Galgen verurteilt. Man henkte ihn auf dem Hafendamm, auf der Galgenstätte, in seinem roten Rock und mit seinen Handschuhen. Als der Henker ihm die schwarze Kappe über die Augen zog, sträubte sich der Kapitän Kid und schrie: »Himmelherrgott! ich wußte wohl, er stülpt mir noch einen Kübel über den Kopf.« Der schwarz angelaufene Leichnam blieb über zwanzig Jahre angekettet hängen.

Hinrichtung eines Piraten

LITERATURVERZEICHNIS

Captain A. G. Course: ›Pirates of the Eastern Seas‹. London 1966.
John Franklin Jameson (Hrsg.): ›Privateering and Piracy in the Colonial Period: ›Illustrative Documents‹. New York 1923.
Philip Gosse: ›The History of Piracy‹. London – New York 1934.
Neville Williams: ›Captains Outrageous‹. London 1961.
Hugh F. Rankin: ›The Golden Age of Piracy‹. New York 1969.
G. T. Wilkinson: ›The Newgate Calendar‹. London 1821.
Robert Carse: ›The Age of Piracy‹. London 1959.
David Mitchell: ›Pirates‹. London 1976.
Rayner Thrower: ›The Pirate Picture‹. London 1980.
Hans Leip: ›Bordbuch des Satans‹. München 1959.
Alexandre Olivier Exquemelin: ›Das Piratenbuch von 1678‹. Tübingen/Basel 1973.
Christian Zentner: ›Der große Bildatlas zur Weltgeschichte‹. München 1982.
Alan Palmer: ›Kings and Queens of England‹. London 1976.
J. P. Kenyon: ›Die Stuart‹, in: ›Die großen Dynastien‹, Erlangen 1980.
Nieter O'Leary: ›Hampton Court Palace‹. In: Paläste, Schlösser, Residenzen. Erlangen 1983.
Marcel Schwob: ›Gabe an die Unterwelt‹. Frankfurt 1960.
Edgar A. Poe, Das gesamte Werk in 10 Bänden; K. Schumann/H.-D. Müller, Walter Verlag, 1976.